C. Joachim Weiss

Ihr Horoskop für jeden Tag des Jahres 1992

STIER
21. April – 20. Mai

**Wilhelm Heyne Verlag
München**

HEYNE TAGESHOROSKOP 1992
Nr. 14/197

Dieses Werk einschließlich aller Teile ist urheberrechtlich geschützt. Jede Verwertung außerhalb der engen Grenzen des Urheberrechtsgesetzes ist ohne Zustimmung des Urhebers unzulässig und strafbar. Das gilt für Vervielfältigungen, Übersetzungen, Mikroverfilmung und die Einspeicherung und Verarbeitung in elektronischen Systemen. Insbesondere ist jede direkte oder indirekte Verwertung oder Verbreitung in Presse, Funk und Fernsehen ohne schriftliche Zustimmung des Urhebers unzulässig und führt zu Ersatzansprüchen.

Copyright © 1991 by Wilhelm Heyne Verlag GmbH & Co. KG, München
Copyright © 1991 Berechnungen, Texte, Planetendiagramme
by C. Joachim Weiss & ASTROMEDIA GmbH, Lörrach
Die Glückszahlen in diesem Buch (»GZ:«) sind nach Random-Verfahren
bestimmt. Keine Gewähr.
Printed in Germany 1991
Umschlaggestaltung: Atelier Ingrid Schütz, München
Satz: Satz & Repro Grieb, München
Herstellung: Dieter Lidl
Druck und Verarbeitung: Presse-Druck, Augsburg

ISBN 3-453-04803-2

Inhalt

Liebe Leserin, lieber Leser 6

1992 – Das Jahr des Mondes 8

Tagesprognosen – So ziehen Sie mehr Nutzen aus diesem Buch 10

Die astrologischen Zeichen und Planeten 14

Monatliche Aspektdiagramme 17

Der Stier-Typ 19

Monatsübersichten und Diagramme 1992
Januar 23
Februar 33
März 42
April 51
Mai 60
Juni 71
Juli 80
August 89
September 98
Oktober 107
November 117
Dezember 126

Ihr individuelles Sonnenhoroskop von Januar bis Dezember 1992

Wie Sie Ihre individuellen Planeten-Transite ermitteln 135
Deutungstexte 137
Das Lesen und Deuten der Planetendiagramme 153

Liebe Leserin, lieber Leser

Die Astrologie ist seit alters her ein höchst komplexes System. Modernisierungen und Neudefinitionen astrologischer Inhalte, wie sie die Annäherung von Astrologie und Psychologie in den vergangenen Jahren mit sich brachte, haben zwar mehr Struktur und Klarheit gebracht, gleichzeitig ist dadurch aber auch die Vielfalt der Aussagemöglichkeiten größer geworden. Durchschnittlich werden für ein astrologisches Gutachten ca. 60–80 Einzelfaktoren wie Aszendent, Sonnenzeichen, Häuserstellung, Aspekte usw. berücksichtigt, doch kann es je nach Arbeitsweise des Astrologen auch ein Vielfaches davon sein. So stellt sich mehr denn je die Frage, ob einfache Sonnenstandshoroskope, wie sie beispielsweise in Zeitungen oder in diesem Buch abgedruckt sind, überhaupt aussagefähig sind. Was kann man aufgrund der Tatsache, daß jemand in einem bestimmten Tierkreiszeichen geboren ist, überhaupt feststellen, noch dazu, wenn es um Prognosen geht? Astrologie-Kritiker, deren Sachkenntnisse bis auf wenige Ausnahmen ohnehin mehr als dürftig sind, ziehen ihre Kritik denn auch bevorzugt am Thema Zeitungshoroskope und Populärastrologie auf. Aus unerfindlichen Gründen scheint die Behauptung, Zeitungshoroskope seien totaler Unfug, eine vertrauensbildende Wirkung zu haben. Diese Behauptung ist jedoch kein Argument, sondern pure Polemik. Schon allein die Tatsache, daß die meisten Zeitungshoroskope nicht von Astrologen, sondern von Journalisten geschrieben werden (so sparen die Verlage Geld), zeigt, daß der Einwand indiskutabel ist. Der Nutzen von Zeitungshoroskopen ist weder bewiesen noch widerlegt. Doch wie verhält es sich wirklich? Auf welcher Grundlage beruhen Sonnenstands-Prognosen und wie ernst kann man sie nehmen? Hierzu kann man zunächst einmal feststellen, daß jedes Tierkreiszeichen seine eigene Reaktionsweise auf einen bestimmten Einfluß hat. Ebenso hat jede Planetenkonstellation ihre eigene Aktionsweise, entsprechend den Planeten, die daran beteiligt sind. Krebs-Geborene reagieren auf einen Mondaspekt intensiver als Schütze-Geborene, und Steinböcke haben andere Probleme mit Saturn, als z.B. Stier-Geborene. Wenn man dieses Zusammenspiel analysiert, so ergibt sich ein Muster von Aktionen und Reaktionen, das sich differenzieren und beschreiben läßt. Jede Planetenkonstellation legt somit für jeden Verhaltenstypus (die 12 Tierkreiszeichen) eine Ausdrucksrichtung fest, nicht jedoch die Ebene, auf der sich das entsprechende Verhalten letztlich manifestiert. Mit gewissen Einschränkungen ist Sonnenstandsastrologie also durchaus praktikabel und wohl auch sinnvoll. Astrologische Aussagen dieser Art haben einen ähnlichen Stellenwert wir z.B. der Wetterbericht: wenn ich weiß, daß es möglicherweise regnet, nehme ich wahrscheinlich einen Regenschirm mit. Vielleicht brauche ich ihn, vielleicht auch nicht. Der Wetterbericht sagt mir nicht, wo und bei welcher Gelegenheit ich ihn brauche. Doch kann ich mich auf das Wetter einstellen. In diesem Sinne sollten Sie auch die Tagesprognosen in diesem Buch bewerten. Erkennen Sie die Ausdrucksrichtung der Tendenzen, und stellen Sie sich zwanglos darauf ein – dann haben Sie den meisten Nutzen von diesem Buch. Ich wünsche Ihnen ein erlebnisreiches Jahr 1992.

Ihr

C. Joachim Weiss
Astrologe

1992 – Das Jahr des Mondes

Mit dem Eintritt der Sonne ins Tierkreiszeichen Widder am 20. März 1992 übernimmt der Mond die Rolle des astrologischen Jahresregenten. Weitere Mondjahre in diesem Jahrhundert waren: 1901, 1908, 1915, 1922, 1929, 1936, 1943, 1950, 1957, 1964, 1971, 1978 und 1985. Das Jahr 1991 war ein Merkur-Jahr; 1993 wird ein Saturn-Jahr. Die moderne Astrologie mißt den Jahresregenten keine besondere Bedeutung bei. In alten Schriften heißt es über das Jahr des Mondes: Es ist »insgemein mehr feucht als trocken, mehr kalt als warm, der Sommer jedoch sehr warm«. Gibt es einen heißen Sommer, wird die Ernte mittelmäßig, doch »Kraut, Wirsing und Kohl fressen die Raben, deren es eine ungewöhnliche Menge gibt«. Auch Wein soll es »nicht allzuviel und von bescheidener Qualität« geben.

Feiertage 1992

Aschermittwoch:	4. März	Fronleichnam:	18. Juni
Karfreitag:	17. April	Buß- und Bettag:	18. November
Ostersonntag:	19. April	Totensonntag:	22. November
Chr. Himmelfahrt:	28. Mai	1. Advent:	29. November
Pfingstsonntag:	7. Juni		

1992 ist ein Schaltjahr und hat 366 Tage

Sommerzeit 1992

Beginn: 29.3.92, 2:00 Uhr   Ende: 27.9.92 3:00 Uhr

Jahreszeiten 1992

Frühling: 20.3.92, 9:48 Uhr   Herbst: 22.9.92, 19:43 Uhr
Sommer: 21.6.92, 4:14 Uhr   Winter: 21.12.92, 15:43 Uhr

Astronomische Daten 1992

Julianische Periode für 1. Januar 1992: 2448622.5
Erde in Sonnennähe: 3. Januar 1992, 16:00 Uhr
Erde in Sonnenferne: 3. Juli 1992, 13:00 Uhr
Merkur: Gr. östl. Elongation: 9.3.*), 6.7., 31.10.1992
       Gr. westl. Elongation: 23.4., 21.8.*), 9.12.1992*)
Venus: Obere Konjunktion: 13.6.1992

*) Morgen/Abendsichtbarkeit

Finsternisse 1992

 4. Jan. 1992, 23:16 Uhr: ringförmige Sonnenfinsternis *)
15. Juni 1992, 04:58 Uhr: partielle Mondfinsternis
30. Juni 1992, 12:25 Uhr: totale Sonnenfinsternis*)
 9. Dez. 1992, 23:45 Uhr: totale Mondfinsternis
24. Dez. 1992, 00:32 Uhr: partielle Sonnenfinsternis*)

*) in unseren Breiten nicht sichtbar

Tagesprognosen
Tageskonstellationen
Zusatzinformationen

So ziehen Sie mehr Nutzen aus diesem Buch

Ihr Horoskop für jeden Tag des Jahres 1992 bietet Ihnen etwas mehr, als andere Horoskop-Bücher: Sie finden nicht nur aktuelle Tagesprognosen für Ihr Sternzeichen, sondern auch eine Übersicht der wichtigsten Planetenkonstellationen, die an einem Tag stattfinden; außerdem zahlreiche zusätzliche Informationen, anhand derer Sie leicht erkennen können, ob und wie Ihr Geburtsdatum durch eine bestimmte Konstellation angesprochen wird. Damit die überaus große Fülle an Informationen übersichtlich bleibt und in einer Form vermittelt wird, die auch für den astrologischen Laien gut verständlich ist, sind die Texte nach einem bestimmten System aufgebaut, mit denen Sie sich im folgenden kurz vertraut machen sollten.

Die meisten Tages-Horoskope dieses Buches sind in drei Teile aufgebaut: Der *Tagesprognose* für Ihr Sternzeichen, gefolgt von den *Tageskonstellationen,* die von Fall zu Fall durch *Zusatzinformationen* ergänzt werden. Dabei bedarf die eigentliche Tagesprognose keiner weiteren Erläuterung; hier werden Hinweise, Tips und Anregungen entsprechend der Planetenkonstellation gegeben, die am jeweiligen Tag für Ihr Sonnenstandszeichen am stärksten wirksam ist.

Häufig finden an einem Tag aber mehrere Konstellationen statt, und so kann es sein, daß eine Konstellation zwar keinen offensichtlichen Bezug zu Ihrem Sonnenstandszeichen hat, jedoch über einen anderen Faktor Ihres Horoskopes, beispielsweise den Mond oder den Aszendenten, wirksam ist.

Planetenaspekte

Die Rubrik **Tageskonstellationen** informiert Sie über verschiedene Arten planetarischer Ereignisse, wobei die Aspekte der Planeten die häufigsten und wichtigsten sind. Die Aspekte bezeichnen die Art des Winkels, den zwei (oder mehrere) Planeten zueinander bilden. Beträgt der (Winkel-) Abstand zwischen Sonne und Mond beispielsweise exakt 180 Grad, so spricht man von einer Opposition. Angenommen, diese Konstellation fände um 21.30 Uhr statt, so würde sie in der Rubrik **Tageskonstellationen** folgenderweise dargestellt:

> *Tageskonstellationen: (21:30) Mond Opposition Sonne:* Höhepunkt; in Erscheinung treten; die Dinge in einem neuen Licht sehen; emotionale Spannung.

Diese Konstellation entspricht übrigens einer Vollmondstellung. Beträgt der Abstand anstatt 180 Grad exakt 0 Grad, so spricht man von einer Konjunktion (was – bezogen auf das vorstehende Beispiel – dem Neumond entspräche).

Folgende Aspekte werden berücksichtigt:

Harmonische Aspekte
30 Grad = Halbsextil
60 Grad = Sextil
120 Grad = Trigon

Spannungsaspekte
45 Grad = Halbquadrat
180 Grad = Opposition

außerdem: 0 Grad = Konjunktion, 135 Grad = Anderthalbquadrat und 150 Grad = Quincunx, Aspekte, die je nach Art der beteiligten Planeten, eher harmonischen oder Spannungscharakter aufweisen. Übrigens wird in der Darstellung (z. B. Mond Oppostion Sonne) stets der schnellere Planet an erster Stelle genannt.

Richtungswechsel

Zusätzlich zu den Aspekten wird in der Rubrik *Tageskonstellationen* auch die Bewegungsrichtung eines Planeten (Rück- bzw. Direktläufigkeit) berücksichtigt. Diese Information wird wie folgt dargestellt:

> *Tageskonstellationen: (02:18) Pluto* Stationär-Rückläufig.

Dies bedeutet: Pluto ändert an diesem Tag um 02:18 Uhr mittlerer Greenwichzeit seine Bewegungsrichtung und wird rückläufig. Die Bezeichnung »Stationär« sagt dabei aus, daß der Planet einige Tage stillzustehen scheint, weil sich seine tägliche Bewegung (Geschwindigkeit) bei jedem Richtungswechsel bis zum scheinbaren Stillstand verlangsamt.

Zeichenwechsel

Wenn ein Planet in ein anderes Tierkreiszeichen eintritt, sieht der Hinweis wie folgt aus:

Tageskonstellationen: *(15:24) Venus tritt ins Zeichen Wassermann ein:* Originalität; Kameradschaftlichkeit; exzentrisch; aufgeschlossen.

In diesem Fall schließen sich, ebenso wie bei den Aspekten, an Zeitpunkt und Art der Konstellation stichwortartige Deutungshinweise an.

Welche Konstellation?

Wie eingangs erwähnt, enthalten viele Tageshoroskope neben der Tagesprognose und den Tageskonstellationen Zusatzinformationen. So können Sie zum Beispiel – falls mehrere Konstellationen an einem Tag stattfinden – leicht erkennen, welcher Übergang für Ihr Sonnenstandszeichen der Wichtigste ist. In diesem Fall befindet sich nämlich hinter der Uhrzeit und der Konstellationsbezeichnung ein geklammertes Ausrufezeichen (!):

Tageskonstellationen: *(15:20) Mond Trigon Jupiter:* Wohlbefinden; Glücksgefühl; Güte; Freude; Wohltat; Wunscherfüllung. *(16:31) Mond Sextil Uranus (!):* Anregung; Originalität; Veränderungsfreude.

An diesem Tag fänden also zwei Konstellation statt, wobei »Mond Sextil Uranus« für Ihr Sonnenstandszeichen die bedeutsamere wäre.

Stichworte

Ergänzend, auch zu den Aspektdeutungen, wäre zu sagen, daß diese Stichwortlisten natürlich keinerlei Anspruch auf Vollständigkeit erheben. Sie sollen lediglich auf einige typische Ausdrucksweisen der betreffenden Konstellation hinweisen und zu eigenen Assoziationen anregen. Viele dieser Begriffe sind auch mit Absicht (positiv oder negativ) überspitzt formuliert, um dem Wirkungsbild mehr Plastizität zu geben. Begriffe wie »Niederlage; Krankheit«, usw. besagen somit keineswegs, daß Sie an diesem Tag krank werden oder tatsächlich eine Niederlage erleiden. Sie weisen nur darauf hin, daß Sie an solchen Tagen stärker als sonst Einflüssen ausgesetzt sind, die den Fall einer Erkrankung bzw. einer Niederlage begünstigen.

Was gilt für wen?

Wie Sie im folgenden Beispiel erkennen, werden diese Angaben oft noch durch zusätzliche Hinweise auf bestimmte Geburtstage ergänzt:

Tageskonstellationen: *(03:05) Merkur Halbquadrat Mars:* Reizbarkeit; Wut; Stichelei; Neid. Die Wirkung dieses Aspektes kann stärker zum

Vorschein kommen, wenn Sie in der Zeit vom 15.–17.4. geboren sind. *(18:01) Sonne Konjunktion Neptun (!):* Phantasie; Sehnsucht; Inspiration; Intuition; Mystik; Erkennen verborgener Zusammenhänge; Enttäuschung; Auflösung; Krankheit. Dieser Einfluß kann sich verstärkt bemerkbar machen, wenn Sie in der Zeit vom 3.4.–5.4. geboren sind.

Hier wäre »Sonne Konjunktion Neptun« der Hauptaspekt und zwar gerade dann, wenn Ihr Geburtsdatum in die Zeit vom 3.–5.4. fällt.

Wie lange ein Aspekt wirkt

Alle bisher beschriebenen Hinweise werden zu dem Zeitpunkt gegeben, an dem ein Aspekt, ein Richtungs- oder Zeichenwechsel exakt stattfindet. Tatsächlich ist es jedoch so, daß viele Planeteneinflüsse bereits einige Tage vor und nach dem exakten Stadium wirksam sind. Damit Sie auch an solchen Tagen die Übersicht behalten, wurden für wichtige Planetenaspekte zusätzlich Querverweise »eingebaut«:

Folgende Einflüsse mit zunehmender (+) oder nachlassender (–) Wirkung können sich heute zusätzlich bemerkbar machen: (+) Sonne Konjunktion Saturn siehe 6.1., (+) Sonne Sextil Pluto siehe 7.1., (+) Saturn Sextil Pluto siehe 16.1.

Dabei bedeutet das Zeichen (+), daß der Aspekt noch nicht exakt war, die Wirkung also noch zunimmt, wobei (–) darauf hinweist, daß der Aspekt bereits exakt war, und die Wirkung nun weiter abnimmt. Wie der entsprechende Aspekt wirkt, ist unter dem jeweiligen Datum nachzulesen.

Die astrologischen Zeichen und Planeten

Die folgende Übersicht zeigt Ihnen die astrologische Bedeutung der verschiedenen Planeten und Tierkreiszeichen:

1. Die Planeten

☉ **Sonne:**
bedeutet Vitalität; Lebenskraft; das Temperament; Grundhaltung der Person dem Leben gegenüber; das Selbstbewußtsein; grundlegende Charakterzüge. Die Sonne herrscht im Zeichen Löwe.

☾ **Mond:**
bedeutet Gefühle; Emotionen; Wünsche; kindliche Haltungen; Beziehung zur Herkunft, Mutter, Heim, Familie. Der Mond herrscht im Zeichen Krebs.

☿ **Merkur:**
bedeutet Denken; die Auffassungsart; Kommunikation; Sprache; Reden; Schreiben; Zählen; Lernen; Kombinieren. Merkur herrscht in den Zeichen Zwillinge und Jungfrau.

♀ **Venus:**
bedeutet Harmonie; Zuneigung; Liebesgefühle; Ästhetik; Anziehungskraft; das Weibliche; Sinnlichkeit; Lustgewinn. Venus herrscht in den den Zeichen Stier und Waage.

♂ **Mars:**
bedeutet Energie; Dynamik; Durchsetzungsvermögen; Aktivität; Willenskraft; das Männliche. Mars herrscht in den Zeichen Widder und Skorpion.

♃ **Jupiter:**
bedeutet Entfaltung; Wachstum; Weite; Freiheitsbedürfnis; Selbstwertgefühl; Lebensideale; Großzügigkeit; Bildung; Gerechtigkeit. Jupiter herrscht in den Zeichen Schütze (als Taghaus) und Fische.

♄ **Saturn:**
bedeutet Grenzen; Pflichten; Einschränkungen; Schutz; Widerstandsfähigkeit; Stabilität; Sicherheitsbedürfnis; Autoritätspersonen. Saturn herrscht in den Zeichen Steinbock (als Taghaus) und Wassermann.

♅ **Uranus:**
bedeutet Intuition; Spontaneität; Erfindungsgeist; abstraktes Denken; Technik; Unabhängigkeitsstreben. Uranus herrscht über das Zeichen Wassermann.

Die astrologischen Zeichen und Planeten

♆ Neptun:
bedeutet Nächstenliebe; Spiritualität; Phantasie; Verschmelzung mit einem überpersönlichen Ideal. Neptun herrscht über das Zeichen Fische.

♇ Pluto:
bedeutet Macht; die Beziehung zwischen Individuum und Kollektiv; Wandlungsfähigkeit. Pluto herrscht über das Zeichen Skorpion.

2. Die Tierkreiszeichen

♈ Widder:
erstes Zeichen im Tierkreis; kardinales Feuerzeichen; impulsiv; vorwärtsstrebend; aufbrausend; ungeduldig.

♋ Krebs:
viertes Zeichen im Tierkreis; kardinales Wasserzeichen; gefühlsbetont; intuitiv; einfühlsam; beschützend; naturverbunden.

♉ Stier:
zweites Zeichen im Tierkreis; fixes Erdzeichen; behutsam; sinnlich; geduldig; auf Wertbildung bedacht.

♌ Löwe:
fünftes Zeichen im Tierkreis; fixes Feuerzeichen; stolz; selbstbewußt; ichbetont und sehr unternehmungsfreudig.

♊ Zwillinge:
drittes Zeichen im Tierkreis; labiles Luftzeichen; flink; geistig rege; kontaktfreudig; neugierig; stark abwechslungsbedürftig.

♍ Jungfrau:
sechstes Zeichen im Tierkreis; labiles Erdzeichen; sehr gewissenhaft; äußerst fleißig; analysierend und sparsam.

Hinweis zu Merkur, Venus, Mars, Jupiter, Saturn: Ursprünglich arbeitete man in der Astrologie nur mit sieben Planeten; Uranus, Neptun und Pluto wurden erst in den letzten zweihundert Jahren entdeckt. Deshalb »herrschen« – oder besser gesagt »herrschten« – manche Planeten über zwei Zeichen, und wurden je nachdem, ob sie im einen oder anderen »standen« unterschiedlich bewertet. Stand z. B. Saturn (= Steinbock-Regent) im Wassermann, dem zweiten von ihm beherrschten Zeichen, wurden ihm Eigenschaften zugeordnet, die bereits dem heutigen Herrscher, Uranus, entsprachen. Dieser historisch nachweisbare Umstand widerlegt nicht nur das Argument einiger Astrologie-Gegner, daß die Sterndeutung nicht stimmen könne, weil man im Altertum von den drei transsaturnischen Planeten Uranus, Neptun und Pluto nichts gewußt hätte. Vielmehr zeigt sich, daß Astrologen Einflüsse dieser Planeten durchaus zu deuten wußten, sie jedoch symbolisch anderweitig zuordneten.

Die astrologischen Zeichen und Planeten

♎ Waage:
siebtes Zeichen im Tierkreis; kardinales Luftzeichen; dubezogen; auf Harmonie, Ausgleich und Ergänzung bedacht.

♏ Skorpion:
achtes Zeichen im Tierkreis; fixes Wasserzeichen; intuitiv; hartnäckig; widerstandsfähig; den Dingen auf den Grund gehend.

♐ Schütze:
neuntes Zeichen im Tierkreis; labiles Feuerzeichen; spontan; begeisterungsfähig; Freiheitsdrang; Idealismus; Hang zu Übertreibungen.

♑ Steinbock:
zehntes Zeichen im Tierkreis; kardinales Erdzeichen; pflichtbewußt; ernsthaft; vorsichtig; zielstrebig; ehrgeizig; sparsam; ausdauernd.

♒ Wassermann:
elftes Zeichen im Tierkreis; fixes Luftzeichen; unkonventionell; aufgeschlossen; unabhängig; originell.

♓ Fische:
zwölftes Zeichen im Tierkreis; labiles Wasserzeichen; aufopfernd; hingebungsvoll; einfühlsam; intuitiv; sozial; hilfsbereit.

3. Die Aspekte

☌ Konjunktion:
Der Konjunktionsaspekt entspricht einem Winkelabstand von 0 Grad, das heißt, die Planeten befinden sich auf dem gleichen Tierkreisgrad. Die Wirkungsweise einer Konjunktion hängt im wesentlichen von der Qualität der beteiligten Planeten ab.

⌄ Halbsextil:
Das Halbsextil ist ein harmonisierender Aspekt und entspricht einem Winkelabstand von 30 Grad; sein Einfluß ist relativ gering.

∠ Halbquadrat:
Das Halbquadrat ist ein Spannungsaspekt und entspricht einem Winkelabstand von 45 Grad; sein Einfluß ist unter normalen Umständen gering, er kann sich jedoch erheblich verstärken, wenn der Planet Mars an der Konstellation beteiligt ist.

✶ Sextil:
Das Sextil ist ein harmonischer Aspekt, der zur Aktivität anregt und einem Winkelabstand von 60 Grad entspricht.

☐ **Quadrat:**
Das Quadrat ist ein stark wirksamer Spannungsaspekt und entspricht einem Winkelabstand von 90 Grad.

△ **Trigon:**
Das Trigon ist ein harmonischer Aspekt und entspricht einem Winkelabstand von 120 Grad.

⌐ **Anderthalbquadrat:**
Das Anderthalbquadrat ist ein Spannungsaspekt und entspricht einem Winkelabstand von 135 Grad; seine Wirkung ist normalerweise schwach, kann sich jedoch erheblich verstärken, wenn der Planet Mars an der Konstellation beteiligt ist.

⊼ **Quincunx:**
Die Quincunx ist ein mit dem Halbsextil verwandter harmonischer Aspekt und entspricht einem Winkelabstand von 150 Grad.

☍ **Opposition:**
Die Opposition ist ein stark wirksamer Spannungsaspekt und entspricht einem Winkelabstand von 180 Grad.

Monatliche Aspektdiagramme

Die Monatsübersichten wurden in dieser Ausgabe erstmals mit einem Balkendiagramm versehen, das Ihnen auf einen Blick zeigt, wie sich die die Aspektaktivität für jedes Tierkreiszeichen in einem Monat entwickelt. Wie Sie im Beispieldiagramm erkennen, hat jede Grafik zwei Achsen. Die senkrechte Achse entspricht einer Punkte-Skala von +30 bis 00 und 00 bis −30; waagrecht ist die Zeitachse in Tagen (von 01, 02... bis 30 bzw. 31) angelegt.

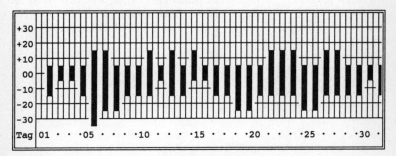

Beispieldiagramm

Monatliche Aspektdiagramme

Auf der Punkteskala (Senkrechte) zeigen die positiven Werte (00 bis +30) die Aktivität der sogenannten harmonischen Aspekte (Halbsextil, Sextil, Trigon) an, während die Spannungsaspekte (Halbquadrat, Quadrat, Anderthalbquadrat) negative Werte erhalten (00 bis −30). Quincunx-, Konjunktions- und Oppositionsaspekte werden je nach Art der beteiligen Planeten mit Plus oder Minus bewertet. Jeder Aspekt wird solange bewertet, wie er wirksam ist, d. h. ein Aspekt, der fünf Tage wirksam ist, wird auch fünfmal bewertet. Die jeweilige Aspektaktivität wurde als arithmetisches Mittel errechnet, indem die Summe der Punkte durch die Anzahl der Aspekte dividiert wurde. Spannungsaspekte und harmonische Aspekte wurden jeweils separat berechnet und eingetragen und *nicht* gegeneinander aufgerechnet. Deswegen haben die meisten Tage sowohl einen positiven als auch einen negativen Punktwert, der jeweils der Balkengröße entspricht. Die Auswahl der Aspekte erfolgte nach einem speziellen Schlüssel, durch den die Wirksamkeit einer Konstellation in bezug auf ein bestimmtes Zeichen ermittelt werden kann.

Die Interpretation der Diagramme ist recht einfach, wenn Sie dabei ein paar Grundregeln berücksichtigen.

1. Am stärksten sind die Einflüsse spürbar die *mehrere Tage* auf dem gleichen oder einem annähernd ähnlichen Niveau bleiben; dies gilt auch dann, wenn der Punktwert eines dazwischenliegenden Tages einen besonders hohen positiven oder negativen Punktwert hat.

2. Je häufiger der Punktwert in die eine oder andere Richtung wechselt, um so unbeständiger wird der betreffende Zeitraum erlebt; Sie werden es an Ihren Stimmungsschwankungen oder auch übernervösen Reaktionen spüren; manchmal sind es auch Zeiträume, in denen ein Ereignis das das nächste jagt.

3. Positive und negative Einflüsse heben sich nicht auf, sondern sind meistens gleichzeitig auf unterschiedlichen Ebenen wirksam. Welche Ebene dabei überwiegt, kann aus den Diagrammen *nicht* ersehen werden. Verwenden Sie hierzu die individuellen Planetendiagramme.

Der Stier-Typ

STIER

20./21. April
bis
20./21. Mai

Wenn Sie in der Zeit zwischen dem 21. April und dem 20. Mai geboren*) sind, befand sich die Sonne zum Zeitpunkt Ihrer Geburt im Tierkreiszeichen Stier. Die Sonne ist einer der bedeutsamsten Horoskopfaktoren, jedoch nicht der einzige. Auch Merkur, der Mond, Venus und alle anderen Planeten haben einen festen Platz in Ihrem Horoskop und sind – obwohl Sie ein Stier sind – maßgeblich für die ihnen jeweils zugeordnete Charaktereigenschaft. Daß Sie Stier sind, bedeutet also nicht, daß Ihre Persönlichkeit völlig frei von den Einflüssen anderer Tierkreiszeichen ist. Im Gegenteil: Das Spektrum Ihrer Persönlichkeit umfaßt den gesamten Tierkreis. Die Sonne und das

---

*) Diese Daten gelten nur annäherungsweise! Da sich unser Kalender nicht exakt mit den Umlaufzeiten der Planeten in Übereinstimmung bringen läßt und die Sonne auch nicht zu einem konstanten Zeitpunkt, z. B. um Mitternacht, das Zeichen wechselt, kann es sein, daß Sie sonnenstandsmäßig noch dem vorhergehenden bzw. schon dem nächsten Tierkreiszeichen angehören, falls Sie am ersten oder letzten Tag der beschriebenen Zeichenperiode geboren sind. Um genau festzustellen, in welchem Zeichen sich die Sonne zum Zeitpunkt Ihrer Geburt befand, benötigen Sie eine Ephemeride (tägliche Übersichtstabelle der Planetenstände) oder eine Berechnung Ihres Geburtshoroskopes (s. Anzeige HEYNE-ASTRO-LESERDIENST).

Tierkreiszeichen, in dem sie sich zum Zeitpunkt Ihrer Geburt aufgehalten hat, repräsentiert im Wesentlichen den Typus Ihres Verhaltens. Was immer auch in Ihrem Horoskop »drinsteht« und welches Schicksal Sie zu erfüllen haben – das Ihnen hierzu zur Verfügung stehende Verhalten ist das Ihres Sonnenzeichens. Die Münchner Rhythmenlehre, eine spezielle Richtung der Astrologie, sieht diesen Sachverhalt so: der Aszendent (das zum Zeitpunkt der Geburt im Osten aufsteigende Tierkreiszeichen) sowie die dort anwesenden Planeten stellen die Geburtsanlage als einen Gesamtkomplex dar, zu dessen Verwirklichung dem Geborenen ein bestimmtes Verhalten, nämlich das seines Sonnenstandes zur Verfügung steht. In diesem Sinne können Sie, wenn beispielsweise das Zeichen Schütze am Aszendenten und die Sonne im Stier stand, sagen, »Ich *bin* (Anlage/Aszendent) ein Schütze und *verhalte* mich wie ein Stier (Sonnenstand/Verhalten).«

Beharrlich, duldsam, zuverlässig

Der Stier als zweites Zeichen im zwölfstufigen Entwicklungsschema des Tierkreises symbolisiert die Phase der Bestandbildung und der Verwurzelung. Hier wird die ungestüme Energie des vorhergehenden Widder-Zeichens gewissermaßen verdichtet und kultiviert. Das Verhalten des Stiers ist beharrlich, duldsam, zuverlässig, besitzfreudig und lustbetont. Als warmherziger, humorvoller Gemütstyp kommt er mit den meisten seiner Mitmenschen gut aus. Über kurz oder lang bringen es die meisten Stier-Geborenen auch zu einem gewissen Wohlstand, doch da sie wissen, daß man dafür hart arbeiten muß, haben sie für den »Wildwuchs« des Sozialstaats wenig Verständnis. Stiere haben Standes-Bewußtsein und suchen sich selten Freunde unter dem eigenen Niveau. Das heißt natürlich nicht, daß ein Stier einem Freund in der Not nicht helfen würde. Doch wenn er dahinterkäme, daß der Betreffende sich durch Leichtsinnigkeit in eine Notlage gebracht hat, würde seine Hilfsbereitschaft wohl bald ein Ende finden. Stiere sind bekannt für ihre Geduld und man muß sie ziemlich provozieren, ehe sie die Fassung verlieren. Ist der Stier aber erst einmal richtig zornig, kann man demjenigen, der ihn gereizt hat, nur zur Flucht raten und zwar samt allem, was ihm lieb und teuer ist.

Freude an schönen Dingen

An Geld und Besitz hat der Stier-Typ seine Freude. Das ist zwar eine Tendenz, die sich bei allen Erdzeichen findet, aber aus unterschiedlichen Motiven. Ein Steinbock-Geborener will z.B. reich sein, weil er die

Macht spürt, die von Geld und Besitz ausgeht. Ein Jungfrau-Geborener hingegen sucht materielle Sicherheit, weil er sich fürchtet, in eine Notlage zu geraten. Der Stier aber hat wirklich Freude am Besitz; er will genießen und sich mit schönen Dingen umgeben, denn Lebensqualität wird hier großgeschrieben. Ausdauernd, beharrlich und lebensklug arbeitet sich der Stier nach Oben und muß daher meistens auch nicht lange warten, bis er die Früchte seiner Bemühungen ernten kann. Da er sich auch bei der Arbeit eine schöne Umgebung wünscht, liegt ihm eine naturverbundene Tätigkeit (Gärtnerei, Landwirtschaft, Forstwesen) ebenso, wie Goldschmied, Kunst/Antiquitätenhändler. Auch im Mode/Parfümerie-Bereich, sowie unter Künstlern und Musikern findet man viele Stier-Geborene.

Das Stier-Prinzip und seine Entsprechungen

Tierkreis:
Stier ist das zweite Zeichen der zwölfstufigen Tierkreisordnung und die Sonne hält sich in der Zeit von 20. April bis 21. Mai darin auf. Im Kreisschema liegen sich Stier und Skorpion gegenüber, so daß man auch von der Stier-Skorpion-Achse spricht. Teilt man den Tierkreis, beginnend bei Stier, in vier gleichgroße Quadranten, so entsteht das Kreuz der fixen Zeichen Stier, Löwe, Skorpion und Wassermann (gegen den Uhrzeigersinn gezählt). Jedes dieser fixen Zeichen wird einem der vier Urstoffe Feuer (Löwe), Wasser (Skorpion), Luft (Wassermann) und Erde (Stier) zugeordnet.

Planeten:
Alle Tierkreiszeichen werden von einem Planeten »regiert«, das heißt, sie repräsentieren eine Qualität, die mit dem Kräfteprinzip des jeweiligen Planeten beschrieben werden kann. In diesem Sinne wird das Stier-Zeichen der Venus zugeordnet, die für Ästhetik und Schönheitssinn, Kontaktbedürfnis, Sinnlichkeit und Einfühlungsvermögen steht. Das menschliche Bedürfnis nach Liebe, Zuneigung und Bezogenheit wird durch Venus ausgedrückt. In welcher Form ein Mensch dieses Bedürfnis zum Ausdruck bringt, geht aus der Haus- und Zeichenstellung der Venus im Geburtshoroskop hervor.

Psychologie:
In der Entwicklungspsychologie entspricht das Zeichen Stier der sogenannten oralen Phase, in der die Befriedigung vorwiegend durch den Mund erfolgt. Für Venus finden wir Entsprechungen in der Fähigkeit,

Der Stier-Typ

Lebenssteigerungen lustvoll zu erleben und im Kontaktbedürfnis; ferner in der sinnlichen Wahrnehmung (sehen, fühlen, riechen, schmecken), sowie in der weiblichen Sexualität.

Gesellschaft:
Auf der gesellschaftlichen Ebene finden wir überall dort Entsprechungen des Stier-Prinzips, wo Beharrlichkeit und Ausdauer einerseits sowie Naturverbundenheit oder (in Verbindung mit Venus) Geschmack und Schönheitssinn andererseits verlangt werden. Beispiele: Landwirtschaft, Gartenbau, Nahrungsmittel-Wesen, Gastronomie, Handel und Herstellung von Möbeln, Mode, Schönheitspflege, Bekleidungs-Branche, auch Vermögensverwaltung; Musik-, Freizeit- und Unterhaltungsindustrie.

Berühmte Stier-Geborene

Henry Fonda; Elisabeth II.; Iljitsch Lenin; Bernhard Grzimek; Robert Oppenheimer; Franz Lehár; Albrecht Dürer; Luise Rinser; Hanns-Dieter Hüsch; George Moustaki; Audrey Hepburn; Christian Morgenstern; Johannes Brahms; Peter Tschaikowski; Samuel Morse; Karl Marx; Salvador Dali; Robert Jungk; Bing Crosby; Sophie Scholl; Mike Oldfield; Harry S. Truman; Orson Welles; Max Planck; Duke Ellington; Udo Lindenberg; Jean Gabin; Bertrand Russell; Honoré de Balzac; Johann Peter Hebel; Klaus Doldinger; Fred Astaire; Sigmund Freud; Anthony Quinn; Shirley MacLaine; Barbra Streisand; Ella Fitzgerald; Alfred Krupp; Kaiser Hirohito; Duke Ellington; Teilhard de Chardin; Costa Cordalis; Vladimir Nabokov; Theodor Herzl; Golda Meir; F. Arnold Brockhaus; Keith Jarret; Hildegard Hamm-Brücher; Claude Dornier; Georges Braque; Stevie Wonder; Prof. Heinz Haber; Richard Tauber; Jaroslav Hasek; Ludwig Uhland.

Astrologie von A–Z

Als persönliche Planeten bezeichnet man in der Astrologie die Planeten Sonne, Mond, Merkur, Venus und Mars, weil sie eine unmittelbare Beziehung zu den bewußten Kräften der Persönlichkeit haben. Man unterscheidet ferner die gesellschaftlichen Planeten (Jupiter und Saturn), die eine Entsprechung in kollektiven Werten und Normen finden, sowie die drei transpersonalen Planeten (Uranus, Neptun und Pluto), die Entsprechungen zu den unbewußten Kräften der Persönlichkeit haben.

Stichwort **Persönliche Planeten**

Januar 1992

Mit Optimismus ins neue Jahr

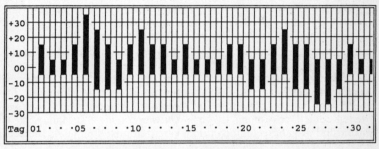

Januar 1992: Aktivierende (+) und hemmende (−) Einflüsse für Stier-Geborene

Zu Jahresbeginn werden Kräfte aktiviert, die Ihren Optimismus und Ihre Überzeugungskraft fördern; der sprachliche Austausch sowie die Frage, welche Ziele Sie in der näheren Zukunft intensiver verfolgen sollen, dürften in diesem Zeitraum eine wichtige Rolle spielen. Sie werden bemerken, daß Ihr Denken und die Auseinandersetzung mit aktuellen Themen an Tiefe und Prägnanz gewinnt. Sie verdanken dies einer Intensivierung Ihrer analytischen Fähigkeiten, sowie Ihrem wachsenden Bedürfnis, das Leben in größeren Zusammenhängen zu verstehen. Weltanschauliche Überlegungen können derzeit einen besonderen Reiz auf Sie ausüben. Einerseits reflektieren sie die Art und Weise, wie Sie »die Welt anschauen« und ob in in welchem Maße Sie an der Oberfläche schwimmen oder zum Kern der Dinge vordringen. Andererseits verspüren Sie jetzt möglicherweise ganz konkret den Wunsch, sich mehr in der Welt umzuschauen und planen vielleicht Reisen in ferne Länder. Im *zeitlichen Ablauf* zeigt sich vor allem im ersten Monatsdrittel ein Überwiegen der harmonisierenden Tendenzen. Während der kritischen Phase um den 26. Januar herum sollten Sie allerdings nach Möglichkeit keine neuen Unternehmungen starten.

Januar

DAS WETTER

Mit einer Durchschnittstemperatur von + 0.3 Grad Celsius gilt der Januar als der kälteste Monat des Jahres, doch gab es seit Beginn der Wetteraufzeichnungen Extremtemperaturen bis + 15 Grad und − 30 Grad. Die mittlere Höchsttemperatur beträgt + 9,6 Grad, die Tiefsttemperatur − 10,4 Grad. Im zeitlichen Ablauf liegt der kälteste Tag um den 22. Januar. Niederschläge gibt es an 16 Tagen, hiervon die Hälfte als Schnee. Verlauf: nach nächtlichem Aufklaren ist es vom 1.–5. sehr kalt, oft mit Schneefällen. Danach bis ca. 15. Januar mildere Temperaturen bei trüber Witterung. Ab 15. Januar Hochdrucklage mit klarem, aber frostigem Wetter und Nebelbildung in den Tälern.

IM JANUAR

Mi. 1. Januar (Neujahr)

Auch wenn sich die ersten Erfolge im Rahmen halten, können Sie zufrieden sein. Der Anfang ist gemacht und es kann eigentlich nur noch besser werden. *Tageskonstellationen:* (08:31) Mond tritt ins Zeichen Schütze ein: Prinzip: »Emotionale Steigerung«; Idealismus; Begeisterungsfähigkeit; Glaube; Großzügigkeit. Günstig für philosophische Studien, Rechtsfragen und juristische Angelegenheiten. *(10:17) Mond Konjunktion Venus:* Herzlichkeit; Sensibilität; Einfühlungsvermögen; Formsinn. *(17:07) Venus Halbquadrat Neptun:* Beschönigung; die Dinge in ein falsches Licht setzen. Die Wirkung dieses Aspektes kann stärker sein, wenn Sie in der Zeit vom 21.–23.4. geboren sind. *(20:11) Mond Sextil Saturn (!):* Sorgfalt; Gewissenhaftigkeit; Einklang innerer Bedürfnisse mit den äußeren Umständen.

Do. 2. Januar

Entweder sind Sie mit Ihren Einkäufen zu großzügig, oder Sie sparen am falschen Fleck. Versuchen Sie es mal auf dem Mittelweg. *Tageskonstellationen:* (13:22) Mond Quadrat Jupiter (!): Maßlosigkeit; Übertreibung; Prahlerei; schlechtes Benehmen.

GZ: 4, 12, 19, 24, 27, 34

Fr. 3. Januar

Ihre ausgefallenen Ansichten sind zwar interessant, finden aber nicht den erhofften Beifall. Vor allem bei den Vorgesetzten überwiegt die Skepsis. Ersparen Sie sich unnötige Arbeit, und bringen Sie die Sache bei einer besseren Gelegenheit zur Sprache. *Tageskonstellationen: (01:08) Mond Konjunktion Merkur:* Enge Verbindung von Gefühl und Verstand; Hang zu häufiger Meinungsänderung; manchmal Neuigkeit, ein unerwarteter Besuch. *(11:16) Mond Konjunktion Mars:* Impulsivität; Erregungszustand; Gereiztheit. Kann bei entsprechender Veranlagung Magenbeschwerden auslösen. *(12:47) Mer-*

kur Halbquadrat Saturn (!): Konzentrationsmangel; Problematisierung; Störung; autoritäres Verhalten. Die Wirkung dieses Aspektes kann stärker zum Vorschein kommen, wenn Sie in der Zeit vom 13.-15.5. geboren sind. *(20:10) Mond tritt ins Zeichen Steinbock ein:* Prinzip: »Gefühl reguliert«; Durchhaltekraft; Beharrlichkeit; Zielstrebigkeit; Pflichtbewußtsein.

Sa. 4. Januar
Lassen Sie sich nichts einreden! Ob sich der Aufwand lohnt, den Sie für gewisse Dinge treiben, entscheiden allein Sie. Schließlich haben Sie mehr Erfahrung auf diesem Gebiet. *Tageskonstellationen: (08:38) Merkur Halbsextil Pluto (!):* Interesse für verborgene oder geheimnisvolle Dinge; politisches Engagement; Entscheidung.

So. 5. Januar
Beweise der Sympathie und Zuneigung, die Sie heute erhalten, machen Sie glücklich. Verbringen Sie den Abend mit jemandem, mit dem Sie sich schon lange wieder einmal treffen wollten. *Tageskonstellationen: (01:45) Sonne Konjunktion Uranus:* Unberechenbarkeit; Verwandlung und plötzliche Veränderung einer Situation (»...aus heiterem Himmel«). Die Wirkung dieses Aspektes kann stärker zum Vorschein kommen, wenn Sie in der Zeit vom 3.5.-5.5. geboren sind. *(17:09) Sonne Trigon Jupiter:* Anerkennung; Erfolg; Privileg; mit wenig Aufwand viel erreichen; das Beste aus einer Sache machen; Optimismus. Dieser Einfluß kann sich verstärkt bemerkbar machen, wenn Sie in der Zeit vom 3.5.-5.5. geboren sind. *(23:45) Venus Sextil Saturn (!):* Formsinn; freundschaftliche Verbindung; Zufriedenheit. Die Wirkung dieses Aspektes kann stärker zum Vorschein kommen, wenn Sie in der Zeit vom 27.-29.4. geboren sind.

Mo. 6. Januar (Drei Könige)
Noch einmal müssen Sie sich mit Fragen befassen, die Sie eigentlich für erledigt hielten. Offenbar scheint sich Ihre Lösung auf Dauer nicht zu bewähren. Diesmal sollten Sie gründlicher sein. *Tageskonstellationen: (08:59) Mond tritt ins Zeichen Wassermann ein:* Prinzip: »Gefühle überwinden die Dualität«; Unabhängigkeit; Reformfreude; Fortschritt und Zukunftsglaube. *(22:16) Mond Konjunktion Saturn (!):* Stimmungstief, seelische Belastung oder Angstgefühle. Kann bei entsprechender Veranlagung Depressionen auslösen.

Di. 7. Januar
Abhängig von Ihrer heutigen Programmplanung verläuft der Tag ruhig oder aufregend. Sie haben also alles in der Hand. Mit dem, was Sie erreichen, können Sie aber auf jeden Fall zufrieden sein. *Tageskonstellationen: (00:36) Mond Sextil Venus (!):* Schwärmerei; Romantik; Sehnsucht; Harmonie; Liebesge-

Januar

fühle. *(13:41) Sonne Konjunktion Neptun:* Phantasie; Sehnsucht; Inspiration; Intuition; manchmal auch Enttäuschung, Auflösung, Krankheit; Flucht in Rauscherlebnisse. Die Wirkung dieses Aspektes kann stärker zum Vorschein kommen, wenn Sie in der Zeit vom 6.5.–9.5. geboren sind.

Mi. 8. Januar
Machen Sie sich auf den Weg, ein Besuch bei Verwandten oder Freunden ist längst überfällig. Wenn Sie ihn noch länger hinauszögern, könnte man Ihr Fernbleiben als Unhöflichkeit auslegen. *Tageskonstellationen: (06:19) Mond Quadrat Pluto (!):* Bedrängnis; Rücksichtslosigkeit; Druck; Unterdrückung; Zwang und Tyrannei. *(18:02) Mond Sextil Merkur:* Neuigkeit; erfreuliche Mitteilung; Einklang von Gefühl und Verstand. *(21:00) Mond Sextil Mars:* Begeisterung; Auftrieb; Einklang von Handeln und Fühlen. *(21:52) Mond tritt ins Zeichen Fische ein:* Prinzip: »Gefühle lösen die Realität auf«; Mitgefühl; Hilfsbereitschaft; Auflösung einer Situation.

Do. 9. Januar
Wenn Sie etwas Besonderes erleben wollen, müssen Sie die Sache schon selbst in die Hand nehmen. Am Abend meldet sich jemand, mit dem Sie nicht gerechnet haben. *Tageskonstellationen: (10:50) Mars tritt ins Zeichen Steinbock ein:* Ausdauer; Zuverlässigkeit; Strenge; Ehrgeiz; Zielstrebigkeit. *(20:05) Mond Quadrat Venus (!):* Widerstrebende Empfindungen; Spannungen mit oder zwischen Frauen.

GZ: 4, 8, 12, 26, 39, 43

Fr. 10. Januar
Ob ein Handel wirklich so gut ist, wie Sie glauben, ist noch nicht heraus. Doch deswegen sollten Sie sich von nichts abhalten lassen. Wer nichts wagt, der gewinnt auch garnichts. *Tageskonstellationen: (02:47) Merkur tritt ins Zeichen Steinbock ein:* Konzentration; Logik; Sachlichkeit; Zweckmäßigkeit. *(20:35) Merkur Konjunktion Mars (!):* Übereinstimmung von Denken und Handeln; Kurzentschlossenheit; manchmal Streitsucht. Die Wirkung dieses Aspektes kann stärker zum Vorschein kommen, wenn Sie in der Zeit vom 21.–23.4. geboren sind.

Sa. 11. Januar
In punkto Liebe und Partnerschaft ist ein Stimmungswechsel angesagt. Streit und Kleinlichkeiten sind schnell vergessen; auch Einzelgänger sind einem Flirt nicht abgeneigt. *Tageskonstellationen: (09:22) Mond tritt ins Zeichen Widder ein:* Prinzip: »Gefühlsbetonte Aktivität«; impulsiv; Unternehmungsfreude; Übereifer. Günstig für Neubeginn. *(12:21) Mond Quadrat Mars:* Unrast; Aggressivität; Widerspenstigkeit; rücksichtloses

Benehmen; Egoismus und Verletzungstendenz! *(13:19) Mond Quadrat Merkur:* Erhöhte Nervosität; Hang zu Flüchtigkeitsfehlern und Nachlässigkeiten. Nicht so günstig für Prüfungen und wichtige Gespräche. *(23:05) Mond Sextil Saturn (!):* Sorgfalt; Gewissenhaftigkeit; Einklang innerer Bedürfnisse mit den äußeren Umständen.

So. 12. Januar
Wenn Sie das Bedürfnis haben, größere Veränderungen vorzunehmen, könnte das der richtige Tag dafür sein. Vielleicht entwickeln Sie eine Idee, die sich später als lukrativ erweist, oder man macht Ihnen ein Angebot, das aus dem Rahmen des Üblichen fällt. Wie auch immer – lassen Sie Ihre guten Chancen nicht ungenutzt verstreichen. *Tageskonstellationen:* *(12:59) Venus Halbsextil Uranus:* Spontaner Ausdruck; experimentelle Kunst; moderne Musik. *(13:05) Venus Quadrat Jupiter:* Überschwenglichkeit; Unersättlichkeit; Arroganz; Form zählt mehr als Inhalt. Die Wirkung dieses Aspektes kann stärker zum Vorschein kommen, wenn Sie in der Zeit vom 3.5.-5.5. geboren sind. *(14:16) Jupiter Trigon Uranus (!):* Originalität; Geschäftstüchtigkeit; ungewöhnliche Ideen in die Tat umsetzen; unerwarteter Gewinn; Glücksfall. Dieser Einfluß kann sich verstärkt bemerkbar machen, wenn Sie in der Zeit vom 3.5.-5.5. geboren sind.

Mo. 13. Januar
Ihr Vorschlag klingt vernünftig. Allerdings möchte man sich noch einmal beraten, bevor man sich definitiv festlegt. Dagegen können Sie nichts einwenden. *Tageskonstellationen: (03:32) Mond Quadrat Sonne:* Unruhiger Tagesablauf; Nervosität; Disharmonie. *(10:19) Sonne Sextil Pluto (!):* Mut; Entschlossenheit; Leitbild. Die Wirkung dieses Aspektes kann stärker zum Vorschein kommen, wenn Sie in der Zeit vom 13.-15.5. geboren sind. *(18:00) Mond tritt ins Zeichen Stier ein:* Prinzip: »Emotionales Festhalten«; Beständigkeit; Ausdauer; Konsolidierung; Formsinn; schwankende materielle Verhältnisse; Gefühlsstau. Günstig für Neuanschaffungen, Kauf/Verkauf.

Di. 14. Januar
Man ist gar nicht so verärgert über Sie, wie Sie denken. Machen Sie ein Versöhnungsangebot. Dann ist ein Streit bald vergessen. Folgende Einflüsse mit zunehmender (+) oder nachlassender (–) Wirkung können sich heute zusätzlich bemerkbar machen: (–) Sonne Sextil Pluto siehe → 13.1., (+) Merkur Halbquadrat Pluto siehe → 15.1.

Mi. 15. Januar
Ihre Gedanken kreisen um alles mögliche, nur nicht um das, was Sie gerade tun. Passen Sie auf, daß Ihnen heute keine Flüchtigkeitsfehler unterlaufen! *Tageskonstellationen: (07:45) Merkur Halbquadrat*

Januar

Pluto: Herausforderung; Druck; Widerstand. Die Wirkung dieses Aspektes kann stärker zum Vorschein kommen, wenn Sie in der Zeit vom 27.–29.4. geboren sind. *(07:58) Merkur Halbsextil Saturn:* Respekt; Gradlinigkeit; Realismus.

Do. 16. Januar
Einladungen und Besuche bringen Sie in Stimmung. Vergesssen Sie auch Ihre Gesundheit nicht. Ein wenig Erholung könnten Sie gut vertragen. *Tageskonstellationen: (11:48) Mond Trigon Saturn (!):* Respekt; Anerkennung; Zuverlässigkeit; Pflichtgefühl. *(22:39) Mond Quadrat Jupiter:* Maßlosigkeit; Übertreibung; Prahlerei; schlechtes Benehmen.

GZ: 5, 16, 22, 24, 29, 39

Fr. 17. Januar
Reagieren Sie nicht beleidigt, wenn Ihr Partner andere Pläne hat als Sie. Sie haben viele Interessen und kennen so viele Leute, daß Sie es auch mal einen Tag alleine aushalten. *Tageskonstellationen: (08:37) Mond Opposition Venus (!):* Hochgefühl; Empfänglichkeit; Charme; jedoch Hang zur Übertreibung und Schwelgerei.

Sa. 18. Januar
Man ist daran interessiert, mit Ihnen zu verhandeln. Ehe Sie einen Termin vereinbaren, sollten Sie aber Ihre Konditionen nennen. Nur so können Sie dafür sorgen, daß keine falschen Hoffnungen entstehen. Folgende Einflüsse mit zunehmender (+) oder nachlassender (–) Wirkung können sich heute zusätzlich bemerkbar machen: (+) Mars Halbquadrat Pluto siehe → 19.1., (+) Venus Halbquadrat Saturn siehe → 19.1., (+) Sonne Anderthalb-Quadrat Jupiter siehe → 19.1.

So. 19. Januar
Möglicherweise kommt es heute zu einem etwas außergewöhnlichen Vorfall. Lassen Sie sich davon nicht zu sehr verwirren. Vielleicht will irgend jemand nur überprüfen, ob und wie schnell Sie aus der Fassung zu bringen sind. *Tageskonstellationen: (06:32) Venus Halbsextil Pluto:* Leidenschaftlichkeit; heftige Empfindungen. *(14:58) Mars Halbquadrat Pluto:* Naturkatastrophe; hinterhältiger Angriff; Bedrohung. Die Wirkung dieses Aspektes kann stärker zum Vorschein kommen, wenn Sie in der Zeit vom 27.–29.4.

Astrologie von A–Z

sind keine Sterne, sondern Positionen, die die Planeten Merkur und Venus in Beziehung zur Sonne einnehmen können. Geht z. B. Venus (oder auch Merkur) vor der Sonne auf, so ist sie Morgenstern. Abendstern ist einer dieser Planeten dann, wenn er nach der Sonne untergeht.

Stichwort **Abend- und Morgenstern**

geboren sind. *(15:02) Venus Halbquadrat Saturn:* Ernüchterung; Zurückweisung. Dieser Einfluß kann sich verstärkt bemerkbar machen, wenn Sie in der Zeit vom 13.–15.5. geboren sind. *(16:42) Merkur Trigon Jupiter:* Denken und planen in großen Zusammenhängen; Geschäftsabschluß; ein positiver Gesprächsverlauf; Zuversicht. Die Wirkung dieses Aspektes kann stärker zum Vorschein kommen, wenn Sie in der Zeit vom 3.5.–5.5. geboren sind. *(20:46) Sonne Anderthalb-Quadrat Jupiter (!):* Hoffnung; Zuversicht; positive Aussichten; vielversprechender Anfang. Dieser Einfluß kann sich verstärkt bemerkbar machen, wenn Sie in der Zeit vom 19.–21.5. geboren sind.

Mo. 20. Januar

Sie warten und warten und meinen, es täte sich nichts. Dabei ist ein Neubeginn in aller Stille vonstatten gegangen. Sie haben nur noch nichts davon bemerkt. *Tageskonstellationen: (05:39) Merkur Konjunktion Uranus:* Ein ungewöhnliches Gesprächsthema; technische Angelegenheiten; Umwandlung; plötzliche Erkenntnis; Geistesblitz. Die Wirkung dieses Aspektes kann stärker zum Vorschein kommen, wenn Sie in der Zeit vom 3.5.–5.5. geboren sind. *(07:10) Mars Halbsextil Saturn (!):* Vernunftbestimmtes Handeln; Realismus und Ausdauer. *(12:42) Mond Opposition Saturn:* Zurückweisung; Widerstand; Druck; Notlage; Armut; Angstgefühl. Kann bei entsprechender Veranlagung Depressionen auslösen. *(20:34) Sonne tritt ins Zeichen Wassermann ein:* Prinzip: »Energie transformiert«; Erfindungsgeist; Einfallsreichtum; Reform; Veränderungsbereitschaft und Wandlungsfähigkeit.

Di. 21. Januar

Greifen Sie Anregungen auf, die man Ihnen in Gesprächen zukommen läßt. Vor allem im Bereich Freizeit und Familienleben sind gute Ideen gefragt. *Tageskonstellationen: (11:36) Mond Quadrat Pluto:* Bedrängnis; Rücksichtslosigkeit; Druck; Zwang; Unterdrückung; Tyrannei. *(15:56) Merkur Konjunktion Neptun:* Unrealistische Einschätzung; ein Mißverständnis; Unklarheiten im Gespräch. Die Wirkung dieses Aspektes kann stärker zum Vorschein kommen, wenn Sie in der Zeit vom 6.5.–9.5. geboren sind. *(16:12) Mond Trigon Venus (!):* Romantische Gefühle; Liebesgefühl; Anhänglichkeit; Warmherzigkeit. *(23:22) Mond tritt ins Zeichen Jungfrau ein:* Prinzip: »Emotionales Unterscheidungsvermögen«; Lebensklugheit; Bescheidenheit; Sorgfalt. Günstig für Planungsarbeiten, Analysen.

Mi. 22. Januar

Mit so viel Schwung und Temperament wie heute hat man Sie schon

Januar

lange nicht mehr erlebt. Dementsprechend üppig fällt Ihr Tagespensum aus. Nehmen Sie sich für den Abend etwas Besonderes vor. *Tageskonstellationen: (15:15) Mond Trigon Mars (!):* Initiative; Aktivität; Einklang von Fühlen und Handeln. *(21:42) Mond Konjunktion Jupiter:* Beliebtheit; Popularität; Güte; instinktiv das Richtige tun; Glück, Gewinn. *(23:39) Mond Trigon Uranus:* Originalität; Einfallsreichtum; positive Veränderung.

Do. 23. Januar

Vermutlich sind Sie selbst ein bißchen darüber erstaunt, wie gut Sie heute mit Ihren Mitmenschen auskommen. Wenn es in der Vergangenheit Streit oder Mißverständnisse gab, haben Sie nun die Gelegenheit, die Sache zu bereinigen. *Tageskonstellationen: (03:04) Mond Trigon Neptun:* Phantasie; Inspiration; vielversprechende Vorahnung. *(07:08) Mond Trigon*

Astrologie von A–Z

Als Domizil bezeichnet man das Zeichen, das von einem bestimmten Planeten »regiert« wird (z. B. Mars = Widder, Saturn = Steinbock usw.). Damit wird dem Umstand entsprochen, daß es eine Analogie zwischen der Wirkungsweise eines Planeten und der Qualität des von ihm regierten Zeichens gibt.

Stichwort **Domizil**

Merkur: Gute Nachricht; konstruktives Gespräch; vielversprechende Bekanntschaft. *(12:22) Mond Sextil Pluto:* Neuordnung; innere Spannung; Ergründung verborgener Zusammenhänge; okkulte Interessen. *(21:44) Mond Quadrat Venus (!):* Widerstrebende Empfindungen; Spannungen mit oder zwischen Frauen.

GZ: 8, 18, 19, 27, 33, 37

Fr. 24. Januar

Warum regen Sie sich über eine familiäre Angelegenheit so auf? Warten Sie doch erst einmal ab, wie sich die Dinge weiterentwickeln; es wird auch hier nicht alles so heiß gegessen, wie man kocht. *Tageskonstellationen: (00:43) Mond tritt ins Zeichen Waage ein:* Prinzip: »Kontaktgefühl«; Geselligkeit; Kontaktfreude; Ausgleichsstreben; Harmonieempfinden; guter Geschmack. *(06:38) Mond Trigon Sonne:* Gegenseitiges Einvernehmen; Harmonie. *(15:27) Mond Trigon Saturn:* Respekt; Anerkennung; Zuverlässigkeit; Pflichtgefühl. *(20:30) Mond Quadrat Mars (!):* Unrast; Aggressivität; Widerspenstigkeit; rücksichtsloses Benehmen; Egoismus und Verletzungstendenz!

Sa. 25. Januar

Ihnen kann es nur schaden, zu gewissen Vorfällen lange Kommentare abzugeben. Alles, was Sie wissen wollten, wissen Sie jetzt. Damit sollten Sie sich zufriedengeben. *Tageskonstellationen: (08:06) Merkur Sextil Pluto (!):* Tiefgründigkeit; ideologische Einstellung. Die Wirkung dieses Aspektes kann stärker zum Vorschein kommen, wenn Sie in der Zeit vom 13.–15.5. geboren sind. *(08:16) Venus tritt ins Zeichen Steinbock ein:* Freundlichkeit; Güte; Treue; Hingabefähigkeit; Zuverlässigkeit.

So. 26. Januar
Ein angenehmer Tag, der sich gut für Reisen und Vergnügungen eignet. Unternehmen Sie etwas mit Ihrem Partner oder Ihrer Familie. *Tageskonstellationen: (05:33) Mond tritt ins Zeichen Skorpion ein:* Prinzip: »Emotionale Verbindlichkeit«; Ausdauer; Kampfgeist; Reizbarkeit. Interesse für verborgene und okkulte Dinge. *(07:44) Mond Sextil Venus:* Schwärmerei; Romantik; Sehnsucht; Harmonie; Liebesgefühle. *(16:28) Mond Quadrat Sonne:* Unruhiger Tagesablauf; Nervosität; Disharmonie. *(21:57) Mond Quadrat Saturn (!):* Ablehnung; Neid; Mißgunst.

Mo. 27. Januar
Weitsicht und Entschlossenheit heißt das Erfolgsrezept des Tages! Doch überschätzen Sie die Bedeutung kleinerer Gewinne nicht! *Tageskonstellationen: (10:05) Mars Trigon Jupiter (!):* Erfolgreiche Leistung; Arbeitseifer; Energie; Anerkennung. Die Wirkung dieses Aspektes kann stärker zum Vorschein kommen, wenn Sie in der Zeit vom 3.5.–5.5. geboren sind.

Di. 28. Januar
Erinnerungen an alte Zeiten werden heute wach. Halb traurig, halb froh wenden Sie sich dann aber doch den fröhlichen Ereignissen im Kreise Ihre Angehörigen oder Freunde zu. *Tageskonstellationen: (00:15) Mond Konjunktion Pluto:* Bedrängnis; Zwang; Fanatismus; Unterdrückung. *(09:33) Mond Sextil Merkur:* Neuigkeit; erfreuliche Mitteilung; Einklang von Gefühl und Verstand. *(14:20) Mond tritt ins Zeichen Schütze ein:* Prinzip: »Emotionale Steigerung«; Idealismus; Begeisterungsfähigkeit; Glaube; Großzügigkeit. Günstig für die philosophischen Studien, Rechtsfragen und juristische Angelegenheiten. *(21:04) Merkur Anderthalb-Quadrat Jupiter (!):* Übertreibungen; vage Hoffnung. Die Wirkung dieses Aspektes kann stärker zum Vorschein kommen, wenn Sie in der Zeit vom 19.–21.5. geboren sind.

Mi. 29. Januar
So, wie sich die Dinge im Augenblick entwickeln, sieht vieles bedrohlicher aus, als es ist. Warten Sie doch, bis Sie einmal alles aus nächster Nähe gesehen haben. Eine Entscheidung fällt Ihnen dann nicht mehr schwer. *Tageskonstellationen: (22:16) Merkur tritt ins Zeichen Wassermann ein:* Unab-

hängigkeitsstreben; Freigeist; Erfindungsreichtum. *(22:33) Sonne Konjunktion Saturn:* Niederlage; Einschränkung; Zurückweisung; Krankheit; Lebensfeindlichkeit. Die Wirkung dieses Aspektes kann stärker zum Vorschein kommen, wenn Sie in der Zeit vom 30.4.–2.5. geboren sind. *(23:56) Mars Konjunktion Uranus (!):* Destruktivität; technische Zerstörung; Waffen; Explosion; Unglücksfälle im Luftverkehr. Dieser Einfluß kann sich verstärkt bemerkbar machen, wenn Sie in der Zeit vom 6.5.–9.5. geboren sind.

Do. 30. Januar

Ein guter Tag, um Aufgaben zu erledigen, die Sie bisher aufschieben mußten. Im Beruf und bei Freunden finden Sie Unterstützung für Ihre Pläne. Am Abend kann überraschend Besuch eintreffen. Folgende Einflüsse mit zunehmender (+) oder nachlassender (–) Wirkung können sich heute zusätzlich bemerkbar machen: (–) Sonne Konjunktion Saturn siehe → 29.1., (–) Mars Konjunktion Uranus siehe → 29.1., (+) Venus Halbquadrat Pluto siehe → 31.1., (+) Mars Konjunktion Neptun siehe → 1.2.

GZ: 4, 13, 17, 28, 38, 42

Fr. 31. Januar

Auch wenn keine außergewöhnlichen Dinge geschehen, hat der Tag seine Reize. Vor allem in punkto Liebe und Partnerschaft werden Sie verwöhnt. Das gefällt Ihnen. *Tageskonstellationen: (02:08) Der Mond tritt ins Zeichen Steinbock ein:* Prinzip: »Gefühl reguliert«; Ausdauer; Durchhaltekraft; Beharrlichkeit; Zielstrebigkeit und Pflichtbewußtsein. *(16:43) Venus Halbquadrat Pluto:* Begierde; Leidenschaftlichkeit; erzwungene Liebe. Die Wirkung dieses Aspektes kann stärker zum Vorschein kommen, wenn Sie in der Zeit vom 27.–29.4. geboren sind. *(18:04) Mond Konjunktion Venus (!):* Herzlichkeit; Sensibilität; Einfühlungsvermögen; Formsinn.

Astrologie von A–Z

Nach einem, vermutlich von den Chaldäern eingeführten Verfahren, wird jedes Jahr abwechselnd von einem der sieben Planeten des alten Planetensystems (Sonne bis Saturn) regiert, d. h., daß das Jahr nach einem dem Planeten zugeordneten Wirkungsprinzip verlaufen soll. Die Jahresherrscher wechseln nach folgendem Schema: Sonne, Venus Merkur, Mond, Saturn, Jupiter, Mars. 1989 war ein Sonnen-Jahr, 1990 ein Venus-Jahr, 1991 ein Merkur-Jahr und 1992 ist demgemäß ein Mond-Jahr.

Stichwort **Jahresregent**

Februar 1992

Überraschende Veränderungen sind möglich

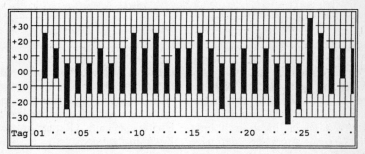

Februar 1992: Aktivierende (+) und hemmende (–) Einflüsse für Stier-Geborene

Aktivierende Konstellationen können in den kommenden Wochen plötzliche Durchbrüche und unerwartete Veränderungen auslösen. Sie verspüren neue Freiheiten und unternehmen Schritte, um sich von Arbeiten oder Verpflichtungen zu befreien, die Sie bisher daran hinderten, das zu tun, was Sie wirklich tun wollten. Neue Tätigkeiten und neue Begegnungen werden – zum Teil völlig überraschend – Anregungen und persönliches Wachstum bringen. Ihre Risikofreude ist jetzt erhöht, gleichzeitig ist Ihr Lebensgefühl intensiviert. Ausgefallene Ideen und Erfindungen können während dieser Zeit eine große Faszination auf Sie ausüben und zu einem besonderen Interesse an technischen Neuheiten, Elektronik, aber auch an Gebieten wie Astrologie oder anderen Methoden zur Erforschung der Zukunft führen. Ein tieferes Nachdenken über das eigene Wesen kann ebenfalls neue Erkenntnisse vermitteln. Im *zeitlichen Ablauf* wird der Februar überwiegend von hamonisierenden Tendenzen geprägt. Die Tage um den 22. Februar allerdings sind für finanzielle und geschäftliche Angelegenheiten kritisch.

Februar

DAS WETTER

Mit einer Durchschnittstemperatur von + 1.4 Grad Celsius gilt der Februar als milder Wintermonat, doch kann es zu starken Kälteperioden kommen, wenn sibirische und arktische Kaltluft einströmt. Seit Beginn der Wetteraufzeichnungen lagen die Extremtemperaturen bis + 20 Grad und − 26 Grad. Die mittlere Höchsttemperatur beträgt + 11 Grad, die Tiefsttemperatur − 9 Grad. Im zeitlichen Ablauf ist es zu Monatsanfang eher mild und mit Niederschlagsneigung, im Flachland als Regen. Frosteinbrüche treten häufig in der Zeit ab ca. 10. auf, ab Monatsmitte wieder mildere Temperaturen. Um den 2.-22. Februar kann es nochmals zu heftigen Wintereinbrüchen kommen.

IM FEBRUAR

Sa. 1. Februar

Veränderungen, die Sie durchführen wollen, lassen sich auch auf weniger riskante Weise erreichen. Begeben Sie sich nicht leichtfertig in Gefahr. *Tageskonstellationen: (16:03) Mars Konjunktion Neptun (!):* Vergiftung; Brand; Chemie-Unfall; Unglücksfälle im Schiffsverkehr; Gefahr durch Gewässer und Seuchen. Die Wirkung dieses Aspektes kann stärker zum Vorschein kommen, wenn Sie in der Zeit vom 6.5.–9.5. geboren sind.

So. 2. Februar

Lang und breit denken Sie über ein Problem nach. Dabei sind komplizierte Lösungen gar nicht gefragt. Es ist alles viel einfacher, als Sie es glauben. *Tageskonstellationen: (00:30) Mond Sextil Pluto:* Neuordnung; innere Spannung; Ergründung verborgener Zusammenhänge; okkulte Interessen. *(04:28) Venus Halbsextil Saturn:* Ernüchterung; Sachlichkeit und Baukunst. *(12:32) Sonne Quincunx Jupiter (!):* Selbstüberschätzung; Überheblichkeit; unwirtschaftliches Verhalten. *(15:09) Mond tritt ins Zeichen Wassermann ein:* Prinzip: »Gefühle überwinden die Dualität«; Unabhängigkeit; Reformfreude; Zukunftsglaube.

Mo. 3. Februar

Passen Sie auf, daß Ihnen keine Flüchtigkeitsfehler unterlaufen. Ihre Gedanken kreisen um alles mögliche, nur nicht um das, was Sie gerade tun. *Tageskonstellationen: (05:30) Mond Konjunktion Merkur:* Enge Verbindung von Gefühl und Verstand; Hang zu häufiger Meinungsänderung; manchmal Neuigkeit, ein unerwarteter Besuch. *(11:01) Mond Konjunktion Saturn:* Stimmungstief, seelische Belastung oder Angstgefühle. Kann bei entsprechender Veranlagung Depressionen auslösen. *(19:59) Mond Konjunktion Sonne (!):* Neumondstellung; symbolisiert Fruchtbarkeit, Neubeginn, Vereinigung von Yin und Yang (männlichem/weiblichem Prinzip).

Di. 4. Februar
Besser, Sie erscheinen zu spät bei einem Termin, als daß Sie gar nicht kommen. Ihre Anwesenheit ist nämlich dringend erforderlich. *Tageskonstellationen: (13:27) Mond Quadrat Pluto:* Bedrängnis; Rücksichtslosigkeit; Druck; Zwang; Unterdrückung; Tyrannei. *(15:41) Venus Trigon Jupiter:* Ästhetik; Luxus; Erfolg in der Liebe; Glück. Die Wirkung dieses Aspektes kann stärker zum Vorschein kommen, wenn Sie in der Zeit vom 3.5.–5.5. geboren sind. *(22:54) Merkur Konjunktion Saturn (!):* Störung; Hindernis; Mißgunst; Uneinigkeit; unerfreuliche Nachricht; Mangel; Ermahnung; Tadel. Dieser Einfluß kann sich verstärkt bemerkbar machen, wenn Sie in der Zeit vom 30.4.–2.5. geboren sind.

Mi. 5. Februar
Ein angenehmer Tag, an dem man Ihren Aktivitäten keine Hindernisse in den Weg legen wird. Erledigen Sie Einkäufe und denken Sie auch einmal an Ihre unbeantwortete Post! Heute hätten Sie Zeit und Ruhe, um Briefe zu schreiben. *Tageskonstellationen: (03:50) Mond tritt ins Zeichen Fische ein:* Prinzip: »Gefühle lösen die Realität auf«; Mitgefühl; Hilfsbereitschaft; Auflösung einer Situation. *(07:58) Sonne Halbsextil Uranus (!):* Veränderungsfreude; Originalität; Reformstreben.

Do. 6. Februar
Was Sie aus unterrichteten Kreisen erfahren, behalten Sie vorläufig besser für sich. Man würde Ihnen sonst sicher nicht mehr so viel erzählen. *Tageskonstellationen: (10:27) Merkur Quincunx Jupiter (!):* Unangemessenheit und Überheblichkeit.

GZ: 2, 10, 13, 32, 38, 43

Fr. 7. Februar
Es ist auch in der Liebe nicht alles Gold was glänzt. Vor allem einer neuen Beziehung sollten Sie genug Zeit lassen, sich zu bewähren, ehe Sie großartige Zukunftspläne schmieden. *Tageskonstellationen: (01:18) Mond Trigon Pluto:* Standhaftigkeit; Mut und Zivilcourage. *(04:02) Sonne Halbsextil Neptun:* Hilfsbereitschaft; Sensibilität und Selbsthingabe. *(05:31) Venus Konjunktion Uranus (!):* Unerwartetes Glück; Erneuerung; gelungene Reform; Kunst-Experiment. Die Wirkung dieses Aspektes kann stärker zum Vorschein kommen,

---

Astrologie von A–Z

Geburtsherrscher wird der Planet genannt, der das zum Zeitpunkt der Geburt im Osten aufsteigende Zeichen (= Aszendent) beherrscht. Er ist bei der Deutung eines Horoskopes in besonderer Weise zu berücksichtigen.

Stichwort **Geburtsherrscher**

Februar

wenn Sie in der Zeit vom 6.5.–9.5. geboren sind. *(15:15) Mond tritt ins Zeichen Widder ein:* Prinzip: »Gefühlsbetonte Aktivität«; impulsiv; Unternehmungsfreude; Übereifer. Günstig für Neubeginn.

Sa. 8. Februar
Sie werden in einem Bereich aktiv, in dem man nicht mit Ihnen gerechnet hat. Bevor Sie weitere Schritte unternehmen, sollten Sie sich allerdings noch mehr Übersicht verschaffen. *Tageskonstellationen: (10:11) Merkur Halbsextil Uranus:* Ungewöhnliche Ideen; spontane Entscheidung; Veränderung; unerwartete Problemlösung; Ausweg. *(16:51) Venus Konjunktion Neptun:* Harmonieempfinden; Interesse für Kunst, Musik. Die Wirkung dieses Aspektes kann stärker zum Vorschein kommen, wenn Sie in der Zeit vom 6.5.–9.5. geboren sind. *(21:59) Mars Sextil Pluto (!):* Übernatürliche Kraft; außerordentliche Leistung. Dieser Einfluß kann sich verstärkt bemerkbar machen, wenn Sie in der Zeit vom 13.–15.5. geboren sind.

So. 9. Februar
Heute ist Eigeninitiative gefragt! Verlassen Sie sich nicht darauf, daß jemand, der Ihnen kürzlich seine Hilfe angeboten hat, ausgerechnet heute erscheint, um sein Versprechen einzulösen. *Tageskonstellationen: (10:40) Merkur Halbsextil Neptun (!):* Einfühlungsvermögen; Kunstinteresse; Aufgeschlossenheit für Religion, Psychologie, Esoterik u.ä.

Mo. 10. Februar
Wenn es in der letzten Zeit Spannungen oder Mißverständnisse in der Partnerschaft gab, so ist heute der richtige Zeitpunkt, um diese Dinge wieder in Ordnung zu bringen. Man trägt Ihnen nichts nach. *Tageskonstellationen:* (00:36) *Mond tritt ins Zeichen Stier ein:* Prinzip: »Emotionales Festhalten«; Beständigkeit; Ausdauer; Konsolidierung; guter Formsinn; schwankende materielle Verhältnisse; Gefühlsstau. Günstig für Neuanschaffungen, Kauf/Verkauf. *(20:19) Mond Quadrat Saturn:* Ablehnung; Neid; Mißgunst. *(22:43) Mond Trigon Jupiter (!):* Anerkennung; Beliebtheit; Wohlbefinden; Glücksgefühl; Wohltat; Freude; GÜte; Wunscherfüllung.

Di. 11. Februar
Wenn Sie zwischen mehreren Verabredungen wählen können, geben Sie einer alten Freundschaft den Vorrang. In der Liebe haben Sie heute nicht so viel Glück. *Tageskonstellationen: (03:16) Merkur Halbsextil Venus:* Schwärmerei; Einfallsreichtum; Lernfreude.

Mi. 12. Februar
Wo Sie um Hilfe gebeten werden, erwartet man mehr als gute Ratschläge. Sie können aber auch keine Wunder vollbringen. Sorgen Sie dafür, daß man sich keine fal-

schen Hoffnungen macht. *Tageskonstellationen: (09:45) Merkur Konjunktion Sonne:* Selbsterkenntnis; Gesprächsfreude; Neuigkeit. Die Wirkung dieses Aspektes kann stärker zum Vorschein kommen, wenn Sie in der Zeit vom 13.-15.5. geboren sind. *(10:11) Merkur Quadrat Pluto:* Drohung; Vorschrift; Demagogie; Fanatismus; zwanghafte Vorstellungen. Dieser Einfluß kann sich verstärkt bemerkbar machen, wenn Sie in der Zeit vom 13.-15.5. geboren sind. *(10:31) Sonne Quadrat Pluto:* Tyrannei; diktatorisches Verhalten. Die Wirkung dieses Aspektes kann stärker zum Vorschein kommen, wenn Sie in der Zeit vom 13.-15.5. geboren sind. *(23:56) Venus Sextil Pluto (!):* Anziehungskraft; Verlangen; Leidenschaftlichkeit; Lust. Dieser Einfluß kann sich verstärkt bemerkbar machen, wenn Sie in der Zeit vom 13.-15.5. geboren sind.

Do. 13. Februar
Sehen Sie denn nicht, daß jemand alles unternimmt, um Ihren Erwartungen gerecht zu werden? Da kann ein kleines Lob nicht schaden. *Tageskonstellationen: (02:12) Mond Trigon Saturn:* Respekt; Anerkennung; Zuverlässigkeit und Pflichtgefühl. *(03:34) Mond Quadrat Jupiter:* Maßlosigkeit; Übertreibung; Prahlerei; schlechtes Benehmen. *(19:37) Mars Anderthalb-Quadrat Jupiter (!):* Vergebliche Anstrengung; Straftat; ordnungs- oder gesetzeswidrige Handlung. Die Wirkung dieses Aspektes kann stärker zum Vorschein kommen, wenn Sie in der Zeit vom 16.-18.5. geboren sind.

GZ: 5, 11, 23, 26, 45, 49

Fr. 14. Februar
Aktiv und gutgelaunt nehmen Sie Ihr Tagesprogramm in Angriff. Ein Brief, Anruf oder ein Gespräch, das Sie heute führen, vermittelt Ihnen interessante Neuigkeiten. *Tageskonstellationen: (01:26) Mond Trigon Sonne:* Gegenseitiges Einvernehmen; Harmonie. *(03:56) Mond Trigon Merkur:* Gute Nachricht; konstruktives Gespräch; vielversprechende Bekanntschaft. *(10:32) Mond tritt ins Zeichen Krebs ein:* Das Prinzip: »Emotionale Empfänglichkeit«; Eindrucksfülle; Anhänglichkeit; Familiensinn; Traditionsbewußtsein und Fürsorglichkeit. Günstig für familiäre und häusliche Angelegenheiten. *(23:15) Merkur Halbsextil Mars (!):* Entschlossenheit; Zielstrebigkeit; Entschlußkraft.

Sa. 15. Februar
Obwohl Sie ein umfangreiches Tagesprogramm bewältigen müssen, sind Sie mit Eifer bei der Sache. In punkto Liebe und Partnerschaft entwickelt sich jedoch nicht alles zu Ihrer Zufriedenheit. *Tageskonstellationen: (12:44) Venus Halbsextil Sonne:* Freude; Glück; har-

monisches Zusammensein. *(19:17) Venus Anderthalb-Quadrat Jupiter (!):* Von der Hoffnung leben; Übertreibung. Die Wirkung dieses Aspektes kann stärker zum Vorschein kommen, wenn Sie in der Zeit vom 16.–18.5. geboren sind.

So. 16. Februar
Heute ist ein kritischer Tag, an dem Sie besser keine heiklen Vorhaben in Angriff nehmen. Auch Ihr Vergnügungsbedürfnis sollte sich im Rahmen halten; gewisse Späße könnten ziemlich teuer werden. *Tageskonstellationen: (08:05) Merkur tritt ins Zeichen Fische ein:* Phantasie; Einfühlungsvermögen; Sensibilität und Beeinflußbarkeit. *(09:46) Jupiter Quincunx Saturn:* Umfangreiche oder langfristige Pläne schmieden; Geschäftserfolg; Ansehen.

Mo. 17. Februar
Sorgen Sie dafür, daß Ihre Privatangelegenheiten als solche respektiert werden. Wer sich mit unerbetenen Ratschlägen einmischt, sollte ein klares Wort von Ihnen zu hören bekommen. *Tageskonstellationen: (01:24) Merkur Halbquadrat Uranus (!):* Unbeständigkeit; sprunghaftes Denken; Konzentrationsmangel. Die Wirkung dieses Aspektes kann stärker zum Vorschein kommen, wenn Sie in der Zeit vom 21.–23.4. geboren sind. *(05:22) Mond Opposition Saturn:* Zurückweisung und Widerstand; Druck; Notlage; Armut; Angstgefühl. Kann bei entsprechender Veranlagung Depressionen auslösen. *(22:21) Merkur Halbquadrat Neptun:* Verwirrung; Wunschdenken. Dieser Einfluß kann sich verstärkt bemerkbar machen, wenn Sie in der Zeit vom 21.–23.4. geboren sind. *(23:38) Mond Quadrat Pluto:* Bedrängnis; Rücksichtslosigkeit; Druck; Zwang; Unterdrückung; Tyrannei.

Di. 18. Februar
Von selbst löst sich ein Problem kaum. Doch wenn Sie ein bißchen nachhelfen, wird es gehen. Ein Freund ist Ihnen dafür sehr dankbar. *Tageskonstellationen: (05:39) Mars tritt ins Zeichen Wassermann ein:* Große Experimentierfreude und Energieumwandlung. *(17:42) Venus tritt ins Zeichen Wassermann ein:* Originalität; Unkompliziertheit; Kameradschaftlichkeit; Exzentrik; Aufgeschlossenheit für Neues.

Mi. 19. Februar
In Liebesdingen läßt sich nichts erzwingen. Wenn Sie weitermachen wie bisher, wird sich die Lage zumindest nicht verschlechtern. *Tageskonstellationen: (10:45) Sonne tritt ins Zeichen Fische ein:* Prinzip: »Energie löst (sich) auf«; Uneigennützigkeit; Gutmütigkeit; Hilfsbereitschaft; Unverstandensein und Introspektion. *(13:25) Venus Konjunktion Mars (!):* Leidenschaftlichkeit; Verlangen; sich für eine gute Sache einsetzen. Die Wirkung

dieses Aspektes kann stärker zum Vorschein kommen, wenn Sie in der Zeit vom 21.-23.4. geboren sind.

Do. 20. Februar
Wenn Sie bei einer Sache nicht guten Gewissens zusagen können, lehnen Sie lieber ab. Sie brauchen sich dann auch keine Vorwürfe zu machen, wenn alles schiefgeht. *Tageskonstellationen: (11:05) Mond tritt ins Zeichen Waage ein:* Prinzip: »Kontaktgefühl«; Geselligkeit; Kontaktfreude; Ausgleichsstreben; Harmonieempfinden und Geschmack. *(14:03) Mond Trigon Mars:* Initiative; Aktivität; Einklang von Fühlen und Handeln. *(14:55) Mond Trigon Venus:* Romantische Gefühle; Liebesgefühl; Anhänglichkeit; Warmherzigkeit. *(22:39) Sonne Halbquadrat Uranus (!):* Eigensinnigkeit; Unvernunft; Sturz; Verletzungstendenz! Die Wirkung dieses Aspektes kann stärker zum Vorschein kommen, wenn Sie in der Zeit vom 21.-23.4. geboren sind.

GZ: 10, 14, 33, 39, 43, 48

Fr. 21. Februar
Ein Gespräch mit einem älteren (oder jüngeren) Menschen gibt Ihnen die Möglichkeit, die Welt einmal aus anderen Augen zu sehen. Vielleicht beurteilen Sie danach einige Dinge aus einer neuen Perspektive. *Tageskonstellationen: (06:52) Mond Trigon Saturn (!):* Respekt; Anerkennung; Zuverlässigkeit; Pflichtgefühl. *(14:48) Mond Quadrat Uranus:* Unruhe; Unbeständigkeit; plötzliche Veränderung; technische Panne. *(17:23) Mond Quadrat Neptun:* Fehleinschätzung; Unklarheit; Lüge; in eine undurchsichtige Situation geraten.

Sa. 22. Februar
Niemand will Ihnen vorschreiben, für wen oder was Sie sich entscheiden. Doch haben Sie eine Wahl einmal getroffen, dann sollte es auch dabei bleiben. *Tageskonstellationen: (01:06) Merkur Opposition Jupiter:* Viel versprechen und wenig halten; häufige Übertreibungen im Gespräch; der Entwicklung vorauseilen. Die Wirkung dieses Aspektes kann stärker zum Vorschein kommen, wenn Sie in der Zeit vom 30.4.-2.5. geboren sind. *(11:52) Sonne Halbquadrat*

Astrologie von A–Z

Als veränderliche oder labile Zeichen bezeichnet man in der Astrologie die vier Zeichen Zwillinge, Jungfrau, Skorpion und Wassermann. Sie bilden gewissermaßen das »Endstück«, oder das letzte Drittel einer Jahreszeit mit der Tendenz, die jeweilige Zeitqualität auf die der darauffolgenden Jahreszeit vorzubereiten.

Stichwort **Veränderliche Zeichen**

Februar

Neptun: Unklarheiten; Vernebelung; Täuschung. Dieser Einfluß kann sich verstärkt bemerkbar machen, wenn Sie in der Zeit vom 24.–26.4. geboren sind. *(19:46) Merkur Halbsextil Saturn:* Respekt; Gradlinigkeit; Realismus.

So. 23. Februar
Was vorgefallen ist, machen Sie am besten unter sich aus. So finden Sie am schnellsten eine Lösung für alles und ersparen sich neugierige Fragen. *Tageskonstellationen: (07:03) Sonne Halbsextil Mars (!):* Aktivität; Bewegungsdrang; Unternehmungsgeist. Günstig für Wettkämpfe und sportliche Aktivitäten.

Mo. 24. Februar
Sprechen Sie nicht alles aus, was Sie denken: Jemand wartet nur darauf, daß Ihnen mal ein falscher Satz rausrutscht. *Tageskonstellationen: (08:06) Mond Konjunktion Pluto (!):* Bedrängnis; Zwang; Fanatismus; Unterdrückung. *(21:26) Mond tritt ins Zeichen Schütze ein:* Prinzip:»Emotionale Steigerung«; Idealismus; Begeisterungsfähigkeit; Glaube; Großzügigkeit. Günstig für philosophische Studien, Rechtsfragen und juristische Angelegenheiten.

Di. 25. Februar
Ehe Sie eine Einladung annehmen, sollten Sie sich überlegen, ob Sie den Tag nicht doch lieber alleine verbringen wollen. Sie haben es sich schließlich schon seit langem vorgenommen, bestimmte Dinge zu erledigen. *Tageskonstellationen: (07:43) Merkur Sextil Uranus:* Neue Überlegungen; Ausweg; ungewöhnlicher Vorschlag. Die Wirkung dieses Aspektes kann stärker zum Vorschein kommen, wenn Sie in der Zeit vom 6.5.–9.5. geboren sind.

Mi. 26. Februar
Ungewisse Zukunftspläne oder Fragen des gemeinsamen Besitzes liefern wieder einmal Zündstoff für Diskussionen. Verbauen Sie sich durch eine starrsinnige Haltung nicht den Rückweg. *Tageskonstellationen: (02:47) Merkur Sextil Neptun:* Einbildungskraft; Vorstellungsvermögen; Intuition. Die Wirkung dieses Aspektes kann stärker zum Vorschein kommen, wenn Sie in der Zeit vom 10.–12-5. geboren sind. *(09:59) Mond Quadrat Merkur:* Erhöhte Nervosität; Hang zu Flüchtigkeitsfehlern und Nachlässigkeiten. Nicht so günstig für Prüfungen und wichtige Gespräche. *(19:45) Venus Quincunx Jupiter (!):* Übertriebene Erwartungen; Verlust oder Mißerfolg durch Spekulation.

Do. 27. Februar
Ein ruhiger Tag, keine Störungen und Zwischenfälle. Ziehen Sie sich ein wenig zurück von der Hektik des Alltags und beschäftigen Sie sich mit Dingen, die Sie besonders gerne tun. *Tageskonstellationen:*

(08:33) Mond tritt ins Zeichen Steinbock ein: Prinzip: »Gefühl reguliert«; Ausdauer; Durchhaltekraft; Beharrlichkeit; Zielstrebigkeit und Pflichtbewußtsein.

GZ: 2, 14, 29, 30, 32, 39

Fr. 28. Februar
Der unscheinbare Eindruck, den jemand auf Sie macht, könnte täuschen. Bringen Sie etwas mehr über Ihre Partner in Erfahrung. *Tageskonstellationen: (18:16) Merkur Trigon Pluto:* Führung; Tiefgründigkeit; Enträtselung verborgener Dinge. Die Wirkung dieses Aspektes kann stärker zum Vorschein kommen, wenn Sie in der Zeit vom 13.-15.5. geboren sind. *(20:55) Merkur Halbquadrat Mars:* Reizbarkeit; Wut; Stichelei; Neid. Dieser Einfluß kann sich verstärkt bemerkbar machen, wenn Sie in der Zeit vom 13.-15.5. geboren sind.

Sa. 29. Februar
In bestimmten Dingen verläßt sich Ihr Partner hundertprozentig auf Sie. Soviel Vertrauen schmeichelt Ihnen zwar, doch auf Dauer sollten Sie die Verantwortung lieber teilen. *Tageskonstellationen: (01:37) Sonne Opposition Jupiter:* Selbstüberschätzung; die Dinge einseitig positiv sehen; viel versprechen, wenig halten. Die Wirkung dieses Aspektes kann stärker zum Vorschein kommen, wenn Sie in der Zeit vom 30.4.-2.5. geboren sind. *(01:49) Venus Konjunktion Saturn (!):* Furcht vor Zurückweisung; Bedrückung; Stimmungstief. Dieser Einfluß kann sich noch verstärkt bemerkbar machen, wenn Sie in dem Zeitraum vom 3.5.-5.5. geboren sind.

Astrologie von A–Z

Für die Bezeichnung der Planeten und Tierkreiszeichen wurden in der Vergangenheit verschiedene Abkürzungssysteme entwickelt. Am weitesten verbreitet und auch im internationalen Gebrauch üblich sind jedoch die lateinischen Bezeichnungen: Tierkreiszeichen: ARI (Aries) = Widder; TAU (Taurus) = Stier; GEM (Gemini) = Zwillinge; CAN (Cancer) = Krebs; LEO (Leo) = Löwe; VIR (Virgo) = Jungfrau; LIB (Libra) = Waage; SCP (Scorpio) = Skorpion; SAG (Sagittarius) = Schütze; CAP (Capricornus) = Steinbock; AQU (Aquarius) = Wassermann; PIS (Pisces) = Fische. Planeten: SO (Sol) = Sonne; LU (Luna) = Mond; ME = Merkur; VE = Venus; MA = Mars; JU = Jupiter; SA = Saturn; UR = Uranus; NE = Neptun; PL = Pluto. Der Aszendent wird mit AC oder ASC, die Himmelsmitte mit MC (medium coeli) abgekürzt.

Stichwort Astrologische Abkürzungen

März 1992

Eine gute Zeit für Karrierepläne

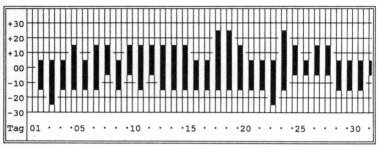

März 1992: Aktivierende (+) und hemmende (–) Einflüsse für Stier-Geborene

Im Frühlingsmonat März werden für die Stier-Geborenen Kräfte aktiv, die Ihr Streben nach beruflichem Aufstieg und gesellschaftlicher Anerkennung intensivieren. Die Aufmerksamkeit der Mitmenschen ist jetzt in besonderer Weise auf Sie gerichtet, auch wenn Ihnen dies selbst nicht immer und im vollen Umfang bewußt ist. Daher bietet sich dieser Zeitraum an, um die eigenen Fähigkeiten und Kenntnisse unter Beweis zu stellen und sich durch Fleiß, Pflichtgefühl und Verantwortungsbewußtsein auszuzeichnen. Wenn Sie in der Vergangenheit hart gearbeitet haben, um den Boden Ihres beruflichen Aufstiegs vorzubereiten, ernten Sie in dieser Phase vielleicht die Früchte Ihrer Bemühungen. Möglicherweise steigen Sie in eine höhere Position auf oder bekommen Gelegenheit, an Spezialaufgaben mitzuwirken. Die Zeit begünstigt aber auch alle Aktivitäten, die darauf abzielen, Ihre Qualifikation zu verbessern, etwa durch den Besuch von Weiterbildungskursen, die Aufnahme einer Zusatzausbildung oder eines Studiums. Im *zeitlichen Ablauf* überwiegen die hamonisierenden Tendenzen – vor allem in der zweiten Märzhälfte. Die Zeit um den 23. März ist kritisch und könnte auch in gesundheitlicher Hinsicht Probleme aufwerfen.

So. 1. März
Stellen Sie keine überzogenen Ansprüche. Auf das, was Sie sich selbst abverlangen, können Sie bei anderen nicht bestehen. *Tageskonstellationen: (14:05) Mars Quincunx Jupiter (!):* Entscheidungsschwäche; Energie-Verschwendung. *(17:03) Mond Konjunktion Mars:* Impulsivität; Erregungszustand; Gereiztheit. Kann bei entsprechender Veranlagung Magenbeschwerden auslösen. *(23:56) Mond Konjunktion Saturn:* Stimmungstief, seelische Belastung oder Angstgefühle. Kann bei entsprechender Veranlagung Depressionen auslösen.

Mo. 2. März
Sagen Sie nicht, Sie hätten nicht gemerkt, daß Ihnen Ihre Wünsche von den Augen abgelesen werden. Heute haben Sie Gelegenheit, sich für alles zu revanchieren. *Tageskonstellationen: (04:48) Mond Konjunktion Venus (!):* Herzlichkeit; Sensibilität; Einfühlungsvermögen; Formsinn. *(17:31) Merkur Halbquadrat Saturn:* Konzentrationsmangel; Problematisierung; Störung; autoritäres Verhalten. Die Wirkung dieses Aspektes kann stärker sein, wenn Sie in der Zeit vom 19.–21.5. geboren sind. *(20:04) Mond Quadrat Pluto:* Bedrängnis; Rücksichtslosigkeit; Druck; Unterdrückung; Zwang; Tyrannei.

Di. 3. März
Eigentlich hatten Sie für heute schon andere Pläne. Doch eine Verabredung verspricht interessant zu werden. Da sagen Sie natürlich zu. *Tageskonstellationen: (10:11) Mond tritt ins Zeichen Fische ein:* Prinzip:»Gefühle lösen die Realität auf«; Mitgefühl; Hilfsbereitschaft; Auflösung einer Situation. *(12:12) Sonne Halbsextil Saturn:* Selbstdisziplin; Ernsthaftigkeit; Ehrgeiz; Ausdauer; Fleiß. *(12:24) Venus Halbsextil Uranus (!):* Spontaner Ausdruck; experimentelle Kunst; moderne Musik. *(22:47) Merkur tritt ins Zeichen Widder ein:* Wagemut; kühne Ideen; Neuerungen; aggressiver Denkstil.

Mi. 4. März
Eine Verabredung sollten Sie einhalten, auch wenn Sie möglicher-

---

DAS WETTER

Mit einer Durchschnittstemperatur von + 4.4 Grad Celsius ist der März noch recht kühl. Seit Beginn der Wetteraufzeichnungen lagen die Extremtemperaturen bis — 10 Grad. Im zeitlichen Ablauf sind Kälteeinbrüche mit milderen Wetterlagen in raschem Wechsel zu verzeichnen, oft mit Niederschlägen. Zur Monatsmitte frühlingshafte Hochdrucklage und deutlicher Temperaturanstieg. Gegen Monatsende kühle und wechselhafte Witterung.

IM MÄRZ

weise keine große Lust dazu verspüren. Immerhin beweisen Sie dadurch Ihren guten Willen, und das kann Ihnen eines Tages noch von Nutzen sein. *Tageskonstellationen: (14:54) Venus Halbsextil Neptun (!):* Sensibilität; Empfindsamkeit; verborgenes Verlangen.

Do. 5. März
Mit Ihrer Phantasie malen Sie sich die Zukunft in den buntesten Farben aus. Doch vor der grauen Gegenwart verschließen Sie die Augen. So kann man es natürlich auch machen; geholfen ist damit aber niemandem. *Tageskonstellationen: (07:26) Mond Trigon Pluto (!):* Standhaftigkeit; Mut; Zivilcourage. *(21:07) Mond tritt ins Zeichen Widder ein:* Prinzip: »Gefühlsbetonte Aktivität«; impulsiv; Unternehmungsfreude; Übereifer. Günstig für Neubeginn.

GZ: 4, 10, 11, 30, 39, 49

Fr. 6. März
Es wird sich auf Dauer kaum umgehen lassen, daß auch Sie sich mit Weiterbildungsfragen befassen. Am besten fangen Sie gleich heute damit an und informieren sich über entsprechende Möglichkeiten. *Tageskonstellationen: (03:21) Mond Konjunktion Merkur:* Enge Verbindung von Gefühl und Verstand; Hang zu häufiger Meinungsänderung; manchmal Neuigkeit, ein unerwarteter Besuch. *(13:47) Mars Konjunktion Saturn:* Antrieb und Hemmung im Gleichstand; Zerreißprobe; Überdruck; Sprengung; Zusammenstoß. Die Wirkung dieses Aspektes kann stärker zum Vorschein kommen, wenn Sie in der Zeit vom 3.5.–5.5. geboren sind. *(23:01) Mond Sextil Saturn:* Sorgfalt; Gewissenhaftigkeit; Einklang innerer Bedürfnisse mit den äußeren Umständen. *(23:15) Mond Sextil Mars (!):* Begeisterung; Einklang von Handeln und Fühlen.

Sa. 7. März
Sie können sich Ihre Wünsche auch mit bescheidenen Mitteln erfüllen. Vieles, was für gutes Geld neu angeschafft wird, läßt sich beispielsweise auch gebraucht günstig erwerben. Lesen Sie sich die Kleinanzeigen in der Zeitung durch; vielleicht machen Sie eine interessante Entdeckung. *Tageskonstellationen: (05:56) Mond Quadrat Uranus:* Unruhe; Unbeständigkeit; plötzliche Veränderung; technische Panne. *(08:22) Mond Quadrat Neptun:* Fehleinschätzung; Unklarheit; Lüge; in eine undurchsichtige Situation geraten. *(12:35) Sonne Sextil Uranus:* Spontaneität; unerwartete Wendung; Befreiung aus einer unangenehmen Lage. Die Wirkung dieses Aspektes kann stärker sein, wenn Sie in der Zeit vom 6.5.–9.5. geboren sind. *(15:16) Mond Sextil Venus (!):* Schwärmerei; Romantik; Sehnsucht; Harmonie; Liebesgefühle.

So. 8. März
Man hatte Ihnen versprochen, sich bald bei Ihnen zu melden. Doch das ist schon eine ganze Weile her. Unter diesen Umständen kann eine Rückfrage nicht schaden. *Tageskonstellationen: (06:06) Mond tritt ins Zeichen Stier ein:* Prinzip: »Emotionales Festhalten«; Beständigkeit; Ausdauer; Konsolidierung; Formsinn; schwankende materielle Verhältnisse; Gefühlsstau. Günstig für Neuanschaffungen, Kauf/Verkauf. *(07:26) Venus Quadrat Pluto:* Verführung; hintergründige Motive; Zwang. Die Wirkung dieses Aspektes kann stärker zum Vorschein kommen, wenn Sie in der Zeit vom 13.-15.5. geboren sind. *(20:01) Sonne Sextil Neptun:* Sinn für Zusammenhänge zeigen; Intuition. Dieser Einfluß kann sich verstärkt bemerkbar machen, wenn Sie in der Zeit vom 10.-12-5. geboren sind. *(21:56) Mond Trigon Jupiter (!):* Anerkennung; Beliebtheit; Wohlbefinden; Glücksgefühl; Güte; Freude; Wohltat; Wunscherfüllung.

Mo. 9. März
Was Sie sich vorgenommen haben, sollten Sie auch in die Tat umsetzen. Mit nachträglichen Zweifeln bringen Sie sich vielleicht um einen wichtigen Erfolg. Folgende Einflüsse mit zunehmender (+) oder nachlassender (-) Wirkung können sich heute zusätzlich bemerkbar machen: (-) Venus Quadrat Pluto siehe → 8.3., (-) Sonne Sextil Neptun siehe → 8.3., (+) Merkur Anderthalb-Quadrat Pluto siehe → 10.3.

Di. 10. März
Ihr Partner bzw. Ihre Partnerin findet wenig Gefallen an Ihren Plänen. Doch das scheint Sie nicht zu stören. Provozieren Sie aber keinen Streit. *Tageskonstellationen: (02:21) Merkur Anderthalb-Quadrat Pluto:* Hintergründigkeit; Zwangsvorstellungen. Die Wirkung dieses Aspektes kann stärker sein, wenn Sie in der Zeit vom 27.-29.4. geboren sind. *(13:02) Merkur Quincunx Jupiter:* Unangemessenheit; Überheblichkeit.

Mi. 11. März
Eine größere Veränderung in Ihrem Leben sollten Sie sich gründlich überlegen. Spielen Sie in Gedanken einmal einen völligen Neuanfang durch. Vielleicht wird Ihnen dann einiges klarer. *Tageskonstellationen: (02:43) Mars Halbsextil Uranus (!):* Energie-Umwandlung; Reformstreben; eine plötzliche Entscheidung.

Do. 12. März
Ein Plan von Ihnen hört sich vielversprechend an. Sie müßten allerdings erst noch jemand davon überzeugen. Das dürfte nicht einfach werden. *Tageskonstellationen: (03:37) Mond Quadrat Sonne:* Unruhiger Tagesablauf; Nervosität; Disharmonie. *(14:49) Mond Trigon Venus:* Romantische Gefühle; Lie-

März

besgefühl; Anhänglichkeit; Warmherzigkeit. *(16:31) Mars Halbsextil Neptun (!):* Transformation; Auflösung von Energie; Zerfall. *(17:50) Mond tritt ins Zeichen Krebs ein:* Prinzip: »Emotionale Empfänglichkeit«; Eindrucksfülle; Anhänglichkeit; Familiensinn; Traditionsbewußtsein und Fürsorglichkeit. Günstig für familiäre und häusliche Angelegenheiten.

GZ: 3, 20, 35, 36, 39, 41

Fr. 13. März
Ein zunächst alltäglich erscheinendes Erlebnis könnte sich bei näherem Hinsehen als höchst bedeutungsvoll erweisen. Doch ziehen Sie keine voreiligen Schlußfolgerungen daraus; noch fehlt Ihnen die Bestätigung. *Tageskonstellationen: (06:07) Sonne Trigon Pluto (!):* Führungskraft; Durchsetzungsvermögen; Verantwortung; Mut; politischer Erfolg. Die Wirkung dieses Aspektes kann stärker zum Vorschein kommen, wenn Sie in der Zeit vom 13.–15.5. geboren sind. *(07:29) Mond Sextil Jupiter:* Verbundenheit; Genuß; Freundschaft; Güte; mit geringen Mitteln viel erreichen. *(11:36) Mond Quadrat Merkur:* Erhöhte Nervosität; Hang zu Flüchtigkeitsfehlern und Nachlässigkeiten. Nicht so günstig für Prüfungen und wichtige Gespräche. *(23:21) Mond Opposition Uranus:* Unberechenbarkeit; plötzliche Veränderung; Ortswechsel.

Sa. 14. März
Sie fühlen sich vital und unternehmungsfreudig. Vor allem im Beruf, aber auch im privaten Bereich erzielen Sie mit Ihren Aktivitäten gute Ergebnisse. *Tageskonstellationen: (00:59) Venus tritt ins Zeichen Fische ein:* Aufopferung; Sensibilität; Einfühlungsvermögen; Freundlichkeit; Hilfsbereitschaft.

So. 15. März
In einer beruflichen Sache tragen Sie allein die Verantwortung. Lassen Sie sich deshalb nicht zu einer Entscheidung drängen, hinter der Sie nicht hundertprozentig stehen können und nutzen Sie den Sonntag, um sich alles noch einmal in Ruhe zu überlegen. *Tageskonstellationen: (14:40) Mond Trigon Merkur:* Gute Nachricht; konstruktives Gespräch; vielversprechende Bekanntschaft. *(19:59) Mond Opposition Saturn (!):* Zurückweisung; Widerstand; Druck; Notlage; Armut; Angstgefühl. Kann bei entsprechender Veranlagung Depressionen auslösen.

Mo. 16. März
In einer Liebesangelegenheit wartet man noch immer auf eine Erklärung von Ihnen. Es sieht allerdings nicht so aus, als wollten Sie freiwillig damit herausrücken. Oder doch? *Tageskonstellationen: (00:27) Venus Halbquadrat Uranus (!):* Unerwartete Begegnung; Störungen in einer Partnerschaft; unnatürliche Befriedigung von Be-

dürfnissen. Die Wirkung dieses Aspektes kann stärker zum Vorschein kommen, wenn Sie in der Zeit vom 21.-23.4. geboren sind. *(23:38) Venus Halbquadrat Neptun:* Beschönigung; die Dinge in ein falsches Licht setzen. Dieser Einfluß kann sich verstärkt bemerkbar machen, wenn Sie in der Zeit vom 24.-26.4. geboren sind.

Di. 17. März
Bleiben Sie mit beiden Beinen auf dem Boden, wenn es um die Zukunft einer engen Freundschaft oder Liebesbeziehung geht. So wie die Dinge augenblicklich stehen, haben Sie kaum Anlaß etwas zu verändern. *Tageskonstellationen: (03:25) Mond Opposition Venus (!):* Hochgefühl; Empfänglichkeit; Charme; jedoch Hang zur Übertreibung und Schwelgerei. *(09:19) Mond Konjunktion Jupiter:* Beliebtheit; Popularität; Güte; instinktiv das Richtige tun; Glück, Gewinn.

Mi. 18. März
Einer Entwicklung möchten Sie gerne Einhalt gebieten. Doch dabei bringen Sie sich möglicherweise in eine schwierige Situation. Verbauen Sie sich nicht den Rückweg. *Tageskonstellationen: (11:43) Mars Quadrat Pluto (!):* Brutalität; Gewaltanwendung; Terrorismus; Erdbeben; Vulkanausbruch. Die Wirkung dieses Aspektes kann stärker zum Vorschein kommen, wenn Sie in der Zeit vom 13.-15.5. geboren sind.

Do. 19. März
Bei einem Wortwechsel ziehen Sie den Kürzeren. Das ist ärgerlich, aber schließlich haben Sie ja damit angefangen. *Tageskonstellationen: (15:51) Mond Opposition Merkur:* Widerspruch zwischen Denken und Fühlen; Nervosität; Unbeständigkeit; Streitgespräch; Uneinigkeit. *(20:58) Venus Opposition Jupiter:* Überschwenglichkeit; Verschwendung. Die Wirkung dieses Aspektes kann stärker zum Vorschein kommen, wenn Sie in der Zeit vom 27.-29.4. geboren sind. *(22:29) Mond Trigon Saturn (!):* Respekt; Anerkennung; Zuverlässigkeit; Pflichtgefühl.

GZ: 1, 16, 21, 23, 34, 48

Fr. 20. März
Jemand ist bereit, Ihren Plan zu unterstützen. Dafür erwartet man aber auch eine Gegenleistung von Ihnen. Ehe Sie diesem Angebot zustimmen, sollten Sie die Vor- und Nachteile sorgfältig abwägen. *Tageskonstellationen: (06:25) Sonne Halbquadrat Saturn (!):* Ernüchterung; Zurückweisung; Beschränkung. Die Wirkung dieses Aspektes kann stärker zum Vorschein kommen, wenn Sie in der Zeit vom 19.-21.5. geboren sind. *(09:49) Sonne tritt ins Zeichen Widder ein:* Prinzip: »Durchsetzungs-Energie«; Willenskraft; Durchsetzungsvermögen; Pioniergeist; in Funktion treten; Neubeginn.

März

Sa. 21. März
In Sachen Liebe und Freundschaft ist in letzter Zeit nicht alles zu Ihrer Zufriedenheit verlaufen. Heute haben Sie Gelegenheit, sich in aller Ruhe auszusprechen. *Tageskonstellationen: (15:05) Merkur Halbquadrat Mars:* Reizbarkeit; Wut; Stichelei; Neid. Die Wirkung dieses Aspektes kann stärker zum Vorschein kommen, wenn Sie in der Zeit vom 30.4.-2.5. geboren sind. *(22:57) Merkur Halbsextil Venus (!):* Schwärmerei; Einfallsreichtum; Lernfreude.

So. 22. März
Mischen Sie sich nicht in Auseinandersetzungen von Familienangehörigen ein. Ihre gutgemeinten Worte stoßen doch nur auf taube Ohren und womöglich verbündet sich am Ende alles gegen Sie. Folgende Einflüsse mit zunehmender (+) oder nachlassender (-) Wirkung können sich heute zusätzlich bemerkbar machen: (-) Merkur Halbquadrat Mars siehe → 21.3.

Mo. 23. März
Neuigkeiten bringen Sie in Fahrt. Lassen Sie Ihre gute Stimmung in die Arbeit einfließen. Das Betriebsklima kann es vertragen. *Tageskonstellationen: (06:13) Mond tritt ins Zeichen Schütze ein:* Prinzip: »Emotionale Steigerung«; Idealismus; Begeisterungsfähigkeit; Glaube; Großzügigkeit. Günstig für die philosophischen Studien, Rechtsfragen und juristische Angelegenheiten. *(11:57) Mond Trigon Sonne:* Gegenseitiges Einvernehmen; Harmonie. *(18:57) Mond Quadrat Jupiter:* Maßlosigkeit; Übertreibung; Prahlerei und schlechtes Benehmen. *(22:08) Mond Trigon Merkur (!):* Gute Nachricht; ein konstruktives Gespräch; eine vielversprechende Bekanntschaft.

Di. 24. März
In der Liebe wird sich zeigen, ob Sie aus einem früheren Fehler gelernt haben. Bleiben Sie Ihren Grundsätzen treu, wenn Sie heute in eine ähnliche Situation geraten. *Tageskonstellationen: (06:06) Mond Quadrat Venus (!):* Widerstrebende Empfindungen; Spannungen mit oder zwischen Frauen. *(11:12) Mond Sextil Saturn:* Sorgfalt; Gewissenhaftigkeit; Einklang innerer Bedürfnisse mit den äußeren Umständen. *(20:03) Merkur Anderthalb-Quadrat Pluto:* Hintergründigkeit; Zwangsvorstellungen. Die Wirkung dieses Aspektes kann stärker zum Vorschein kommen, wenn Sie in der Zeit vom 27.-29.4. geboren sind.

Mi. 25. März
Wenn Sie so in Stimmung sind wie heute, versprechen Sie das Blaue vom Himmel. Seien Sie zurückhaltender! Man wird Sie schon bald beim Wort nehmen. *Tageskonstellationen: (12:06) Mond Sextil Mars (!):* Begeisterung; Auftrieb; Einklang von Handeln und Fühlen.

(16:09) Mond tritt ins Zeichen Steinbock ein: Prinzip: »Gefühl reguliert«; Ausdauer; Durchhaltekraft; Beharrlichkeit; Zielstrebigkeit; Pflichtbewußtsein.

Do. 26. März
Ein vielversprechender Tag, um neue Pläne zu schmieden, oder etwas für Ihre Bildung zu tun. Diskussionen, Reisen, Studien und andere Aktivitäten, die dazu beitragen Ihr Wissen zu vergrößern, machen Ihnen Spaß. *Tageskonstellationen: (07:15) Merkur Quincunx Jupiter:* Unangemessenheit; Überheblichkeit. *(13:12) Venus Halbsextil Saturn:* Ernüchterung; Sachlichkeit; Baukunst. *(15:57) Merkur Konjunktion Sonne:* Selbsterkenntnis; Gesprächsfreude; Neuigkeit. Die Wirkung dieses Aspektes kann stärker zum Vorschein kommen, wenn Sie in der Zeit vom 30.4.-2.5. geboren sind. *(21:59) Sonne Quincunx Jupiter (!):* Selbstüberschätzung; Überheblichkeit; unwirtschaftliches Verhalten.

GZ: 3, 10, 21, 25, 27, 41

Fr. 27. März
Liebe und Partnerschaft sind im Trubel der letzten Tage nicht so richtig zum Zuge gekommen. Heute haben Sie die Möglichkeit, etwas dagegen zu unternehmen. *Tageskonstellationen: (00:20) Mond Sextil Venus (!):* Schwärmerei; Romantik; Sehnsucht; Harmonie; Liebesgefühle. *(03:48) Mond Konjunktion Uranus:* Innere Unruhe; Gefühlsausbruch; plötzlicher Ortswechsel; kann bei entsprechender Veranlagung Angstgefühle verstärken; Verletzungstendenz! *(05:58) Mond Konjunktion Neptun:* Träumerei; Inspiration; oft auch Verwirrung, Unklarheit; Flucht in rauschartige Zustände. *(13:52) Mond Sextil Pluto:* Neuordnung; innere Spannung; Ergründung verborgener Zusammenhänge; okkulte Interessen.

Sa. 28. März
Lassen Sie sich nicht irreführen. Es sieht nicht so aus, als würden sich Ihre Befürchtungen in einer beruflichen Sache erfüllen. Dafür erfahren Sie interessante Einzelheiten. *Tageskonstellationen: (03:05) Mars tritt ins Zeichen Fische ein:* Zersetzung; Auflösung von Energie; sein Handeln in den Dienst von Idealen stellen. *(03:43) Sonne Anderthalb-Quadrat Pluto:* Machtstreben; Behinderung; Druck. Die Wirkung dieses Aspektes kann stärker zum

---

Astrologie von A–Z

Als Kardinale Zeichen bezeichnet man in der Astrologie die vier Zeichen Widder, Krebs, Waage und Steinbock. Sie haben eine besondere Bedeutung, da sie den Wechsel der Jahreszeiten markieren.

Stichwort **Kardinale Zeichen**

März

Vorschein kommen, wenn Sie in der Zeit vom 27.–29.4. geboren sind. *(10:14) Venus Sextil Uranus:* Reiz des Außergewöhnlichen; Exzentriker/in; unerwartete Begegnung. Dieser Einfluß kann sich verstärkt bemerkbar machen, wenn Sie in der Zeit vom 6.5.–9.5. geboren sind.

So. 29. März
Zärtlichkeiten und verliebte Flirts setzen heute die Akzente. Sagen Sie zu, wenn sich am Abend jemand mit Ihnen verabreden möchte. **Tageskonstellationen:** *(06:53) Venus Sextil Neptun (!):* Traum; Phantasie; kreatives Schaffen; Interesse für Kunst, Musik, Kultur. Die Wirkung dieses Aspektes kann stärker zum Vorschein kommen, wenn Sie in der Zeit vom 10.–12.5. geboren sind. *(12:39) Mond Konjunktion Saturn:* Stimmungstief, seelische Belastung oder Angstgefühle. Kann bei entsprechender Veranlagung Depressionen auslösen.

Mo. 30. März
Heute ist nicht der richtige Tag, um Geschäfte anzukurbeln oder Vertragliches auszuhandeln. Konzentrieren Sie sich auf Routinearbeiten, und warten Sie für alles andere einen grünstigeren Zeitpunkt ab. **Tageskonstellationen:** *(02:39) Mond Quadrat Pluto (!):* Bedrängnis und Rücksichtslosigkeit; Druck; Zwang; Unterdrückung; Tyrannei. *(17:24) Mond tritt ins Zeichen Fische ein:* Prinzip: »Gefühle lösen die Realität auf«; Mitgefühl; Hilfsbereitschaft; Auflösung einer Situation. *(21:41) Mond Konjunktion Mars:* Impulsivität; Erregungszustand; Gereiztheit. Dies kann bei entsprechender Veranlagung Magenbeschwerden auslösen.

Di. 31. März
Eine Versammlung verspricht interessant zu werden – melden Sie sich also rechtzeitig an. Daß Sie dabei auch Leute treffen, von denen Sie nicht so begeistert sind, müssen Sie allerdings in Kauf nehmen.

April 1992

Im Mittelpunkt des Interesses

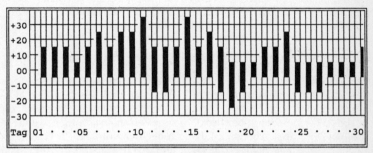

April 1992: Aktivierende (+) und hemmende (−) Einflüsse für Stier-Geborene

Sie lassen es sich vielleicht nicht anmerken, wissen es aber dennoch zu schätzen, daß Ihre Person in diesen Wochen im Mittelpunkt steht. Doch nicht nur Ihre Freunde und Bekannten nehmen nun vermehrt Kontakt mit Ihnen auf; auch die Aufmerksamkeit der Umwelt ist jetzt in besonderer Weise auf Sie gerichtet, und die Entwicklung Ihrer Unternehmungen wird von vielen Seiten interessiert mitverfolgt. Schon aus diesem Grunde sollten Sie diese Zeit nutzen, um sich zu profilieren oder für eine gewisse Publizität zu sorgen. Einladungen und Veranstaltungen, die sich in diesem Zusammenhang ergeben, bieten Ihnen ein gutes Umfeld, um neue Kontakte zu knüpfen und ein breiteres Publikum mit Ihren Aktivitäten und Zielsetzungen bekannt zu machen. Im *zeitlichen Ablauf* steigern sich die harmonisierenden Kräfte bis ca. zum 10. April und flachen in den letzten Apriltagen spürbar ab. Der kritische Einfluß um den 18./19. April dürfte vor allem stimmungsmäßig zum Ausdruck kommen.

April

DAS WETTER

Die Wetterbeobachtung hat erneut gezeigt, daß der April seinen Ruf als »wetterwendischer Monat« durchaus verdient, denn obwohl die Temperaturen nun merklich steigen, bleibt die Witterungslage unbeständig, wechseln Sonnenschein mit Regen, und manchmal auch Schneefällen. Die mittlere Temperatur liegt in dieser Periode bei + 8,5 Grad, doch kann das Thermometer unter günstigen Bedingungen bis auf 25 Grad steigen. Im zeitlichen Ablauf bleibt das Wetter den ganzen Monat hindurch unbeständig, häufig mit stürmischen Winden. Mit Kälteeinbrüchen ist insbesondere um den 10. und 22. zu rechnen, dazwischen etwas konstantere Wetterlage mit Sonnenschein und Erwärmung.

IM APRIL

Mi. 1. April
Offenbar gibt sich jemand große Mühe, möglichst oft in Ihrer Nähe zu sein. Was man damit bezweckt, können Sie am Abend erfahren. *Tageskonstellationen:* (06:34) *Mond Sextil Neptun:* Fördert Intuition; Inspiration; Einfühlungsvermögen; manchmal Hang, die Dinge einseitig positiv zu sehen. *(08:21) Venus Trigon Pluto:* Erotik; Leidenschaft; Begierde. Die Wirkung dieses Aspektes kann stärker zum Vorschein kommen, wenn Sie in der Zeit vom 13.–15.5. geboren sind. *(13:50) Mond Trigon Pluto:* Standhaftigkeit; Mut; Zivilcourage. *(14:26) Mond Konjunktion Venus (!):* Herzlichkeit; Sensibilität; Einfühlungsvermögen; Formsinn.

Do. 2. April
Wagen Sie sich nicht zu weit vor. Gewisse Veränderungen, die Ihnen vorschweben, lassen sich auch auf etwas weniger riskante Weise erreichen. *Tageskonstellationen:* (02:49) *Mars Halbquadrat Neptun (!):* Vergiftung; Chemie-Unglück; Überschwemmung; Gefahr durch Gewässer und Seuchen. Die Wirkung dieses Aspektes kann stärker zum Vorschein kommen, wenn Sie in der Zeit vom 24.–26.4. geboren sind. *(04:05) Mond tritt ins Zeichen Widder ein:* Prinzip: »Gefühlsbetonte Aktivität«; impulsiv; Unternehmungsfreude und Übereifer. Günstig für Neubeginn. *(04:47) Merkur Halbquadrat Saturn:* Konzentrationsmangel; Problematisierung; Störung; autoritäres Verhalten. Dieser Einfluß kann sich verstärkt bemerkbar machen, wenn Sie in der Zeit vom 3.5.–5.5. geboren sind. *(05:58) Mond Konjunktion Merkur:* Enge Verbindung von Gefühl und Verstand; Hang zu häufiger Meinungsänderung; manchmal Neuigkeit, unerwarteter Besuch.

GZ: 2, 4, 8, 15, 21, 31

Fr. 3. April
Ein Zusammentreffen sorgt für Aufregung. Versäumen Sie es im

Eifer des Gefechts aber nicht, etwas bereits fest Eingeplantes zu erledigen. *Tageskonstellationen: (06:02) Mond Konjunktion Sonne:* Neumondstellung; symbolisiert Fruchtbarkeit, Neubeginn, Vereinigung von Yin und Yang (männlichem/weiblichem Prinzip). *(10:35) Mond Sextil Saturn:* Sorgfalt; Gewissenhaftigkeit; Einklang innerer Bedürfnisse mit den äußeren Umständen. *(13:51) Mond Quadrat Uranus:* Unruhe; Unbeständigkeit; plötzliche Veränderung; technische Panne. *(15:44) Mond Quadrat Neptun (!):* Fehleinschätzung; Unklarheit; Lüge; in eine undurchsichtige Situation geraten.

Sa. 4. April

Heute geht Ihnen wieder mal nichts schnell genug. Seien Sie doch geduldiger! Sie werden Ihr Ziel noch früh genug erreichen. *Tageskonstellationen: (00:55) Merkur tritt ins Zeichen Widder ein:* Wagemut; kühne Ideen; Neuerungen; aggressiver Denkstil. *(11:12) Mars Opposition Jupiter:* Herausforderung; Übergriff; über das Ziel hinausschießen; juristische Angelegenheit. Die Wirkung dieses Aspektes kann stärker zum Vorschein kommen, wenn Sie in der Zeit vom 24.–26.4. geboren sind.

So. 5. April

Nur weil andere eine Ihrer Lieblingsideen verwerfen, sollten Sie nicht gleich beleidigt sein. Im Grunde war Ihnen von Anfang an klar, daß Ihr Projekt auf sehr schwachen Beinen steht. *Tageskonstellationen: (17:59) Mond Quadrat Saturn (!):* Ablehnung; Neid; Mißgunst. *(20:53) Mond Trigon Uranus:* Originalität; Einfallsreichtum; positive Veränderung. *(21:51) Sonne Sextil Saturn:* Erfahrung; Sachlichkeit; Realismus. Die Wirkung dieses Aspektes kann stärker zum Vorschein kommen, wenn Sie in der Zeit vom 6.5.–9.5. geboren sind. *(22:41) Mond Trigon Neptun:* Phantasie; Inspiration; eine vielversprechende Vorahnung.

Mo. 6. April

Sie haben sich heute viel vorgenommen. Leider klappt auswärts, zum Beispiel auf Reisen, nicht alles so gut wie zu Hause. In einer Herzensangelegenheit liegen Sie dafür genau richtig. *Tageskonstellationen: (14:13) Merkur Konjunktion Venus:* Kontaktfreudigkeit; anregendes Gespräch; neue Bekanntschaft; charmante Redensart. Die Wirkung dieses Aspektes kann stärker zum Vorschein kommen, wenn Sie in der Zeit vom 21.–23.4. geboren sind.

Di. 7. April

Man versucht, Sie aus der Reserve zu locken. Doch Sie ahnen bereits, was gespielt wird und gehen Ihren Kontrahenten nicht ins Netz. *Tageskonstellationen: (08:17) Venus tritt ins Zeichen Widder ein:* Verlangen; Leidenschaftlichkeit; Trieb;

der Hang zum Abenteuer; Eroberungsfreude. *(13:09) Sonne Quadrat Uranus (!):* Unberechenbarkeit; Störung; Unterbrechung; Wechsel; Verletzungstendenz! Die Wirkung dieses Aspektes kann stärker zum Vorschein kommen, wenn Sie in der Zeit vom 6.5.-9.5. geboren sind.

Mi. 8. April
Beharren Sie nicht so stur auf Ihrem Recht. Sie erreichen damit möglicherweise das Gegenteil von dem, was Sie wollen. Mit Kompromißbereitschaft kommen Sie sicher weiter. *Tageskonstellationen: (13:26) Sonne Quadrat Neptun:* Schwächung; Auflösung; Täuschung; Untergang; Gefahr durch Flüssigkeiten, Wasser oder chemische Stoffe. Die Wirkung dieses Aspektes kann stärker zum Vorschein kommen, wenn Sie in der Zeit vom 10.-12.5. geboren sind. *(13:53) Venus Halbquadrat Saturn:* Ernüchterung; Zurückweisung. Dieser Einfluß kann sich verstärken, wenn Sie in der Zeit vom 21.-23.4. geboren sind.

Do. 9. April
Lesen Sie das Kleingedruckte, bevor Sie eine Vereinbarung unterschreiben. Im Falle eines Falles können Sie sich schlecht darauf berufen, daß Sie daran nicht gedacht hätten. *Tageskonstellationen: (23:05) Sonne Anderthalb-Quadrat Jupiter:* Hoffnung; Zuversicht; positive Aussichten; vielversprechender Anfang. Die Wirkung dieses Aspektes kann stärker zum Vorschein kommen, wenn Sie in der Zeit vom 10.-12.5. geboren sind.

GZ: 7, 12, 21, 23, 24, 29

Fr. 10. April
Mehr Kompromißbereitschaft wäre nicht nur beruflich ein Vorteil. Doch gerade dort sollten Sie heute weniger eigensinnig sein und dem Vorschlag eines Kollegen zustimmen. *Tageskonstellationen: (06:15) Mond Opposition Uranus (!):* Unberechenbarkeit; plötzliche Veränderung; Ortswechsel. *(07:56) Mond Opposition Neptun:* Unklarheit; Zwielicht; Vernebelung; die Flucht in Rauscherlebnisse; Auflösung einer Verbindung. *(11:06) Mond Quadrat Sonne:* Unruhiger Tagesablauf; Nervosität; Disharmonie. *(13:52) Mond Trigon Pluto:* Standhaftigkeit; Mut und Zivilcourage.

Sa. 11. April
Bekämen Sie alles, was man Ihnen im Laufe des Tages verspricht, hätten Sie bald keine Sorgen mehr. Leider können Sie sich darauf nicht verlassen. Sehen Sie also zu, daß Sie auch so zurechtkommen. *Tageskonstellationen: (00:51) Mond Trigon Merkur:* Gute Nachricht; konstruktives Gespräch; vielversprechende Bekanntschaft. *(02:46) Mond tritt ins Zeichen Löwe ein:* Prinzip: »Gefühlsbetonter

Selbstausdruck«; Stolz; Gestaltungskraft; Lebenswille; Freude. *(11:23) Mond Trigon Venus:* Romantische Gefühle; Liebesgefühl; Anhänglichkeit; Warmherzigkeit. *(13:31) Venus Quincunx Jupiter (!):* Übertriebene Erwartungen; Verlust oder Mißerfolg durch Spekulation.

So. 12. April
Einsicht ist der erste Weg zur Besserung. Wenn Sie heute begreifen, für welchen Punkt eines Konfliktes Sie verantwortlich sind, würde ein klärendes Gespräch die Sache aus der Welt schaffen können. *Tageskonstellationen: (01:50) Sonne Quincunx Pluto:* Subtile Beeinflussung; Machtstreben. *(07:04) Mond Opposition Saturn:* Zurückweisung; Widerstand; Druck; Notlage; Armut; Angstgefühl. Kann bei entsprechender Veranlagung Depressionen auslösen. *(16:23) Mond Quadrat Pluto (!):* Bedrängnis; Rücksichtslosigkeit; Unterdrückung; Druck; Zwang und Tyrannei. *(17:29) Mond Trigon Sonne:* Gegenseitiges Einvernehmen; Harmonie.

Mo. 13. April
Vergnügt und gutgelaunt erledigen Sie Ihre Aufgaben. Daß man sich abends mit Ihnen treffen will, bringt Ihre Pläne etwas durcheinander. Doch dafür bekommen Sie interessante Dinge zu hören. *Tageskonstellationen: (05:09) Mond tritt ins Zeichen Jungfrau ein:* Prinzip: »Emotionales Unterscheidungsvermögen«; Lebensklugheit; Bescheidenheit; Sorgfalt. Günstig für Planungsarbeiten, Analysen. *(07:15) Venus Anderthalb-Quadrat Pluto:* Unerfülltes Verlangen; Frustration. Die Wirkung dieses Aspektes kann stärker zum Vorschein kommen, wenn Sie in der Zeit vom 27.–29.4. geboren sind. *(13:38) Mond Konjunktion Jupiter (!):* Beliebtheit; Popularität; Güte; instinktiv das Richtige tun; Glück, Gewinn.

Di. 14. April
Halten Sie mit Ihren Ansichten nicht hinter dem Berg. Ihre Ideen finden heute mehr Anklang, als Sie vermuten. *Tageskonstellationen: (18:38) Merkur tritt ins Zeichen Widder ein:* Wagemut; kühne Ideen; Neuerungen; aggressiver Denkstil.

Mi. 15. April
Wahrscheinlich werden Sie sich heute vergeblich darum bemühen, Geldfragen oder Familienangelegenheiten zufriedenstellend zu lösen. Doch immerhin stellen Sie Ihren guten Willen unter Beweis; das wird anerkannt. *Tageskonstellationen: (07:11) Mond tritt ins Zeichen Waage ein:* Prinzip: »Kontaktgefühl«; Geselligkeit und Kontaktfreude; Ausgleichsstreben; Harmonieempfinden; Geschmack. *(07:36) Mond Opposition Merkur (!):* Widerspruch zwischen Denken und Fühlen; Nervosität; Unbe-

April

ständigkeit; Streitgespräch; Uneinigkeit.

Do. 16. April
Was Sie heute erfahren, läßt Sie nicht gerade in Jubelschreie ausbrechen. Am Abend sehen Sie die Dinge aber doch wieder in einem erfreulicheren Licht. *Tageskonstellationen: (01:13) Mond Opposition Venus (!):* Hochgefühl; Empfänglichkeit; Charme; jedoch Hang zur Übertreibung und Schwelgerei. *(11:59) Mond Trigon Saturn:* Respekt; Anerkennung; Zuverlässigkeit; Pflichtgefühl. *(13:33) Mond Quadrat Uranus:* Unruhe; Unbeständigkeit; plötzliche Veränderung; technische Panne. *(15:11) Mond Quadrat Neptun:* Fehleinschätzung; Unklarheit; Lüge; in eine undurchsichtige Situation geraten.

GZ: 2, 3, 7, 29, 36, 39

Fr. 17. April (Karfreitag)
Könnte es sein, daß Sie über wichtige Informationen verfügen und sich dessen gar nicht bewußt sind? Lassen Sie sich die Ereignisse der letzten Tage noch einmal durch den Kopf gehen. Möglicherweise stellen Sie dabei etwas Verblüffendes fest! *Tageskonstellationen: (05:43) Mond Opposition Sonne:* Vollmondstellung. Symbolisiert Höhepunkt einer Entwicklung; in Erscheinung treten; Dinge in einem neuen Licht sehen. *(10:10) Mond tritt ins Zeichen Skorpion ein:* Prinzip: »Emotionale Verbindlichkeit«; Ausdauer; Kampfgeist; Reizbarkeit. Interesse für verborgene und okkulte Dinge. *(18:41) Mond Sextil Jupiter (!):* Verbundenheit; Genuß; Freundschaft; Güte; mit geringen Mitteln viel erreichen.

Sa. 18. April
Ein ruhiger Tag, der Ihren Unternehmungen keine Hindernisse in den Weg legen wird. Arbeiten Sie Liegengebliebenes im Haushalt und Beruf auf. Hier scheint sich in den letzten Tagen einiges angesammelt zu haben, das jetzt gut erledigt werden kann. *Tageskonstellationen: (14:01) Merkur Halbquadrat Saturn:* Konzentrationsmangel; Problematisierung; Störung; autoritäres Verhalten. Die Wirkung dieses Aspektes kann stärker zum Vorschein kommen, wenn Sie in der Zeit vom 21.–23.4. geboren sind.

So. 19. April (Ostern)
Verzetteln Sie Ihre Kräfte nicht in hunderterlei Einzelaktionen. Wenn Sie planmäßig vorgehen und auf eine wichtige Sache konzentriert sind, können Sie heute viel erreichen. *Tageskonstellationen: (09:49) Mars Halbsextil Saturn (!):* Vernunftbestimmtes Handeln; Realismus und Ausdauer. *(20:58) Sonne tritt ins Zeichen Stier ein:* Prinzip: »Energie-Konzentration«; Selbstsicherheit; Besitzstreben; Gemeinschaftssinn.

Mo. 20. April (Ostern)
Vernachlässigen Sie Ihre Verpflichtungen nicht. Es gibt Leute, die nur darauf warten, daß Ihnen mal ein Lapsus unterläuft. Den Gefallen sollten Sie ihnen nicht tun. *Tageskonstellationen: (00:35) Mond Quadrat Jupiter:* Maßlosigkeit; Übertreibung; Prahlerei; schlechtes Benehmen. *(09:15) Mars Sextil Uranus:* Energie-Umwandlung; eine außergewöhnliche Leistung; Durchbruch. Die Wirkung dieses Aspektes kann noch stärker zum Vorschein kommen, wenn Sie in dem Zeitraum vom 10.-12.5. geboren sind. *(23:08) Mond Trigon Venus (!):* Romantische Gefühle; Liebesgefühl; Anhänglichkeit und Warmherzigkeit.

Di. 21. April
Eine Situation ist nicht so eindeutig, wie Sie annehmen. Ziehen Sie keine voreiligen Schlußfolgerungen, solange Sie nichts Genaueres wissen. *Tageskonstellationen: (10:44) Venus Sextil Saturn:* Formsinn; freundschaftliche Verbindung; Zufriedenheit. Die Wirkung dieses Aspektes kann stärker zum Vorschein kommen, wenn Sie in der Zeit vom 6.5.-9.5. geboren sind. *(14:38) Mars Sextil Neptun:* Unterstützung; Hilfsbereitschaft. Dieser Einfluß kann sich verstärkt bemerkbar machen, wenn Sie in der Zeit vom 10.-12.5. geboren sind. *(18:44) Merkur Quincunx Jupiter:* Unangemessenheit; Überheblichkeit. *(23:06) Venus Quadrat Uranus (!):* Partnerschaftsprobleme; abartige Gelüste und Geschmacksverirrung. Die Wirkung dieses Aspektes kann stärker zum Vorschein kommen, wenn Sie in der Zeit vom 10.-12.5. geboren sind.

Mi. 22. April
Es gibt offene Fragen, über die Sie mit Ihrem Partner sprechen möchten. Wahrscheinlich kommt dabei aber nicht viel heraus. Warten Sie einen geeigneteren Zeitpunkt ab. *Tageskonstellationen: (17:30) Venus Quadrat Neptun (!):* Scheinbares Einvernehmen; Wunschträume; Illusionen. Die Wirkung dieses Aspektes kann stärker zum Vorschein kommen, wenn Sie in der Zeit vom 10.-12.5. geboren sind.

Do. 23. April
Während Sie über Ihre Beziehungen zu anderen Menschen nachdenken, machen Sie eine merkwürdige Feststellung. Doch darüber sprechen Sie nur mit jemandem, zu dem Sie besonders viel Vertrauen haben. *Tageskonstellationen: (08:18) Venus Anderthalb-Quadrat Jupiter (!):* Von der Hoffnung leben; Übertreibung. Die Wirkung dieses Aspektes kann stärker zum Vorschein kommen, wenn Sie in der Zeit vom 10.-12.5. geboren sind.

GZ: 6, 21, 30, 37, 39, 40

April

Fr. 24. April
Die Erwartungen, die Sie mit einer Einladung oder einem Freundschaftsbesuch verknüpfen, werden vielleicht nicht erfüllt. Dafür kommen Sie mit einem persönlichen Vorhaben um so besser voran. Das gleicht die Dinge wieder aus. *Tageskonstellationen: (05:16) Merkur Anderthalb-Quadrat Pluto:* Hintergründigkeit; Zwangsvorstellungen. Die Wirkung dieses Aspektes kann stärker zum Vorschein kommen, wenn Sie in der Zeit vom 27.–29.4. geboren sind. *(14:41) Venus Halbsextil Mars:* Harmonisches Zusammenwirken des männlichen und weiblichen Prinzips; Partnerschaft. *(16:26) Sonne Trigon Jupiter:* Anerkennung; Erfolg; Privileg; mit wenig Aufwand viel erreichen; das Beste aus einer Sache machen; Optimismus. Dieser Einfluß kann sich verstärkt bemerkbar machen, wenn Sie in der Zeit vom 24.–26.4. geboren sind.

Sa. 25. April
Etwas, das Ihnen bisher als Problem erschienen ist, erweist sich möglicherweise als Glücksfall. Doch lassen Sie deshalb nicht alle Vorsicht außer Acht. *Tageskonstellationen: (05:05) Mond Sextil Merkur:* Neuigkeit; erfreuliche Mitteilung; Einklang von Gefühl und Verstand. *(05:40) Venus Quincunx Pluto:* Unerfüllbarkeit; Unentschlossenheit. *(14:16) Mars Trigon Pluto (!):* Charisma; Überzeugungskraft; Durchsetzungsvermögen. Die Wirkung dieses Aspektes kann stärker sein, wenn Sie in der Zeit vom 13.–15.5. geboren sind.

So. 26. April
Fordern Sie Ihr Liebesglück heraus! Was Ihnen vorschwebt, dürfte leicht zu erreichen sein. Sie müßten lediglich ein bißchen mehr aus sich herausgehen. *Tageskonstellationen: (00:25) Mond Konjunktion Saturn:* Stimmungstief, seelische Belastung oder Angstgefühle. Kann bei entsprechender Veranlagung Depressionen auslösen. *(09:17) Mond Quadrat Pluto:* Bedrängnis; Rücksichtslosigkeit; Druck; Zwang; Unterdrückung; Tyrannei. *(12:32) Mond Sextil Venus (!):* Schwärmerei; Romantik; Sehnsucht; Harmonie; Liebesgefühle.

Mo. 27. April
Man möchte Ihnen etwas ausreden, das Sie sich fest vorgenommen haben und das offenbar auch richtig für Sie ist. Lassen Sie sich nicht vom Weg abbringen. *Tageskonstellationen: (01:20) Mond tritt ins Zeichen Fische ein:* Prinzip: »Gefühle lösen die Realität auf«; Mitgefühl; Hilfsbereitschaft; Auflösung einer Situation. *(10:38) Mond Opposition Jupiter:* Maßlosigkeit; Schwelgerei; Übertreibung; eine enttäuschte Hoffnung. *(16:32) Mond Sextil Sonne (!):* Zustimmung; Einvernehmen und Harmonie.

Di. 28. April

Ein Experiment führt zu neuen Erkenntnissen. Daß sich Ihre Erwartungen dabei nicht bestätigen, ist unter diesen Umständen nicht so schlimm. *Tageskonstellationen:* *(12:59) Mond Sextil Uranus (!):* Eine ersehnte Abwechslung; Anregung; Originalität; Veränderungsfreude. *(14:51) Mond Sextil Neptun:* Fördert Intuition; Inspiration; Einfühlungsvermögen; auch manchmal Hang, die Dinge einseitig positiv zu sehen. *(20:42) Mond Trigon Pluto:* Standhaftigkeit und Mut.

Mi. 29. April

Wegen eines Alleingangs hat man Sie kritisiert. Nach dem heutigen Stand der Dinge begreifen aber auch Ihre Kritiker, daß Sie gar nicht so unrecht hatten. *Tageskonstellationen: (02:05) Mond Konjunktion Mars (!):* Impulsivität; Erregungszustand; Gereiztheit. Kann bei entsprechender Veranlagung Magenbeschwerden auslösen. *(12:14) Mond tritt ins Zeichen Widder ein:* Prinzip: »Gefühlsbetonte Aktivität«; impulsiv; Unternehmungsfreude; Übereifer. Günstig für Neubeginn.

GZ: 1, 27, 30, 33, 34, 42

Do. 30. April

Möglicherweise sind Sie heute ein bißchen vergeßlich. Wenn Sie größere Aktionen planen, sollten Sie sich deshalb eine Checkliste anlegen und diese Punkt für Punkt durchgehen. Erst dann können Sie loslegen. Folgende Einflüsse mit zunehmender (+) oder nachlassender (-) Wirkung können sich heute zusätzlich bemerkbar machen: (+) Sonne Halbquadrat Mars siehe → 2.5.

Astrologie von A–Z

Transit bedeutet soviel wie Übergang, und man versteht in der Astrologie darunter den Übergang eines laufenden Planeten über eine bestimmte Stelle im Geburtshoroskop. Wenn sich die Sonne zum Zeitpunkt der Geburt beispielsweise auf dem fünften Grad des Tierkreiszeichens Stier befand und Jupiter in diesem Jahr über diese Stelle wandert, so spricht man von einem Jupiter-Sonne Transit. Transite werden in der Astrologie hauptsächlich für prognostische Zwecke verwendet, da vor allem die Transite der langsamlaufenden Planeten (Jupiter bis Pluto) zuverlässige Aussagen über Entwicklungstendenzen ermöglichen. Über den HEYNE Astro-Leserdienst können Sie verschiedene persönliche Analysen beziehen, die von dieser Technik Gebrauch machen (s. Postkarte).

Stichwort Transit

Mai 1992

Sparsamkeit zahlt sich aus

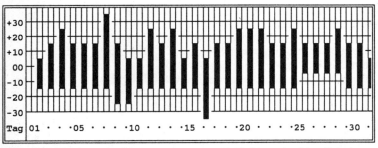

Mai 1992: Aktivierende (+) und hemmende (−) Einflüsse für Stier-Geborene

Die Entwicklungen dieser Periode werden durch Einflüsse geprägt, die Ihre Aufmerksamkeit stärker auf den Bereich des materiellen Besitzes, auf die Beschaffung von Geld oder sonstiger Hilfsmittel sowie die Sicherung Ihrer Reviergrenzen lenken. Dabei werden zwei Konstellationen wirksam, die zwar in die gleiche Richtung weisen, zeitlich und inhaltlich jedoch unterschiedlich zu bewerten sind. So kann eine Verbindung der Planeten Merkur und Saturn besonders in der ersten Monatshälfte auf eine Zeit hinweisen, in der Sie sich gedanklich und in Ihrer Planung intensiver um finanzielle Dinge kümmern. Dies ist eine gute Zeit, um beispielsweise über Sparmaßnahmen nachzudenken oder sich über Möglichkeiten zu informieren, wie ein Vermögen längerfristig und sinnvoll angelegt werden kann. Es dürfte Ihnen derzeit auch leichterfallen, sich von überflüssigen Dingen zu trennen, Ihren Besitz zu ordnen und sich einen besseren Überblick über Ihre finanziellen Verhältnisse zu verschaffen. Im *zeitlichen Ablauf* wird der Mai eindeutig von aktivierenden Tendenzen geprägt. Ein kritischer Einfluß um den 16./17.5 kann im partnerschaftlichen Bereich Probleme verursachen.

Fr. 1. Mai (Maifeiertag)

Man spricht Sie auf ein Thema an, das Ihnen besonders am Herzen liegt. Ob das ein Zufall ist? Finden Sie erst heraus, welche Absichten dahinterstecken könnten. *Tageskonstellationen: (16:42) Venus tritt ins Zeichen Stier ein:* Sinnlichkeit; Leidenschaftlichkeit; Genußfreude; Beständigkeit; Hang zu Komfort und Bequemlichkeit. *(20:09) Mond tritt ins Zeichen Stier ein:* Prinzip: »Emotionales Festhalten«; Beständigkeit; Ausdauer; Konsolidierung; guter Formsinn; schwankende materielle Verhältnisse; Gefühlsstau. Günstig für Neuanschaffungen, Kauf/Verkauf. *(20:31) Mond Konjunktion Venus (!):* Herzlichkeit; Sensibilität; Einfühlungsvermögen; Formsinn.

Sa. 2. Mai

Glauben Sie nicht, Ihre Gegner hätten Sie aus den Augen verloren. Was Sie am Abend erfahren, beweist eher das Gegenteil. Doch dadurch lassen Sie sich nicht aus dem Konzept bringen. *Tageskonstellationen: (04:33) Mond Trigon Jupiter:* Anerkennung; Beliebtheit; Wohlbefinden; Glücksgefühl; Güte; Freude; Wohltat; Wunscherfüllung. *(18:45) Mond Konjunktion Sonne:* Neumondstellung; symbolisiert Fruchtbarkeit, Neubeginn, Vereinigung von Yin und Yang (männlichem/weiblichem Prinzip). *(20:13) Sonne Halbquadrat Mars (!):* Egoismus; Aggressivität; »mit dem Kopf durch die Wand« wollen; eine Sache gewaltsam durchsetzen wollen; Verletzungstendenz! Die Wirkung dieses Aspektes kann stärker zum Vorschein kommen, wenn Sie in der Zeit vom 3.5.–5.5. geboren sind.

So. 3. Mai

Sparen Sie sich Ihre Träumereien für den Abend auf; jetzt ist es erst einmal wichtig, sich auf ein Treffen vorzubereiten. Wenn Sie wissen, was Sie wollen, sind Sie Ihrem Ziel

---

DAS WETTER

Auf dem Höhepunkt des Frühlingsquartals bringt der Mai eine weitere deutliche Erwärmung. Die Durchschnittstemperatur liegt bei + 13.3 Grad, doch sind Mittagstemperaturen bis zu 25 Grad und mehr keine Seltenheit. Sporadische Kälteeinbrüche und nochmaliger Schneefall in höheren Lagen sind dennoch nicht auszuschließen; immerhin liegt die durchschnittliche Tiefsttemperatur dieses Monats bei – 5 Grad. Zumindest an fünf Tagen ist mit Gewittern zu rechnen, wobei die Niederschlagsmengen starken Schwankungen unterworfen sind. Im zeitlichen Ablauf tritt zu Beginn des Monats eine deutliche Erwärmung auf, die zur Monatsmitte hin jedoch starken Schwankungen unterliegt (Eisheilige). Nachts klart es auf, wobei es vereinzelt noch zu Bodenfrost kommt. Danach wieder Erwärmung, zum Monatsende erneut fallende Temperaturen.

— IM MAI —

Mai

schon ein ganzes Stück näher gekommen. *Tageskonstellationen: (04:06) Saturn Halbsextil Uranus (!):* Einen Grundsatz überdenken; Reform; Modernisierung; Befreiung aus einer einengenden Situation. *(06:37) Merkur Quadrat Uranus:* Verschrobene Ansichten; Eigenbrötlerei; sprunghaftes Denken. Die Wirkung dieses Aspektes kann stärker zum Vorschein kommen, wenn Sie in der Zeit vom 6.5.–9.5. geboren sind. *(06:43) Merkur Sextil Saturn:* Erfahrungswissen; Sachverstand; realistische Einschätzung. Dieser Einfluß kann sich verstärkt bemerkbar machen, wenn Sie in der Zeit vom 6.5.–9.5. geboren sind. *(23:01) Merkur Quadrat Neptun:* Vortäuschung; Illusion; Enttäuschung. Die Wirkung dieses Aspektes kann stärker zum Vorschein kommen, wenn Sie in der Zeit vom 10.–12.5. geboren sind.

Mo. 4. Mai

Bevor Sie die Entscheidung treffen, die heute von Ihnen erwartet wird, sollten Sie sich mit dem Sachverhalt besser vertraut machen. Sie werden feststellen, daß es in dieser Angelegenheit um mehr geht, als Sie bisher angenommen haben. *Tageskonstellationen:* *(01:28) Mond tritt ins Zeichen Zwillinge ein:* Prinzip: »Gefühlsbetontes Denken«; Neugier; Mitteilungsfreude; Vielseitigkeit; unbeständige Gefühle. Günstig für Studien, Besprechungen und Schriftliches. *(09:34) Mond Quadrat Jupiter:* Maßlosigkeit; Übertreibung; Prahlerei; schlechtes Benehmen. *(11:36) Merkur Anderthalb-Quadrat Jupiter (!):* Übertreibungen; vage Hoffnung. Die Wirkung dieses Aspektes kann stärker zum Vorschein kommen, wenn Sie in der Zeit vom 10.–12.5. geboren sind.

Di. 5. Mai

Über einen Zwischenfall sollten Sie noch einmal diskutieren. Es scheint, als hätten sich einige neue Gesichtspunkte ergeben. *Tageskonstellationen: (11:41) Venus Trigon Jupiter:* Ästhetik; Luxus; Erfolg in der Liebe; Glück. Die Wirkung dieses Aspektes kann stärker zum Vorschein kommen, wenn Sie in der Zeit vom 24.–26.4. geboren sind. *(22:30) Merkur Quincunx Pluto (!):* Machtwille; Ehrgeiz. *(22:38) Mars tritt ins Zeichen Widder ein:* Energie; Durchsetzungsvermögen; Egoismus; Eroberungsdrang; Spontaneität; Mut.

Astrologie von A–Z

Eine in der Astrologie verbreitete Methode zur Berechnung von Auslösungen (Ereignisdaten). Bei den sog. Primärdirektionen entspricht ein Raum von 1 Grad = 1 Lebensjahr. Progressionen sind ebenfalls Direktionen; hier wird nach dem Schlüssel 1 Tag = 1 Jahr gearbeitet.

Stichwort Direktionen

Mi. 6. Mai

Für die Abwechslung, die Sie sich heute wünschen, können Sie auch selbst etwas tun. Beschäftigen Sie sich mit Dingen, die Sie besonders interessieren oder melden Sie sich bei Ihren Freunden. Dort sind Sie ein gerngesehener Gast. *Tageskonstellationen: (05:10) Mond tritt ins Zeichen Krebs ein:* Prinzip: »Emotionale Empfänglichkeit«; Eindrucksfülle; Anhänglichkeit; Familiensinn; Traditionsbewußtsein; Fürsorglichkeit. Günstig für familiäre und häusliche Angelegenheiten. *(05:32) Mond Quadrat Mars:* Unrast; Aggressivität; Widerspenstigkeit; rücksichtsloses Benehmen; Egoismus; Verletzungstendenz! *(13:08) Mond Sextil Jupiter:* Verbundenheit; Genuß; Freundschaft; Güte; mit geringen Mitteln viel erreichen. *(15:33) Mond Sextil Venus (!):* Schwärmerei; Romantik; Sehnsucht; Harmonie; Liebesgefühle.

Do. 7. Mai

Ihre herzlichen Gefühle werden nicht weniger liebevoll erwidert. In einer beruflichen Angelegenheit müssen Sie allerdings umdisponieren. Folgende Einflüsse mit zunehmender (+) oder nachlassender (-) Wirkung können sich heute zusätzlich bemerkbar machen: (+) Sonne Trigon Uranus siehe → 8.5., (+) Sonne Quadrat Saturn siehe → 8.5., (+) Sonne Trigon Neptun siehe → 9.5., (+) Mars Halbquadrat Saturn siehe → 10.5.

GZ: 5, 12, 19, 29, 40, 46

Fr. 8. Mai

Wahrscheinlich verläuft der heutige Tag nicht in allen Punkten programmgemäß. Besonders im Zusammenhang mit Geld- oder Herzensfragen könnte es zu Meinungsverschiedenheiten kommen. *Tageskonstellationen: (07:10) Sonne Trigon Uranus:* Unkonventionelle Art; Originalität; Überraschung; Unabhängigkeit; plötzliche Veränderung einer Situation. Die Wirkung dieses Aspektes kann stärker zum Vorschein kommen, wenn Sie in der Zeit vom 6.5.-9.5. geboren sind. *(13:32) Sonne Quadrat Saturn:* Hemmung; Widerstand; Abweisung; unter innerem oder äußerem Druck stehen. Dieser Einfluß kann sich verstärkt bemerkbar machen, wenn Sie in der Zeit vom 10.-12.5. geboren sind.

Sa. 9. Mai

Am meisten genießen Sie diesen harmonischen Tag, wenn Sie sich mit Dingen beschäftigen, die Ihre Phantasie anregen. Auch kurze Reisen oder Freundschaftsbesuche haben ihren Reiz. *Tageskonstellationen: (07:02) Sonne Trigon Neptun (!):* Hilfsbereitschaft; Selbstaufopferung; Idealismus; innere Erkenntnis; soziales Engagement. Die Wirkung dieses Aspektes kann stärker zum Vorschein kommen, wenn Sie in der Zeit vom 10.-12.5. geboren sind. *(14:56)*

Mai

Mond Opposition Saturn: Zurückweisung; Widerstand; Druck; Notlage; Armut; Angstgefühl. Kann bei entsprechender Veranlagung Depressionen auslösen. *(16:44) Mond Quadrat Sonne:* Unruhiger Tagesablauf; Nervosität und Disharmonie. *(20:47) Mond Quadrat Pluto:* Bedrängnis; Rücksichtslosigkeit; Druck; Zwang; Unterdrückung; Tyrannei.

So. 10. Mai
Daß Ihre Ideen soviel Anklang finden, hatten Sie nicht erwartet. Vielleicht müssen Sie Ihr Angebot bald erweitern. *Tageskonstellationen: (03:10) Mars Halbquadrat Saturn:* Zerstörung; Destruktivität; vernichtende Energie; Stoß. Die Wirkung dieses Aspektes kann stärker zum Vorschein kommen, wenn Sie in der Zeit vom 24.–26.4. geboren sind. *(08:33) Mond Trigon Merkur:* Gute Nachricht; konstruktives Gespräch; vielversprechende Bekanntschaft. *(10:56) Mond tritt ins Zeichen Jungfrau ein:* Prinzip: »Emotionales Unterscheidungsvermögen«; Lebensklugheit; Bescheidenheit; Sorgfalt. Günstig für Planungsarbeiten und Analysen. *(19:03) Mond Konjunktion Jupiter (!):* Beliebtheit; Popularität; Güte; instinktiv das Richtige tun; Glück, Gewinn.

Mo. 11. Mai
Nehmen Sie sich Zeit, um Ordnung in Ihr Privatbüro zu bringen. Es hat sich wieder einiges an unerledigter Post, Rechnungen usw. angesammelt. Auch eine finanzielle Zwischenkontrolle könnte nicht schaden. *Tageskonstellationen: (05:12) Merkur tritt ins Zeichen Stier ein:* Planmäßiges Vorgehen; Organisationstalent; soziales Gedankengut.

Di. 12. Mai
Das einzige, was man Ihnen heute raten kann, ist in allen Angelegenheiten sehr vorsichtig, gründlich und pünktlich zu sein. Es sind von verschiedener Seite Kräfte am Werk, die den Erfolg Ihrer Bemühung gefährden, vielleicht sogar zunichte machen können. *Tageskonstellationen: (02:33) Sonne Opposition Pluto (!):* Spaltung; unkontrollierter Energieausbruch; Machtgier; Aufstand. Die Wirkung dieses Aspektes kann stärker zum Vorschein kommen, wenn Sie in der Zeit vom 13.–15.5. geboren sind. *(06:02) Mars Quincunx Jupiter:* Entscheidungsschwäche und Energie-Verschwendung. *(14:06) Mond tritt ins Zeichen Waage ein:* Prinzip: »Kontaktgefühl«; Geselligkeit; Kontaktfreude; Ausgleichsstreben; Harmonieempfinden;

Astrologie von A–Z

Die Deklination eines Gestirns gibt die nördliche oder südliche Abweichung eines Gestirns vom Himmelsäquator an.

Stichwort **Deklination**

Geschmack. *(23:21) Mond Opposition Mars:* Aggressivität; unangemessene Reaktion; Verletzungstendenz! Kann bei entsprechender Veranlagung Magenbeschwerden auslösen.

Mi. 13. Mai

Gehen Sie einem Hinweis nach. Sie haben nichts zu verlieren, können aber viel dazugewinnen, falls er sich als richtig erweist. *Tageskonstellationen: (20:54) Mond Quadrat Uranus (!):* Unruhe; Unbeständigkeit; plötzliche Veränderung; technische Panne. *(21:46) Mond Trigon Saturn:* Respekt; Anerkennung; Zuverlässigkeit und Pflichtgefühl. *(22:38) Mond Quadrat Neptun:* Fehleinschätzung; Unklarheit; Lüge; in eine undurchsichtige Situation geraten.

Do. 14. Mai

Machen Sie Ihren Einfluß geltend! Heute können Sie manches erreichen, worum Sie sich früher vergeblich bemüht haben. *Tageskonstellationen: (02:24) Merkur Trigon Jupiter (!):* Denken und planen in großen Zusammenhängen; Geschäftsabschluß; ein positiver Gesprächsverlauf; Zuversicht. Die Wirkung dieses Aspektes kann stärker zum Vorschein kommen, wenn Sie in der Zeit vom 24.–26.4. geboren sind. *(11:05) Mars Anderthalb-Quadrat Pluto:* Eine Gewalteinwirkung; Naturkatastrophe. Dieser Einfluß kann sich verstärkt bemerkbar machen, wenn Sie in der Zeit vom 27.–29.4. geboren sind. *(18:16) Mond tritt ins Zeichen Skorpion ein:* Prinzip: »Emotionale Verbindlichkeit«; Ausdauer; Kampfgeist; Reizbarkeit. Interesse für verborgene und okkulte Dinge.

GZ: 1, 6, 12, 17, 21, 25

Fr. 15. Mai

Geben Sie einer alten Freundschaft den Vorzug, wenn Sie zwischen mehreren Verabredungen wählen können. Gemeinsame Unternehmungen finden dann in der vertrauten Atmosphäre statt, die Sie sich innerlich wünschen. *Tageskonstellationen: (03:01) Mond Sextil Jupiter:* Verbundenheit; Genuß; Freundschaft; Güte; mit geringen Mitteln viel erreichen. *(06:39) Mond Opposition Merkur (!):* Widerspruch zwischen Denken und Fühlen; Nervosität; Unbeständigkeit; Streitgespräch; Uneinigkeit. *(10:23) Merkur Halbsextil Mars:* Entschlossenheit; Zielstrebigkeit.

Sa. 16. Mai

Ihre romantischen Gefühle in Ehren, doch übersehen Sie dabei nicht die Tatsachen. Es gibt nur geringe Chancen, daß Ihr Traum in Erfüllung geht. *Tageskonstellationen: (03:35) Venus Trigon Uranus:* Ungewöhnliches Erlebnis; unerwartetes Zusammentreffen; Experimentierfreude; Veränderungslust; Freiheitsliebe. Die Wirkung dieses Aspektes kann stärker zum Vorschein kommen, wenn Sie in der Zeit vom 6.5.-9.5. geboren sind. *(15:11) Venus Quadrat Saturn:* Zurückweisung; Ablehnung; Frustration. Dieser Einfluß kann sich verstärkt bemerkbar machen, wenn Sie in der Zeit vom 10.-12.5. geboren sind. *(23:06) Venus Trigon Neptun (!):* Kunstgenuß; Klang; innere Erfüllung. Die Wirkung dieses Aspektes kann stärker sein, wenn Sie in der Zeit vom 10.-12.5. geboren sind.

So. 17. Mai
Ein ruhiger Tag; wenig Streß, keine besonderen Zwischenfälle. Nutzen Sie die Zeit, um Liegengebliebenes im Haushalt und Beruf aufzuarbeiten und verbringen Sie den Abend mit jemandem, mit dem Sie sich auch über ernsthaftere Dinge gut unterhalten können. *Tageskonstellationen: (00:22) Mond tritt ins Zeichen Schütze ein:* Prinzip: »Emotionale Steigerung«; Idealismus; Begeisterungsfähigkeit; Glaube; Großzügigkeit. Günstig für philosophische Studien, Rechtsfragen und juristische Angelegenheiten. *(09:44) Mond Quadrat Jupiter:* Maßlosigkeit; Übertreibung; Prahlerei und schlechtes Benehmen. *(17:07) Mond Trigon Mars (!):* Initiative; Aktivität; Einklang von Fühlen und Handeln.

Mo. 18. Mai
Das freundschaftliche Verhältnis zu einem Geschäftspartner erspart Ihnen lange Umwege. So können Sie gleich zur Sache kommen und das erreichen, was Sie wollen. *Tageskonstellationen: (10:54) Mond Sextil Saturn (!):* Sorgfalt; Gewissenhaftigkeit; Einklang innerer Bedürfnisse mit den äußeren Umständen.

Di. 19. Mai
In einer Liebesbeziehung oder Partnerschaft könnte es heute Probleme geben. Seien Sie tolerant und versuchen Sie nicht, Ihre Ansichten einseitig durchzusetzen. *Tageskonstellationen: (02:08) Venus Opposition Pluto (!):* Fremdbestimmung; Unterdrückung; erzwungene Liebe; Gewalt. Die Wirkung dieses Aspektes kann stärker zum Vorschein kommen, wenn Sie in der Zeit vom 13.-15.5. geboren sind. *(09:13) Mond tritt ins Zeichen Steinbock ein:* Prinzip: »Gefühl reguliert«; Ausdauer; Durchhaltekraft; Beharrlichkeit; Zielstrebigkeit; Pflichtbewußtsein. *(19:19) Mond Trigon Jupiter:* Anerkennung; Beliebtheit; Wohlbefinden; Glücksgefühl; Wohltat; Freude; Güte; Wunscherfüllung.

Mi. 20. Mai
Vertrauen Sie auf Ihr Können und führen Sie einen Plan so durch, wie Sie es für richtig halten. Anderen ist die Logik Ihres Handelns zwar unverständlich, doch Sie haben damit Erfolg, und das ist entscheidend. *Tageskonstellationen: (20:13) Sonne tritt ins Zeichen Zwil-*

linge ein: Prinzip: »Energie strebt nach Interaktion«; Selbstdarstellung; Meinungs- und Interessenvielfalt; Kontaktfreude; Umwelterkundung und Forschung. *(23:00) Merkur Trigon Uranus (!):* Ausgefallene Ideen; Pläne, die aus dem Rahmen des Üblichen fallen. Die Wirkung dieses Aspektes kann stärker zum Vorschein kommen, wenn Sie in der Zeit vom 6.5.-9.5. geboren sind.

Do. 21. Mai

Träumereien und Gedankenspiele sparen Sie sich am besten bis heute abend auf. Tagsüber beanspruchen Gespräche und geschäftliche Dinge Ihre volle Aufmerksamkeit! *Tageskonstellationen: (08:19) Merkur Quadrat Saturn:* Autoritätskonflikte; Nörgelei; Kritiksucht; Pessimismus. Die Wirkung dieses Aspektes kann stärker zum Vorschein kommen, wenn Sie in der Zeit vom 10.-12.5. geboren sind. *(11:31) Merkur Trigon Neptun (!):* Kunstinteresse; Inspiration; psychologische Vorgehensweise. Dieser Einfluß kann sich verstärkt bemerkbar machen, wenn Sie in der Zeit vom 10.-12.5. geboren sind.

GZ: 9, 14, 25, 29, 31, 42

Fr. 22. Mai

Es gibt gewisse Spannungstendenzen im zwischenmenschlichen Bereich. Seien Sie diesmal der Klügere und geben Sie nach. *Tageskonstellationen: (18:15) Merkur Opposition Pluto (!):* Provokation; Anschlag; Skandal; Rassismus. Die Wirkung dieses Aspektes kann stärker zum Vorschein kommen, wenn Sie in der Zeit vom 13.-15.5. geboren sind. *(22:58) Mond Sextil Mars:* Begeisterung; Auftrieb; Einklang von Handeln und Fühlen.

Sa. 23. Mai

Sie schwärmen von großen Veränderungen. Viel wichtiger wäre es aber, sich einer aktuellen Angelegenheit zuzuwenden. Jemand wartet auf ein Zeichen von Ihnen. *Tageskonstellationen: (10:06) Mond Konjunktion Saturn:* Stimmungstief, seelische Belastung oder Angstgefühle. Kann bei entsprechender Veranlagung Depressionen auslösen. *(13:29) Sonne Anderthalb-Quadrat Uranus:* Überraschende Veränderung; technische Panne. Die Wirkung dieses Aspektes kann stärker zum Vor-

---

Astrologie von A–Z

Vor allem in der Astrologie des Mittelalters wurden die Planeten Mars und Saturn als Übeltäter oder Malefiz-Planeten bezeichnet; später reihte man auch Uranus und Pluto in diese Kategorie ein. Die moderne Astrologie hat dieses Konzept verworfen; »gute« bzw. »schlechte« Planeten gibt es nicht.

Stichwort **Übeltäter**

schein kommen, wenn Sie in der Zeit vom 21.–23.4. geboren sind. *(15:46) Mond Quadrat Pluto:* Bedrängnis; Rücksichtslosigkeit; Druck; Zwang; Unterdrückung; Tyrannei. *(20:19) Mond Quadrat Merkur (!):* Erhöhte Nervosität; Hang zu Flüchtigkeitsfehlern und Nachlässigkeiten. Nicht so günstig für Prüfungen und wichtige Gespräche.

So. 24. Mai

Zu Hause und im Familienkreis gibts wieder mal viel Wirbel um nichts. Ihr Versuch, die Wogen zu glätten, ist gutgemeint, ändert aber wenig. *Tageskonstellationen: (15:34) Sonne Anderthalb-Quadrat Neptun:* Täuschung; Fehleinschätzung. Die Wirkung dieses Aspektes kann stärker zum Vorschein kommen, wenn Sie in der Zeit vom 24.–26.4. geboren sind.

Mo. 25. Mai

Obwohl Sie zunächst dagegen waren, beginnen Sie nun, die Vorteile einer neuen Methode zu schätzen. Vielleicht sollten Sie auch in Zukunft mit weniger Voreingenommenheit an neue Fragen herangehen. *Tageskonstellationen: (20:31) Mond Sextil Uranus (!):* Eine ersehnte Abwechslung; Anregung; Originalität; Veränderungsfreude. *(22:39) Mond Sextil Neptun:* Fördert Intuition; Inspiration; Einfühlungsvermögen; manchmal Hang, die Dinge einseitig positiv zu sehen.

Di. 26. Mai

Ihre positiven Gefühle geben dem Tag eine harmonische Wendung. Sie kommen mit den meisten Menschen in Ihrer Umgebung gut aus, vor allem aber mit Ihrem Partner bzw. Ihrer Partnerin. *Tageskonstellationen: (02:19) Venus tritt ins Zeichen Zwillinge ein:* Kontaktfreude; Vielseitigkeit; Kunstinteresse und Abwechslungsbedürfnis. *(16:45) Sonne Quadrat Jupiter:* Prahlerei; Überschwenglichkeit; manchmal Hang zum Materialismus; Uneinsichtigkeit. Die Wirkung dieses Aspektes kann stärker zum Vorschein kommen, wenn Sie in der Zeit vom 24.–26.4. geboren sind. *(20:07) Venus Halbquadrat Mars:* Spannungen in einer Beziehung; manchmal Gier. Dieser Einfluß kann sich verstärkt bemerkbar machen, wenn Sie in der Zeit vom 21.–23.4. geboren sind. *(22:17) Merkur tritt ins Zeichen Zwillinge ein:* Neutralität; intellektuelle Selbstdarstellung.

Mi. 27. Mai

Überschneidungen zwischen Beruf und Privatleben lassen sich nicht immer vermeiden. Fangen Sie deshalb keine Diskussion mit Ihrem Partner an. *Tageskonstellationen: (08:57) Mond Sextil Sonne:* Zustimmung; Einvernehmen; Harmonie. *(15:08) Merkur Halbquadrat Mars (!):* Reizbarkeit; Wut; Stichelei; Neid. Die Wirkung dieses Aspektes kann stärker zum Vorschein kommen, wenn Sie in der Zeit vom 21.-23.4. geboren sind.

Do. 28. Mai (Himmelfahrt)
Wahrscheinlich verläuft der Tag nicht in allen Punkten so, wie Sie sich das gewünscht hätten. Vor allem in einer Liebesbeziehung kann es Meinungsverschiedenheiten geben, die sich durch Diskussionen allein nicht beseitigen lassen. *Tageskonstellationen: (00:50) Merkur Konjunktion Venus:* Kontaktfreudigkeit; anregendes Gespräch; neue Bekanntschaft; charmante Redensart. Die Wirkung dieses Aspektes kann stärker zum Vorschein kommen, wenn Sie in der Zeit vom 21.-23.4. geboren sind. *(02:07) Merkur Anderthalb-Quadrat Uranus:* Technische Probleme; Unberechenbarkeit und Auflehnung. Dieser Einfluß kann sich verstärkt bemerkbar machen, wenn Sie in der Zeit vom 21.-23.4. geboren sind. *(03:04) Venus Anderthalb-Quadrat Uranus (!):* Verwirrung; Dissonanz; Störung. Die Wirkung dieses Aspektes kann stärker zum Vorschein kommen, wenn Sie in der Zeit vom 21.-23.4. geboren sind. *(14:12) Merkur Anderthalb-Quadrat Neptun:* Enttäuschung; Vorspiegelung; Illusionen. Dieser Einfluß kann sich verstärkt bemerkbar machen, wenn Sie in der Zeit vom 24.-26.4. geboren sind. *(21:52) Mars Quadrat Uranus:* Explosion; Brand; Katastrophe; Unglück im Luftverkehr. Die Wirkung dieses Aspektes kann stärker zum Vorschein kommen, wenn Sie in der Zeit vom 6.5.-9.5. geboren sind.

GZ: 6, 13, 17, 37, 43, 49

Fr. 29. Mai
Bevor Sie nicht hinter die Kulissen schauen dürfen, sollten Sie sich von einer neuen Bekanntschaft nicht so beeindrucken lassen. Bekanntlich ist ja nicht alles Gold was glänzt. *Tageskonstellationen: (00:15) Venus Anderthalb-Quadrat Neptun (!):* Mißverständnis; Täuschung. Die Wirkung dieses Aspektes kann stärker zum Vorschein kommen, wenn Sie in der Zeit vom 24.-26.4. geboren sind. *(05:16) Mond tritt ins Zeichen Stier ein:* Prinzip: »Emotionales Festhalten«; Beständigkeit; Ausdauer; Konsolidierung; guter Formsinn; schwankende materielle Verhältnisse; Gefühlsstau. Günstig für Neuanschaffungen, Kauf/Verkauf. *(15:10) Merkur Quadrat Jupiter:* Großspurigkeit; Angeberei; Wortbruch; leere Versprechungen. Dieser Einfluß kann sich verstärken, wenn Sie in der Zeit vom 24.-26.4. geboren sind. *(15:52) Mond Trigon Jupiter:* Anerkennung; Beliebtheit; Wohlbefinden; Glücksgefühl; Güte; Freude; Wohltat; Wunscherfüllung.

Sa. 30. Mai
Je länger Sie sich mit einer Sache befassen, desto mehr schwärmen

Sie davon. Hoffentlich übersehen Sie dabei nicht, daß die Geschichte möglicherweise einen Haken hat. *Tageskonstellationen: (06:07) Mars Sextil Saturn:* Schutz; Sicherheitsorgane; Verteidigung. Die Wirkung dieses Aspektes kann noch stärker zum Vorschein kommen, wenn Sie in dem Zeitraum vom 10.–12.5. geboren sind. *(08:20) Mars Quadrat Neptun:* Auflösung; Vergiftung; Unglück im Schiffsverkehr; Gefahr durch Seuchen oder Gewässer. Dieser Einfluß kann sich noch verstärkt bemerkbar machen, wenn Sie in dem Zeitraum vom 10.–12.5. geboren sind. *(22:54) Venus Quadrat Jupiter (!):* Überschwenglichkeit; Unersättlichkeit; Arroganz; Form zählt mehr als Inhalt. Die Wirkung dieses Aspektes kann noch stärker zum Vorschein kommen, wenn Sie in dem Zeitraum vom 24.–26.4. geboren sind.

So. 31. Mai

Nichts Besseres kann Ihnen passieren, als eine Arbeit brüderlich zu teilen. Übernehmen Sie sich aber nicht. Der Sonntag sollte auch ein wenig zum Ausspannen genutzt werden. *Tageskonstellationen: (10:19) Mond tritt ins Zeichen Zwillinge ein:* Prinzip: »Gefühlsbetontes Denken«; Neugier; Mitteilungsfreude; Vielseitigkeit; unbeständige Gefühle. Günstig für Studien, Besprechungen, Schriftliches. *(17:22) Merkur Konjunktion Sonne:* Selbsterkenntnis; Gesprächsfreude; Neuigkeit. Die Wirkung dieses Aspektes kann stärker zum Vorschein kommen, wenn Sie in der Zeit vom 30.4.–2.5. geboren sind. *(20:41) Mond Quadrat Jupiter:* Maßlosigkeit; Übertreibung; Prahlerei; sehr schlechtes Benehmen. *(22:37) Mond Konjunktion Venus (!):* Herzlichkeit; Sensibilität; Einfühlungsvermögen; Formsinn.

Astrologie von A–Z

Vor allem in der von Claudius Ptolomaeus entwickelten Mundan-Astrologie (von lat. Mundi = Welt, auf das Weltganze bezogene Astrologie) wurden für den Gründungszeitpunkt einer Stadt oder Nation Horoskope erstellt. Seit einigen Jahren gibt es modernere Verfahren wie z. B. die sogenannte ASTRO*CARTOGRAPHY, bei der man das persönliche Horoskop auf eine Weltkarte übertragen und so feststellen kann, an welchen Orten man welche Einflüsse seines Horoskopes am besten verwirklichen kann. Ihre persönliche ASTRO*CARTOGRAPHY oder eine interpretierte Reise- und Ortsanalyse für drei verschiedene Orte Ihrer Wahl können Sie auch über den HEYNE Astro-Leserdienst (s. Postkarte) beziehen.

Stichwort **Städtehoroskop**

Juni 1992

Neue Kontakte beleben den Alltag

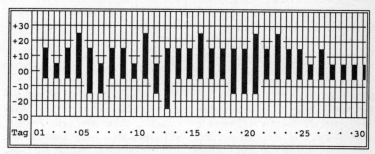

Juni 1992: Aktivierende (+) und hemmende (−) Einflüsse für Stier-Geborene

In dieser Periode verspüren Sie ein starkes Bedürfnis nach Abwechslung, Austausch und Kommunikation. Auch Ihre Reiselust wird geweckt. Dies mag im Zusammenhang mit der Wahrnehmung beruflicher oder geschäftlicher Interessen geschehen, die übrigens aufgrund Ihrer positiven Stimmung recht erfolgreich sein dürften. Andererseits könnten Sie auch den Wunsch verspüren, Ihre Kontakte zu Geschwistern und nahestehenden Verwandten neu zu beleben; sei es, um Erinnerungen auszutauschen oder weil es Sie interessiert, wie die anderen sich weiterentwickelt haben. Ganz allgemein begegnen Sie Ihrer Umwelt während dieser Phase mit mehr Interesse und Neugier. Dies schärft Ihre Wahrnehmung für Dinge, die sich in der nächsten Umgebung ereignen und dürfte Ihre Aufmerksamkeit auf Veränderungen lenken, die Ihnen bisher entgangen sind. Im *zeitlichen Ablauf* zeigt sich vor allem zur zweiten Monatshälfte hin eine überwiegend positive Strömung. Was Ihnen um den 12. nicht auf Anhieb gelingt, können Sie im letzten Monatsdrittel mit besseren Erfolgsaussichten nochmals versuchen.

Juni

DAS WETTER

Mit dem Eintritt der Sonne ins Krebszeichen am 21. Juni beginnt der Sommer. Es kommt jetzt auch zu einem Temperaturanstieg, der allerdings mehrmals durch Vorstöße kühler Meeresluft unterbrochen wird. Die mittlere Durchschnittstemperatur liegt für den Juni bei 16,4 Grad, bei einer mittleren Tages-Höchsttemperatur von 21 Grad. Die Mittagstemperaturen liegen an einigen Tagen über 30 Grad. Die Erwärmung begünstigt Niederschläge, zu denen es im Juni an zehn bis zwanzig Tagen kommt. Im zeitlichen Ablauf werden Schönwetterlagen um den 3., 13. und 25. Juni durch Einbrüche kühlerer Meeresluft unterbrochen.

IM JUNI

Mo. 1. Juni

Ein ruhiger Tag; keine besonderen Zwischenfälle. Laden Sie Freunde oder Verwandte ein. Sie werden sich dabei gut amüsieren. ***Tageskonstellationen:*** *(04:57) Mond Konjunktion Sonne:* Neumondstellung; symbolisiert Fruchtbarkeit, Neubeginn, Vereinigung von Yin und Yang (männlichem/weiblichem Prinzip). *(06:09) Mond Konjunktion Merkur:* Enge Verbindung von Gefühl und Verstand; Hang zu häufiger Meinungsänderung; manchmal Neuigkeit, ein unerwarteter Besuch. *(17:42) Mond Trigon Saturn (!):* Respekt; Anerkennung; Zuverlässigkeit und Pflichtgefühl. *(21:02) Mond Sextil Mars:* Begeisterung; Auftrieb; Einklang von Handeln und Fühlen.

Di. 2. Juni

Ein Anfang ist gemacht. Doch an das, was Sie heute in Gang gebracht haben, werden Sie noch einige Male Hand anlegen müssen, ehe es so läuft, wie Sie wollen. Erst dann zahlt sich die Mühe aus. ***Tageskonstellationen:*** *(12:58) Mond tritt ins Zeichen Krebs ein:* Prinzip: »Emotionale Empfänglichkeit«; Eindrucksfülle; Anhänglichkeit; Familiensinn; Traditionsbewußtsein; Fürsorglichkeit. Günstig für familiäre und häusliche Angelegenheiten. *(14:29) Mars Quincunx Pluto:* Gewalteinwirkung; Naturkatastrophe. *(21:59) Mars Anderthalb-Quadrat Jupiter:* Eine vergebliche Anstrengung; eine Straftat; ordnungs- oder gesetzeswidrige Handlung. Die Wirkung dieses Aspektes kann stärker zum Vorschein kommen, wenn Sie in der Zeit vom 13.–15.5. geboren sind. *(23:19) Mond Sextil Jupiter (!):* Verbundenheit; Genuß; Freundschaft; Güte; mit geringen Mitteln sehr viel erreichen.

Mi. 3. Juni

Es ist möglich, daß Sie sich unnötigerweise in eine schwierige Lage bringen. Zum Glück hält Sie jemand davor zurück, noch mehr

Fehler zu machen. *Tageskonstellationen: (17:37) Mond Opposition Uranus (!):* Unberechenbarkeit; plötzliche Veränderung; Ortswechsel. *(19:33) Mond Opposition Neptun:* Unklarheit; Zwielicht; Vernebelung; Flucht in Rauscherlebnisse; Auflösung einer Verbindung. *(20:13) Merkur Quincunx Uranus:* Störung; Konzentrationsmangel; technische Panne. *(23:40) Mond Trigon Pluto:* Standhaftigkeit; Mut; Zivilcourage.

Do. 4. Juni
Klären Sie eine Verwechslung bald auf. Sie bringen sich sonst in eine unbequeme Situation! In der Liebe erfahren Sie heute etwas Erfreuliches. *Tageskonstellationen: (01:32) Mond Quadrat Mars:* Unrast; Aggressivität; Widerspenstigkeit; rücksichtsloses Benehmen; Egoismus und Verletzungstendenz! *(08:52) Merkur Trigon Saturn:* Anerkennung; Würdigung; realistische Einschätzung. Die Wirkung dieses Aspektes kann noch stärker zum Vorschein kommen, wenn Sie in dem Zeitraum vom 10.–12.5. geboren sind. *(08:55) Merkur Quincunx Neptun (!):* Hoffnung; Sensibilität; unrealistische Einschätzung. *(14:35) Mond tritt ins Zeichen Löwe ein:* Prinzip: »Gefühlsbetonter Selbstausdruck«; Stolz; Gestaltungskraft; Lebenswille und Freude.

GZ: 8, 11, 17, 26, 32, 46

Fr. 5. Juni
Ein guter Tag, um Einkäufe oder Persönliches zu erledigen. Falls sich abends jemand mit Ihnen treffen will, können Sie unbesorgt zusagen. Sie werden sich bestens amüsieren. *Tageskonstellationen: (11:44) Mond Sextil Venus (!):* Schwärmerei; Romantik; Sehnsucht; Harmonie; Liebesgefühle. *(12:15) Merkur Quincunx Pluto:* Machtwille; Ehrgeiz. *(15:43) Mond Sextil Sonne:* Zustimmung; Einvernehmen; Harmonie. *(21:08) Mond Opposition Saturn:* Zurückweisung; Widerstand; Druck; Notlage; Armut; Angstgefühl. Kann bei entsprechender Veranlagung Depressionen auslösen.

Sa. 6. Juni
Bei Ihren Freunden und Bekannten finden Ihre Einfälle mehr Anklang, als bei Ihrem Partner. Sie werden wohl ein Zugeständnis machen müssen, wenn der Haussegen nicht verrutschen soll. *Tageskonstellationen: (01:16) Mond Quadrat Pluto (!):* Bedrängnis; Rücksichtslosigkeit; starker Druck; Zwang; Unterdrückung; Tyrannei. *(03:36) Mond Sextil Merkur:* Neuigkeit; erfreuliche Mitteilung; Einklang von Gefühl und Verstand. *(05:58) Mond Trigon Mars:* Initiative; Aktivität; Einklang von Fühlen und Handeln. *(16:28) Mond tritt ins Zeichen Jungfrau ein:* Prinzip: »Emotionales Unterscheidungsvermögen«; Lebensklugheit; Bescheidenheit; Sorgfalt.

Juni

So. 7. Juni (Pfingsten)
Sie zerbrechen sich wieder einmal den Kopf über Dinge, die noch gar nicht aktuell sind und es vielleicht auch nie sein werden. Wenden Sie sich lieber den angenehmen Seiten des Lebens zu und melden Sie sich bei guten Freunden! Hier haben Sie sich in letzter Zeit ziemlich rar gemacht. *Tageskonstellationen: (02:50) Merkur Sextil Mars:* Entscheidungskraft; Kurzentschlossenheit. Die Wirkung dieses Aspektes kann stärker zum Vorschein kommen, wenn Sie in der Zeit vom 16.–18.5. geboren sind. *(17:57) Sonne Quincunx Uranus:* Technischer Rückschlag; irregeleitete Reform; Fehlversuch.

Mo. 8. Juni (Pfingsten)
Melden Sie sich bei alten Freunden, wenn Ihnen Zuhause »die Decke auf den Kopf« fällt. Dort ist für Abwechslung gesorgt! In der Liebe sind Sie heute nicht so erfolgreich. *Tageskonstellationen: (03:50) Mond Sextil Pluto (!):* Neuordnung; innere Spannung; Ergründung verborgener Zusammenhänge und okkulte Interessen. *(15:23) Mond Quadrat Merkur:* Erhöhte Nervosität; Hang zu Flüchtigkeitsfehlern und Nachlässigkeiten. Nicht so günstig für Prüfungen und wichtige Gespräche. *(19:34) Mond tritt ins Zeichen Waage ein:* Prinzip: »Kontaktgefühl«; Geselligkeit; Kontaktfreude; Ausgleichsstreben; Harmonieempfinden; Geschmack. *(23:33) Sonne Quincunx Neptun:* Verunsicherung; Schwäche; Unsicherheit.

Di. 9. Juni
Daß sich in einer Herzenssache nicht alles zu Ihrer Zufriedenheit entwickelt, liegt nicht nur an Ihrem Partner. Sie selbst haben ja auch einige Ungereimtheiten in die Welt gesetzt. Am Abend haben Sie Gelegenheit zu einer Aussprache. *Tageskonstellationen: (00:15) Sonne Trigon Saturn:* Sachlichkeit; die Dinge realistisch einschätzen; Ehrgeiz; Anerkennung. Die Wirkung dieses Aspektes kann stärker zum Vorschein kommen, wenn Sie in der Zeit vom 10.–12.5. geboren sind. *(00:58) Venus Quincunx Uranus (!):* Irritation; Störung; aus der Rolle fallen. *(19:28) Merkur tritt ins Zeichen Krebs ein:* Gedankenreichtum; Phantasie; romantische Vorstellungen.

Mi. 10. Juni
Lassen Sie sich nicht von Nebensächlichkeiten aufhalten. Nur wenn Sie sich auf das Wesentliche konzentrieren, lassen sich heute gute Resultate erzielen. *Tageskonstellationen: (00:25) Venus Quincunx Neptun (!):* Trügerische Hoffnungen; Enttäuschung; Unverständnis. *(01:01) Venus Trigon Saturn:* Zufriedenheit; Formsinn; Einvernehmen; Vertiefung einer Beziehung. Die Wirkung dieses Aspektes kann stärker zum Vorschein kommen, wenn Sie in der Zeit vom 10.–12.5. geboren sind.

Do. 11. Juni

Über die Einzelheiten eines Geschäftes können Sie immer noch verhandeln. Im Moment zählt nur, ob Sie den Zuschlag auch wirklich bekommen, denn Sie sind nicht der einzige Interessent. *Tageskonstellationen: (11:02) Merkur Anderthalb-Quadrat Saturn:* Mangel; Fehlerhaftigkeit; Kritik; Pessimismus. Die Wirkung dieses Aspektes kann stärker sein, wenn Sie in der Zeit vom 24.–26.4. geboren sind. *(12:31) Sonne Quincunx Pluto:* Beeinflussung; Machtstreben.

GZ: 7, 24, 26, 34, 38, 46

Fr. 12. Juni

Warum wollen Sie sich leichtsinnig in Gefahr begeben? Nehmen Sie sich den Rat eines Freundes zu Herzen und blasen Sie eine umstrittene Aktion wieder ab. Aufgeschoben ist ja nicht aufgehoben! *Tageskonstellationen: (00:05) Venus Quincunx Pluto (!):* Unerfüllbarkeit und Unentschlossenheit. *(16:32) Merkur Anderthalb-Quadrat Pluto:* Hintergründigkeit; Zwangsvorstellungen. Die Wirkung dieses Aspektes kann stärker zum Vorschein kommen, wenn Sie in der Zeit vom 24.–26.4. geboren sind.

Sa. 13. Juni

Der Tag ist nicht besonders günstig, um Wohnungs- oder Familienangelegenheiten zu regeln. Die besten Ergebnisse erzielen Sie in der Freundschaft und im Beruf. Hier können Sie zeigen, was in Ihnen steckt. *Tageskonstellationen: (07:29) Mond tritt ins Zeichen Schütze ein:* Prinzip: »Emotionale Steigerung«; Idealismus; Begeisterungsfähigkeit; Glaube; Großzügigkeit. Günstig für philosophische Studien, Rechtsfragen und juristische Angelegenheiten. *(12:24) Merkur Sextil Jupiter:* Großzügige Geste; Versprechen; Gunst. Die Wirkung dieses Aspektes kann stärker zum Vorschein kommen, wenn Sie in der Zeit vom 27.–29.4. geboren sind. *(17:33) Venus Konjunktion Sonne:* Harmonie; Kunstsinn; Freundschaft; Liebe. Dieser Einfluß kann sich verstärkt bemerkbar machen, wenn Sie in der Zeit vom 13.–15.5. geboren sind. *(21:25) Mond Quadrat Jupiter (!):* Maßlosigkeit; Übertreibung; Prahlerei; schlechtes Benehmen.

So. 14. Juni

Ein ruhiger Tag ohne besondere Zwischenfälle. Frischen Sie alte Bekanntschaften auf. Man wird sich über Ihre Initiative freuen. *Tageskonstellationen: (16:56) Mars tritt ins Zeichen Stier ein:* Ausdauer; Leistungsvermögen; Schwerfälligkeit; Widerstandskraft. *(18:06) Mond Sextil Saturn (!):* Sorgfalt; Einklang innerer Bedürfnisse mit den äußeren Umständen.

Mo. 15. Juni

Für einen so unternehmungsfreudigen Menschen wie Sie es sind, verläuft der Tag zu ruhig. Beschäftigen Sie sich im häuslichen Bereich, oder mit Ihren Hobbys, wenn Ihnen die Decke auf den Kopf fallen sollte. Ein Treffen mit Freunden sorgt am Abend für Abwechslung. *Tageskonstellationen: (05:50) Mond Opposition Sonne:* Vollmondstellung. Symbolisiert Höhepunkt einer Entwicklung; in Erscheinung treten; die Dinge in einem neuen Licht sehen. *(06:43) Mond Opposition Venus:* Hochgefühl; Empfänglichkeit; Charme; jedoch Hang zur Übertreibung und Schwelgerei. *(16:50) Mond tritt ins Zeichen Steinbock ein:* Prinzip: »Gefühl reguliert«; Ausdauer; Durchhaltekraft; Beharrlichkeit; Zielstrebigkeit; Pflichtbewußtsein. *(18:21) Mond Trigon Mars (!):* Initiative; Aktivität; Einklang von Fühlen und Handeln.

Di. 16. Juni
Für das, was Sie vorhaben, gibt es keine Erfolgsgarantie. Doch wer nicht wagt, gewinnt auch nicht! Stellen Sie Ihr Glück auf die Probe. *Tageskonstellationen: (07:55) Mond Trigon Jupiter (!):* Anerkennung; Beliebtheit; Wohlbefinden; Glücksgefühl; Freude; Wohltat; Wunscherfüllung. *(19:17) Mond Opposition Merkur:* Widerspruch zwischen Denken und Fühlen; Nervosität; Unbeständigkeit.

Mi. 17. Juni
Ihr Bedürfnis nach Unabhängigkeit und Selbstdarstellung macht Sie ziemlich eigenwillig, zuweilen sogar egozentrisch. Sie dürfen sich daher nicht wundern, wenn einige Leute in Ihrer Umgebung kritische Kommentare abgeben. *Tageskonstellationen: (02:01) Mond Konjunktion Uranus (!):* Innere Unruhe; Gefühlsausbruch; plötzlicher Ortswechsel; kann bei entsprechender Veranlagung Angstgefühle verstärken; Verletzungstendenz! *(04:38) Mond Konjunktion Neptun:* Träumerei; Inspiration; oft auch Verwirrung, Unklarheit; Flucht in rauschartige Zustände. *(09:35) Mond Sextil Pluto:* Neuordnung; innere Spannung; Ergründung verborgener Zusammenhänge; okkulte Interessen.

Do. 18. Juni (Fronleichnam)
Unvorhergesehenes veranlaßt Sie dazu, Ihr Programm zu ändern. Doch klagen Sie nicht: was Sie dafür an Neuem erleben, hebt alle Terminänderungen auf. *Tageskonstellationen: (04:19) Mond tritt ins Zeichen Wassermann ein:* Prinzip: »Gefühle überwinden die Dualität«; Unabhängigkeit; Reformfreude; Fortschritt und Zukunftsglaube. *(09:48) Mond Quadrat Mars:* Unrast; Aggressivität; Widerspenstigkeit; rücksichtsloses Benehmen; Egoismus; Verletzungstendenz! *(16:49) Merkur Opposition Uranus (!):* Unordnung; Chaos; Störung; Sprunghaftigkeit; Unruhe; Skandal. Die Wirkung dieses Aspektes kann stärker zum Vorschein kommen, wenn Sie in

der Zeit vom 6.5.–9.5. geboren sind.

GZ: 10, 12, 16, 42, 46, 49

Fr. 19. Juni
Die besten Ergebnisse haben Sie mit bewährten Mitteln erzielt. Warum wollen Sie Ihre Vorgehensweise jetzt ändern? Machen Sie lieber weiter wie bisher. *Tageskonstellationen: (11:24) Merkur Quincunx Saturn (!):* Mangel; Verlust; Befürchtungen, bedrückende Gedanken. *(11:24) Merkur Opposition Neptun:* Vernebelung; Unklarheit; Vorspiegelung falscher Tatsachen. Die Wirkung dieses Aspektes kann stärker zum Vorschein kommen, wenn Sie in der Zeit vom 10.–12.5. geboren sind. *(12:24) Venus tritt ins Zeichen Krebs ein:* Empfindsamkeit; Romantiker/in; Anhänglichkeit; Streben nach Behaglichkeit und häuslichem Komfort.

Sa. 20. Juni
Warum sind Sie so versessen darauf, im Mittelpunkt zu stehen? Auf den hinteren Plätzen geht es heute viel interessanter zu. *Tageskonstellationen: (16:00) Mond Trigon Sonne:* Gegenseitiges Einvernehmen; Harmonie. *(16:59) Mond tritt ins Zeichen Fische ein:* Prinzip: »Gefühle lösen die Realität auf«; Mitgefühl; Hilfsbereitschaft; Auflösung einer Situation. *(20:18) Mond Trigon Venus:* Romantische Gefühle; Liebesgefühl; Anhäng-

lichkeit; Warmherzigkeit. *(23:15) Merkur Trigon Pluto (!):* Führung; Tiefgründigkeit; Enträtselung verborgener Dinge. Die Wirkung dieses Aspektes kann stärker zum Vorschein kommen, wenn Sie in der Zeit vom 10.–12.5. geboren sind.

So. 21. Juni
In einer Herzenssache dürfen Sie nicht die Geduld verlieren. Immerhin haben Sie ein großes Problem bereits gelöst. Für alles übrige findet sich möglicherweise noch heute ein Weg. *Tageskonstellationen: (02:30) Mond Sextil Mars:* Begeisterung; Auftrieb; Einklang von Handeln und Fühlen. *(04:15) Sonne tritt ins Zeichen Krebs ein:* Prinzip: »Energie wird absorbiert«; Empfindungskraft; Fruchtbarkeit; Inspiration; Eindrucksfülle. *(09:52) Mond Opposition Jupiter:* Maßlosigkeit; Schwelgerei; starke Übertreibung; enttäuschte Hoffnung. *(23:18) Venus Anderthalb-Quadrat Saturn (!):* Krise; Ärgernis; Ablehnung; Frustration. Die Wirkung dieses Aspektes kann stärker zum Vorschein kommen, wenn Sie in der Zeit vom 24.–26.4. geboren sind.

Mo. 22. Juni
Ohne Sie ginge es nicht, glauben Sie. Wie Sie sehen, geht es doch. Das nächste Mal werden Sie wohl wieder bescheidener sein. *Tageskonstellationen: (20:04) Merkur Halbquadrat Jupiter (!):* Großspu-

Juni

rige Worte; leere Versprechungen; Vorurteil. Die Wirkung dieses Aspektes kann stärker zum Vorschein kommen, wenn Sie in der Zeit vom 13.-15.5. geboren sind.

Di. 23. Juni
Hören Sie in einer Herzenssache nicht auf die Ratschläge anderer, sondern tun Sie das, was Ihnen Ihre innere Stimme sagt. *Tageskonstellationen: (05:03) Mond tritt ins Zeichen Widder ein:* Prinzip: »Gefühlsbetonte Aktivität«; impulsiv; Unternehmungsfreude; Übereifer. Günstig für Neubeginn. *(09:11) Mond Quadrat Sonne:* Unruhiger Tagesablauf; Nervosität; Disharmonie. *(14:56) Mond Quadrat Venus (!):* Widerstrebende Empfindungen; Spannungen mit oder zwischen Frauen.

Mi. 24. Juni
Warum wollen Sie aus einer Mücke einen Elefanten machen? Ihr Partner hat Ihnen schließlich auch schon manches nachgesehen. Seien Sie nicht so kleinlich. *Tageskonstellationen: (00:15) Venus Anderthalb-Quadrat Pluto (!):* Unerfülltes Verlangen; Frustration. Die Wirkung dieses Aspektes kann stärker zum Vorschein kommen, wenn Sie in der Zeit vom 24.-26.4. geboren sind. *(05:52) Sonne Anderthalb-Quadrat Saturn:* Schwäche; Hindernis. Dieser Einfluß kann sich verstärkt bemerkbar machen, wenn Sie in der Zeit vom 21.-23.4. geboren sind.

Do. 25. Juni
Aus einem gemeinsamen Vorhaben würden Sie am liebsten wieder aussteigen. Mittlerweile ist die Sache allerdings soweit fortgeschritten, daß dies nicht mehr ohne weiteres geht. Halten Sie Ihr Versprechen ein. *Tageskonstellationen: (09:37) Mond Quadrat Merkur:* Erhöhte Nervosität; Hang zu Flüchtigkeitsfehlern und Nachlässigkeiten. Nicht so günstig für Prüfungen und wichtige Gespräche. *(14:29) Mond tritt ins Zeichen Stier ein:* Prinzip: »Emotionales Festhalten«; Beständigkeit; Ausdauer; Konsolidierung; guter Formsinn; schwankende materielle Verhältnisse; Gefühlsstau. Günstig für Neuanschaffungen, Kauf/Verkauf. *(22:53) Mond Sextil Sonne (!):* Zustimmung; Einvernehmen und Harmonie.

GZ: 14, 23, 33, 37, 44, 49

Fr. 26. Juni
Nicht nur beruflich legen Sie ein Tempo an den Tag, bei dem andere kaum mithalten können. Sie neigen auch in der Liebe zu rasanten Eroberungen. Versprechen Sie dabei nicht mehr, als Sie halten können! *Tageskonstellationen: (14:19) Venus Sextil Mars (!):* Harmonie; Zusammenklang; Liebe; körperliches Verlangen. Die Wirkung dieses Aspektes kann stärker zum Vorschein kommen, wenn Sie in der Zeit vom 27.-29.4. geboren

sind. *(21:51) Sonne Anderthalb-Quadrat Pluto:* Machtstreben; Behinderung; Druck. Dieser Einfluß kann sich verstärkt bemerkbar machen, wenn Sie in der Zeit vom 24.–26.4. geboren sind. *(22:36) Venus Sextil Jupiter:* Verschönerung; Luxus; Ästhetik; Glück; erfolgreiche Spekulation. Die Wirkung dieses Aspektes kann stärker zum Vorschein kommen, wenn Sie in der Zeit vom 30.4.–2.5. geboren sind.

Sa. 27. Juni
Schwierige Situationen haben Sie schon mehrfach erfolgreich gemeistert. Diejenigen, die sich deshalb auf Sie verlassen, werden auch diesmal nicht enttäuscht. *Tageskonstellationen: (03:33) Mond Opposition Pluto (!):* Machtgier; Zwang; Druck; Gewalt und Bedrängnis. *(06:12) Merkur tritt ins Zeichen Löwe ein:* Gedankliche Unabhängigkeit; Mitteilungsfreude; Selbstüberschätzung und Prahlerei. *(20:14) Mond tritt ins Zeichen Zwillinge ein:* Prinzip: »Gefühlsbetontes Denken«; Neugier; Mitteilungsfreude; Vielseitigkeit; unbeständige Gefühle. Günstig für Studien, Besprechungen, Schriftliches. *(21:45) Mond Sextil Merkur:* Neuigkeit; erfreuliche Mitteilung; Einklang von Gefühl und Verstand.

So. 28. Juni
Erfüllte Wünsche ziehen weitere nach! Ziehen Sie sich geschickt aus der Affäre, wenn man Ansprüche an Sie richtet, die Sie nicht erfüllen können. *Tageskonstellationen: (12:17) Mond Quadrat Jupiter (!):* Maßlosigkeit; Übertreibung; Prahlerei; schlechtes Benehmen.

Mo. 29. Juni
Ein Tag, an dem Sie etwas unternehmen sollten. Verabreden Sie sich mit einem Freund oder einem Bekannten. Sie werden sich gut amüsieren. *Tageskonstellationen: (02:22) Mond Trigon Saturn (!):* Respekt; Anerkennung; Zuverlässigkeit; Pflichtgefühl. *(22:43) Mond tritt ins Zeichen Krebs ein:* Prinzip: »Emotionale Empfänglichkeit«; Eindrucksfülle; Anhänglichkeit; Familiensinn; Traditionsbewußtsein; Fürsorglichkeit.

Di. 30. Juni
Wenn Sie sich einmal für etwas entschieden haben, sollte es auch dabei bleiben. Wenn Sie heute umschwenken, könnte Ihnen das als Unzuverlässigkeit auslegt werden. Folgende Einflüsse mit zunehmender (+) oder nachlassender (–) Wirkung können sich heute zusätzlich bemerkbar machen: (+) Venus Opposition Uranus siehe → 2.7.

Juli 1992

Verschönern Sie Ihr Heim

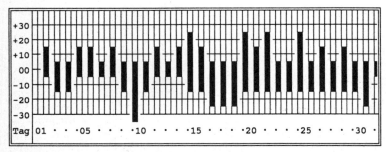

Juli 1992: Aktivierende (+) und hemmende (−) Einflüsse für Stier-Geborene

Die derzeit aktivierten Tendenzen lenken Ihr Interesse stark auf den Bereich der Familie, Ihr Zuhause und Ihre persönlichen Bedürfnisse. So dürfte es ganz normal sein, daß Sie sich jetzt nach Zurückgezogenheit sehnen und versuchen, Distanz vom Trubel des Alltags zu gewinnen. Die Zeit eignet sich ausgezeichnet, um Veränderungen in Ihrer häuslichen Umgebung vorzunehmen, sei es eine Renovierung oder andere Verschönerungsarbeiten, zu denen Sie bisher keine Zeit fanden. Etwaige Unklarheiten im Verhältnis zu anderen Familienmitgliedern lassen sich jetzt gut bereinigen und Sie sind offen und hilfsbereit für alle Fragen oder Probleme, die die nächsten Angehörigen betreffen. Während dieser Zeit identifiziert man sich – bewußt oder gefühlsmäßig – sehr stark mit Erinnerungen an die eigene Jugend und Kindheit. Dies könnte Sie dazu bewegen, in alten Fotoalben zu stöbern oder sich mit anderen Gegenständen zu beschäftigen, die Sie mit Ihrer Vergangenheit verbinden. Es wäre auch eine gute Zeit, um Ahnenforschung zu betreiben oder in irgendeiner anderen Form zu versuchen, mehr Licht ins Dunkel der eigenen Abstammung zu bringen. Im *zeitlichen Ablauf* zeigt sich die erste Monatshälfte etwa »wetterwendisch«, doch dürfte die zweite dafür um so erlebnisreicher ausfallen. Lassen Sie sich um den 9./10. Juli jedoch nichts vorflunkern; diese kritische Strömung macht Sie zu leichtgläubig.

Mi. 1. Juli
Ihr selbstbewußtes Auftreten erleichtert Ihnen vieles und man stimmt Ihren Vorschlägen meistens zu. Mit einer Forderung verlangen Sie von einem Freund am Abend allerdings zuviel. *Tageskonstellationen: (03:39) Mond Opposition Neptun:* Unklarheit; Zwielicht; Vernebelung; Flucht in Rauscherlebnisse; Auflösung einer Verbindung. *(07:50) Mond Trigon Pluto:* Standhaftigkeit; Mut; Zivilcourage. *(10:39) Sonne Sextil Jupiter (!):* Idealismus; Begeisterungsfähigkeit; Großzügigkeit; Optimismus; Zukunftsglaube. Die Wirkung dieses Aspektes kann stärker zum Vorschein kommen, wenn Sie in der Zeit vom 30.4.-2.5. geboren sind. *(23:16) Mond tritt ins Zeichen Löwe ein:* Prinzip: »Gefühlsbetonter Selbstausdruck«; Stolz.

Do. 2. Juli
Man fragt sich, welche Laus Ihnen heute über die Leber gelaufen sein mag. Warum gehen Sie wegen jeder Kleinigkeit in die Luft? Zügeln Sie Ihre Impulsivität! Mit Temperamentsausbrüchen erreichen Sie jetzt wenig. *Tageskonstellationen: (09:37) Mond Konjunktion Merkur:* Enge Verbindung von Gefühl und Verstand; Hang zu häufiger Meinungsänderung; manchmal Neuigkeit, ein unerwarteter Besuch. *(17:35) Venus Opposition Uranus:* Eigensinn; aus der Reihe tanzen; abartige Wünsche. Die Wirkung dieses Aspektes kann stärker zum Vorschein kommen, wenn Sie in der Zeit vom 6.5.-9.5. geboren sind. *(20:29) Mond Quadrat Mars (!):* Unrast; Aggressivität; Widerspenstigkeit; rücksichtsloses Benehmen; Egoismus.

GZ: 8, 16, 19, 31, 45, 49

Fr. 3. Juli
Je realistischer Sie die Situation in einer Freundschaft oder Liebesbe-

---

DAS WETTER

Mit einer mittleren Durchschnittstemperatur von 18 Grad und mittleren Tageshöchsttemperaturen von 23 Grad ist der Juli der wärmste Monat des Jahres. Die mittleren Maximaltemperaturen am Mittag können bis zu 40 Grad erreichen, die mittlere Tiefstemperatur liegt im Durchschnitt bei 2 Grad. In einem Zyklus von ca. 4 Jahren ist der Juli der niederschlagsreichste Monat des Jahres, wobei mit sieben Gewittertagen gerechnet wird. Im zeitlichen Ablauf setzt sich zum Monatsbeginn eine stabile Hochdrucklage, das »Azorenhoch«, durch, und verspricht eine stabile Schönwetterperiode. Um den 7. wird die Witterung oft wechselhaft, wobei Regen und frische Meeresluft für Abkühlung sorgen. Vom ca. 12.-20. Juli wird es wiederum schön, danach Witterungsumschwung mit Niederschlägen. Zum Monatsende trockenes und hochsommerlich warmes Wetter.

Juli

ziehung einschätzen, um so leichter wird es Ihnen gelingen, ein gemeinsames Problem zu lösen. Sie erkennen bislang verborgene Gemeinsamkeiten, die es zwischen Ihnen und anderen gibt. *Tageskonstellationen: (17:41) Venus Quincunx Saturn:* Mißerfolg; Ablehnung; deprimierte Stimmung. *(22:35) Venus Opposition Neptun (!):* Überempfindlichkeit; Schwäche; Auflösung einer Bindung. Die Wirkung dieses Aspektes kann stärker zum Vorschein kommen, wenn Sie in der Zeit vom 6.5.–9.5. geboren sind.

Sa. 4. Juli

Man gibt Ihnen Gelegenheit, Ihr Können unter Beweis zu stellen. Ihre Erfolgschancen sind gut; doch übernehmen Sie sich nicht. Auch Sie haben Ihre Grenzen. *Tageskonstellationen: (16:30) Mond Konjunktion Jupiter:* Beliebtheit; Popularität; Güte; instinktiv das Richtige tun; Glück, Gewinn. *(21:05) Mond Sextil Sonne:* Zustimmung; Einvernehmen; Harmonie. *(23:51) Mond Trigon Mars (!):* Initiative; Aktivität; Einklang von Fühlen und Handeln.

So. 5. Juli

Nichts kommt Ihnen so gelegen, wie die Veränderungen, die sich plötzlich in einer Herzenssache ergeben. Manchmal ist auf das Glück eben doch noch Verlaß. *Tageskonstellationen: (02:11) Mond Trigon Uranus:* Originalität; Einfallsreichtum; positive Veränderung. *(04:45) Mond Trigon Neptun:* Phantasie; Inspiration; vielversprechende Vorahnung. *(07:38) Mond Sextil Venus (!):* Schwärmerei; Romantik; Sehnsucht; Harmonie; Liebesgefühle. *(09:10) Mond Sextil Pluto:* Neuordnung; innere Spannung; Ergründung verborgener Zusammenhänge.

Mo. 6. Juli

In der Liebe hatten Sie in letzter Zeit nicht so viel Erfolg; das könnte sich heute aber ändern. Sagen Sie zu, wenn sich am Abend jemand mit Ihnen verabreden möchte. *Tageskonstellationen: (01:21) Venus Trigon Pluto (!):* Erotik; Leidenschaft; Begierde. Die Wirkung dieses Aspektes kann stärker zum Vorschein kommen, wenn Sie in der Zeit vom 10.–12.5. geboren sind. *(08:36) Merkur Halbsextil Jupiter:* Zuversicht; Optimismus; Vertrauen. *(20:43) Mars Trigon Uranus:* Fortschritt; neue Technik; Spontaneität. Dieser Einfluß kann sich verstärkt bemerkbar machen, wenn Sie in der Zeit vom 6.5.–9.5. geboren sind.

Di. 7. Juli

Dies wird ein unberechenbarer Tag, der Ihre Pläne ziemlich durcheinanderbringen kann. Nehmen Sie sich deshalb nicht noch mehr vor, als Sie ohnehin schon erledigen müssen. Vermeiden Sie es auch, weitreichende Entscheidungen über private oder geschäftliche

Dinge zu treffen. *Tageskonstellationen: (23:38) Sonne Opposition Uranus (!):* Riskantes Unternehmen; technisches Versagen; Sturz; Einbruch; Unfall- und Verletzungstendenz. Die Wirkung dieses Aspektes kann stärker zum Vorschein kommen, wenn Sie in der Zeit vom 6.5.–9.5. geboren sind.

Mi. 8. Juli
Dieser harmonische Tag eignet sich ausgezeichnet, um Verhandlungen oder Gespräche zu führen. Wer auf Reisen ist wird ebenfalls viel erleben. Verbringen Sie den Abend mit jemandem, mit dem Sie sich auch gut über persönliche Fragen unterhalten können. *Tageskonstellationen: (05:54) Mond tritt ins Zeichen Skorpion ein:* Prinzip: »Emotionale Verbindlichkeit«; Ausdauer; Kampfgeist; Reizbarkeit. Interesse für verborgene und okkulte Dinge. *(11:08) Mars Quadrat Saturn:* Hemmung; Hindernis; Widerstand; Nötigung; Erpressung; Sturz; Zusammenbruch. Die Wirkung dieses Aspektes kann stärker zum Vorschein kommen, wenn Sie in der Zeit vom 6.5.–9.5. geboren sind. *(23:57) Mars Trigon Neptun (!):* Soziales Engagement; Hilfsbereitschaft; verborgene Kräfte. Dieser Einfluß kann sich verstärken, wenn Sie in der Zeit vom 6.5.–9.5. geboren sind.

Do. 9. Juli
Ihr Entschluß, ein Mißverständnis aufzuklären, ist in jedem Fall zu begrüßen. Damit zeigen Sie der Gegenseite, daß es Ihnen nicht an gutem Willen mangelt. *Tageskonstellationen: (04:20) Sonne Quincunx Saturn:* Mangel an Selbstvertrauen; Pessimismus. *(14:31) Sonne Opposition Neptun:* Verblendung; Uneinsichtigkeit; Unklarheit; Täuschung; Zersetzung; Vergiftung; Gefahr durch Flüssigkeiten, Wasser oder chemische Stoffe. Die Wirkung dieses Aspektes kann stärker sein, wenn Sie in der Zeit vom 6.5.–9.5. geboren sind.

GZ: 3, 26, 28, 46, 48, 49

Fr. 10. Juli
Ein Vorschlag von Ihnen wird mit Begeisterung aufgenommen. Damit hatten Sie allerdings nicht gerechnet. Andere Pläne müssen nun verschoben werden. *Tageskonstellationen: (04:38) Mond Trigon Venus:* Romantische Gefühle; Liebesgefühl; Anhänglichkeit; Warmherzigkeit. *(13:17) Mond tritt ins Zeichen Schütze ein:* Prinzip: »Emotionale Steigerung«; Idealismus; Begeisterungsfähigkeit; Glaube; Großzügigkeit. Günstig für die philosophischen Studien, Rechtsfragen und juristische Angelegenheiten. *(22:09) Venus Halbquadrat Jupiter (!):* Vergnügungssucht; Spieler; Spekulationen. Die Wirkung dieses Aspektes kann stärker zum Vorschein kommen, wenn Sie in der Zeit vom 16.–18.5. geboren sind.

Sa. 11. Juli

Möglicherweise will sich jemand mit Ihnen verabreden, den Sie schon länger nicht mehr gesehen haben. Sagen Sie zu! Es gibt interessante Neuigkeiten. *Tageskonstellationen: (10:01) Sonne Sextil Mars (!):* Vitalität; Aktivität; Einsatzfreude. Die Wirkung dieses Aspektes kann stärker zum Vorschein kommen, wenn Sie in der Zeit vom 10.–12.5. geboren sind. *(11:03) Mond Quadrat Jupiter:* Maßlosigkeit; Übertreibung; Prahlerei; schlechtes Benehmen. *(17:34) Mond Trigon Merkur:* Gute Nachricht; ein konstruktives Gespräch; vielversprechende Bekanntschaft. *(21:52) Mond Sextil Saturn:* Sorgfalt; Gewissenhaftigkeit; Einklang innerer Bedürfnisse mit den äußeren Umständen.

So. 12. Juli

Dieser spannungsreiche Tag verlangt in jeder Hinsicht Vorsicht und kluges Taktieren. Lassen Sie sich nicht durch eine dumme Bemerkung aus der Reserve locken. *Tageskonstellationen: (09:58) Sonne Trigon Pluto:* Führungskraft und Durchsetzungsvermögen; Verantwortung; Mut; politischer Erfolg. Die Wirkung dieses Aspektes kann stärker zum Vorschein kommen, wenn Sie in der Zeit vom 10.–12.5. geboren sind. *(18:19) Mars Opposition Pluto (!):* Gewalteinwirkung; Angriff; Herausforderung; Destruktivität; Zerstörungskraft; eine Naturkatastrophe (Erdbeben, Vulkanausbruch). Dieser Einfluß kann sich verstärkt bemerkbar machen, wenn Sie in der Zeit vom 10.–12.5. geboren sind. *(23:15) Mond tritt ins Zeichen Steinbock ein:* Prinzip: »Gefühl reguliert«; Ausdauer; Durchhaltekraft; Beharrlichkeit; Zielstrebigkeit und Pflichtbewußtsein.

Mo. 13. Juli

Ihre Unruhe könnte Sie zu Entscheidungen drängen, die Sie später bereuen würden. Legen Sie sich deshalb nicht unnötig fest! *Tageskonstellationen: (13:28) Merkur Quincunx Uranus (!):* Störung; Konzentrationsmangel; technische Panne. *(22:08) Venus tritt ins Zeichen Löwe ein:* Herzlichkeit; Ausdrucksstärke; Geselligkeit; der Hang zu Luxus und Vergnügungen. *(22:39) Mond Trigon Jupiter:* Anerkennung; Beliebtheit; Wohlbefinden; Glücksgefühl; Güte; Freude; Wohltat und Wunscherfüllung.

Di. 14. Juli

Um Ihr Ziel schneller zu erreichen, dürfen Sie nicht mogeln. Wenn man merkt, daß Sie eine Abkürzung eingeschlagen haben, müssen Sie möglicherweise wieder von vorn beginnen. Folgende Einflüsse mit zunehmender (+) oder nachlassender (–) Wirkung können sich heute zusätzlich bemerkbar machen: (–) Sonne Sextil Mars siehe → 11.7., (+) Merkur Opposition Saturn siehe → 15.7.

Mi. 15. Juli
Stellen Sie keine Behauptungen auf, die Sie nicht belegen können. Damit heizen Sie nur die Gerüchteküche an. Zuhause werden Sie vor eine Entscheidung gestellt. *Tageskonstellationen: (11:03) Mond tritt ins Zeichen Wassermann ein:* Prinzip: »Gefühle überwinden die Dualität«; Unabhängigkeit; Reformfreude; Fortschritt; Zukunftsglaube. *(15:18) Mond Opposition Venus:* Hochgefühl; Empfänglichkeit; Charme; jedoch Hang zur Übertreibung und Schwelgerei. *(20:06) Merkur Opposition Saturn (!):* Strenge; Drohung; Widerstand; Hindernis; Fehlschlag; Absage. Die Wirkung dieses Aspektes kann stärker zum Vorschein kommen, wenn Sie in der Zeit vom 6.5.–9.5. geboren sind.

Do. 16. Juli
Beruflich und im Haushalt geht Ihnen die Arbeit zügig von der Hand. Für die Abwechslung, die Sie sich abends wünschen, müssen Sie allerdings selbst sorgen. *Tageskonstellationen: (20:46) Mond Konjunktion Saturn (!):* Stimmungstief, seelische Belastung oder Angstgefühle. Kann bei entsprechender Veranlagung Depressionen auslösen. *(21:32) Mond Opposition Merkur:* Widerspruch zwischen Denken und Fühlen; Nervosität; Unbeständigkeit; Streitgespräch.

GZ: 3, 4, 6, 29, 33, 45

Fr. 17. Juli
Man sträubt sich gegen Ihr Vorhaben. Die Argumente dafür sind allerdings auch nicht aus der Luft gegriffen. Überschlafen Sie Ihren Plan noch einmal! *Tageskonstellationen: (03:54) Mond Quadrat Pluto:* Bedrängnis; Rücksichtslosigkeit; Druck; Zwang; Unterdrückung; Tyrannei. *(10:37) Mond Quadrat Mars (!):* Starke Unrast; Aggressivität; Widerspenstigkeit; rücksichtsloses Benehmen; Egoismus und Verletzungstendenz! *(23:44) Mond tritt ins Zeichen Fische ein:* Prinzip: »Gefühle lösen die Realität auf«; Mitgefühl; Auflösung einer Situation.

Sa. 18. Juli
Wer Sie um Hilfe bittet, erwartet konkrete Vorschläge. Damit können aber auch Sie nicht in allen Fällen dienen. Lassen Sie keine falschen Hoffnungen aufkommen. *Tageskonstellationen: (06:21) Merkur Quincunx Neptun (!):* Hoffnung; Sensibilität.

So. 19. Juli
Wenn Sie Ihre Kasse durch ein kleines Nebengeschäft aufbessern können, sollten Sie es tun. Sie hatten in letzter Zeit ohnehin einiges an zusätzlichen Kosten. Aber verplanen Sie nicht gleich auch die nächsten Wochenenden dafür. *Tageskonstellationen: (01:28) Mond Opposition Jupiter (!):* Maßlosigkeit; Schwelgerei; Übertreibung; enttäuschte Hoffnung. *(07:14)*

Mond Sextil Uranus: Eine ersehnte Abwechslung; Anregung; Originalität; Veränderungsfreude. *(10:43) Mond Sextil Neptun:* Fördert Intuition; Inspiration; Einfühlungsvermögen; manchmal Hang, die Dinge einseitig positiv zu sehen. *(16:31) Mond Trigon Pluto:* Standhaftigkeit; Mut; Zivilcourage.

Mo. 20. Juli
Bestimmte Dinge sehen Sie einfach zu idealistisch. Finden Sie sich damit ab, daß nicht alles Wünschenswerte auch machbar ist. *Tageskonstellationen: (12:26) Sonne Halbquadrat Jupiter (!):* Viel versprechen und wenig halten; Anmaßung; Schwelgerei; Hang zur Überheblichkeit. Eher ungünstig für Rechtliches. Die Wirkung dieses Aspektes kann stärker sein, wenn Sie in der Zeit vom 19.–21.5. geboren sind.

Di. 21. Juli
Wenn Sie so gut gelaunt sind wie heute, nehmen Sie eine Einladung gerne an. Dabei werden Sie interessante Neuigkeiten erfahren. Folgende Einflüsse mit zunehmender (+) oder nachlassender (–) Wirkung können sich heute zusätzlich bemerkbar machen: (–) Sonne Halbquadrat Jupiter siehe → 20.7., (+) Merkur Opposition Saturn siehe → 25.7.

Mi. 22. Juli
Jemand gibt sich große Mühe, Ihren Erwartungen gerecht zu werden. Anstatt so zu tun, als würden Sie nichts merken, sollten Sie lieber mal ein Lob aussprechen. *Tageskonstellationen: (12:45) Merkur Quincunx Neptun:* Hoffnung; Sensibilität; unrealistische Einschätzung. *(15:09) Sonne tritt ins Zeichen Löwe ein:* Prinzip: »Energie und Entfaltung«; Ausdrucksfülle; schöpferische Energie; Selbstbewußtsein; Stärke; Stolz; Selbstvertrauen. *(22:37) Mond tritt ins Zeichen Stier ein:* Prinzip: »Emotionales Festhalten«; Beständigkeit; Ausdauer; Konsolidierung; Formsinn; schwankende materielle Verhältnisse; Gefühlsstau. Günstig für Neuanschaffungen, Kauf/Verkauf. *(23:13) Mond Quadrat Sonne (!):* Unruhiger Tagesablauf; Nervosität; Disharmonie.

Do. 23. Juli
Ein angenehmer Tag, an dem Sie viel unternehmen können. Wenn Ihnen jemand für heute abend ein Treffen vorschlägt, sollten Sie zustimmen; Sie werden sich gut verstehen. *Tageskonstellationen: (21:37) Mond Quadrat Venus (!):* Widerstrebende Empfindungen; Spannungen mit oder zwischen Frauen.

GZ: 8, 13, 37, 40, 45, 49

Fr. 24. Juli
Auf eine Änderung waren Sie nicht vorbereitet. Doch entstehen Ihnen dadurch nicht nur Unbequemlich-

keiten. Bald sind Sie sogar froh, daß alles so gekommen ist. Folgende Einflüsse mit zunehmender (+) oder nachlassender (–) Wirkung können sich heute zusätzlich bemerkbar machen: (+) Merkur Opposition Saturn siehe → 25.7., (+) Mars Anderthalb-Quadrat Uranus siehe → 27.7.

Sa. 25. Juli
Wenn Sie keine Unterstützung für eine Idee finden, versuchen Sie Ihr Glück eben alleine. Besonders viel schiefgehen kann bei Ihrem Vorhaben nichts. *Tageskonstellationen: (04:07) Venus Halbsextil Jupiter (!):* Glücksspiel; kleinere Gewinne; Wohlwollen. *(23:53) Merkur Opposition Saturn:* Strenge; Drohung; Widerstand; Hindernis; Fehlschlag; Absage. Die Wirkung dieses Aspektes kann stärker sein, wenn Sie in der Zeit vom 6.5.–9.5. geboren sind.

So. 26. Juli
Eine unangenehme Erfahrung sollte Sie nicht dazu veranlassen, für den Rest dieses Tages Trübsal zu blasen. Das letzte Wort in dieser Sache ist noch nicht gesprochen. *Tageskonstellationen: (08:48) Venus Quincunx Uranus:* Irritation; Störung; aus der Rolle fallen. *(16:42) Merkur Konjunktion Venus:* Kontaktfreudigkeit; anregendes Gespräch; neue Bekanntschaft; charmante Redensart. Die Wirkung dieses Aspektes kann stärker zum Vorschein kommen, wenn Sie in der Zeit vom 6.5.–9.5. geboren sind. *(20:00) Mars tritt ins Zeichen Zwillinge ein:* Dynamik; Beweglichkeit; überlegter Kräfteeinsatz. *(22:09) Venus Opposition Saturn (!):* Ernüchterung; Abkühlung; beoder verhinderte Liebe; Abweisung. Dieser Einfluß kann sich verstärken, wenn Sie in der Zeit vom 6.5.–9.5. geboren sind.

Mo. 27. Juli
Einer Neuigkeit gewinnen Sie nicht mehr viel ab. Sie wußten längst Bescheid und haben auch Ihre Konsequenzen schon gezogen. *Tageskonstellationen: (05:37) Mars Anderthalb-Quadrat Uranus:* Technisches Versagen; Explosion; Zusammensturz; Unglück im Luftverkehr. Die Wirkung dieses Aspektes kann stärker zum Vorschein kommen, wenn Sie in der Zeit vom 21.–23.4. geboren sind. *(09:09) Mond tritt ins Zeichen Krebs ein:* Das Prinzip: »Emotionale Empfänglichkeit«; Eindrucksfülle; Anhänglichkeit; Familiensinn; Traditionsbewußtsein; Fürsorglichkeit. Sehr günstig für familiäre und häusliche Angelegenheiten. *(12:26) Merkur Quincunx Uranus:* Störung; Konzentrationsmangel; technische Panne. *(19:40) Venus Quincunx Neptun (!):* Trügerische Hoffnungen; Enttäuschung.

Di. 28. Juli
Die Aussichten auf ein gutes Geschäft sind verlockend. Sie müssen aber auch Ihre finanziellen Mög-

lichkeiten berücksichtigen. Besonders große Sprünge sollten Sie sich zur Zeit besser nicht leisten. *Tageskonstellationen: (18:14) Merkur Halbsextil Jupiter (!):* Zuversicht; Optimismus; Vertrauen.

Mi. 29. Juli
Sie fühlen sich benachteiligt. Dabei haben Sie dazu gar keinen Grund. Passen Sie auf, daß man Sie nicht für undankbar hält, sonst gehen Sie das nächste Mal vielleicht leer aus. *Tageskonstellationen: (09:40) Mond tritt ins Zeichen Löwe ein:* Prinzip: »Gefühlsbetonter Selbstausdruck«; Stolz; Gestaltungskraft; Lebenswille; Freude. *(12:34) Mond Sextil Mars:* Begeisterung; Auftrieb; Einklang von Handeln und Fühlen. *(20:09) Mars Anderthalb-Quadrat Neptun:* Fehlschlag; Mißlingen; irregeleitete Energie. Die Wirkung dieses Aspektes kann stärker zum Vorschein kommen, wenn Sie in der Zeit vom 21.-23.4. geboren sind. *(20:36) Mond Konjunktion Sonne (!):* Neumondstellung; symbolisiert Fruchtbarkeit, Neubeginn, Vereinigung von Yin und Yang (männlichem/weiblichem Prinzip).

Do. 30. Juli
Ob es eine alte oder neue Liebe ist, die Ihr Herz auf höchsten Bahnen kreisen läßt, spielt keine Rolle. Was zählt, ist die Authentität , mit der Ihre Gefühle erwidert werden. *Tageskonstellationen: (07:30) Venus Quadrat Pluto:* Verführung; hintergründige Motive; Zwang. Die Wirkung dieses Aspektes kann stärker zum Vorschein kommen, wenn Sie in der Zeit vom 10.-12.5. geboren sind.

GZ: 12, 14, 25, 28, 45, 46

Fr. 31. Juli
Ein Vorhaben nimmt andere Formen an, als Sie gedacht haben. Trotzdem können Sie stolz auf sich sein; immerhin haben Sie eine wichtige Entwicklung in Gang gebracht. *Tageskonstellationen: (09:01) Mond tritt ins Zeichen Jungfrau ein:* Prinzip: »Emotionales Unterscheidungsvermögen«; Lebensklugheit; Bescheidenheit; Sorgfalt. Günstig für Planungsarbeiten, Analysen. *(14:08) Mond Quadrat Mars:* Unrast; Aggressivität; Widerspenstigkeit; rücksichtsloses Benehmen; Egoismus; Verletzungstendenz! *(20:45) Jupiter Trigon Uranus (!):* Originalität; Geschäftstüchtigkeit; ungewöhnliche Ideen in die Tat umsetzen; unerwarteter Gewinn; Glücksfall. Die Wirkung dieses Aspektes kann stärker zum Vorschein kommen, wenn Sie in der Zeit vom 6.5.-9.5. geboren sind.

August 1992

Kreative Potentiale erkennen und nutzen

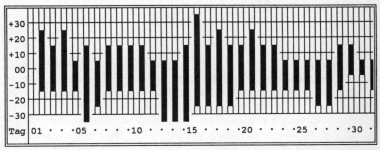

August 1992: Aktivierende (+) und hemmende (−) Einflüsse für Stier-Geborene

Im August gewinnen Einflüsse die Oberhand, die Ihre Vitalität und Lebensfreude stimulieren. Dies zeigt sich einerseits darin, daß Sie bewußter leben und in Ihrer Freizeit auch solche Aktivitäten entwickeln, für die Ihnen bisher der nötige Antrieb gefehlt hat. Das Leben erscheint Ihnen auf einmal so bunt und abwechslungsreich, daß sich die Frage stellen mag, warum Sie Dinge, die Sie heute mit Freude und Begeisterung erfüllen, nicht schon zuvor getan haben. Andererseits hegen Sie sehr optimistische Gefühle und sind offen für Anregungen und Impulse, die Ihnen helfen, Ihre eigenen kreativen Potentiale besser zu erkennen und zu entfalten. Wenn Sie in einem gestaltenden oder künstlerischen Beruf tätig sind, mag dies in besonderer Weise zutreffen, so daß Sie jetzt eine sehr schöpferische und produktive Phase erleben. Vergnügungen und der Wunsch, das Leben vor allem von der angenehmen Seite anzugehen, könnten Sie allerdings auch ein bißchen dazu verleiten, Ihre Arbeit und Ihre übrigen Verpflichtungen zu vernachlässigen; dem sollten Sie dann entgegenwirken, damit Ihnen keine Nachteile entstehen. Im *zeitlichen Ablauf* wird der August in jeder Hinsicht durch Extreme geprägt. Vor allem in der Zeit von ca. dem 12. bis zum 22. sind Sie emotional in einer ziemlich labilen Verfassung. Machen Sie keine Zusagen, die Sie später nicht einhalten können.

August

DAS WETTER

Mit einer Durchschnittstemperatur von 17.1 Grad und mittleren Tageshöchsttemperaturen von 22 Grad ist der August nicht ganz so heiß wie der Juli. An mindestens sieben Tagen liegen die Maximaltemperaturen bei 25 Grad, mindestens einmal steigt das Thermometer auf Werte über 30 Grad. Im zeitlichen Ablauf herrscht zu Monatsbeginn eine stabile Schönwetterlage, die bis ca. 7. August zu einer weiteren Erwärmung führt. Mitte August bis ca. 22. wechselhaft und Durchzug von Regengebieten. Zum Monatsende wieder sonnig und warm, bei leichtem Temperaturrückgang in den Abend- und Nachtstunden.

IM AUGUST

Sa. 1. August

Ein Tapetenwechsel bewirkt manchmal Wunder. Besuchen Sie einen Freund oder eine Freundin, die Sie schon länger nicht mehr gesehen haben. Die Wiedersehensfreude beruht ganz auf Gegenseitigkeit! ***Tageskonstellationen:*** *(09:03) Mond Trigon Uranus (!):* Originalität; Einfallsreichtum; positive Veränderung. *(09:14) Mond Konjunktion Jupiter:* Beliebtheit; Popularität; Güte; instinktiv das Richtige tun; Glück, Gewinn. *(12:05) Mond Trigon Neptun:* Phantasie; Inspiration; vielversprechende Vorahnung. *(17:14) Mond Sextil Pluto:* Neuordnung; innere Spannung; Ergründung verborgener Zusammenhänge.

So. 2. August

In Ihren Ansichten und Entscheidungen sind Sie im Augenblick etwas einseitig und subjektiv. Abgesehen davon, daß Ihre Umwelt unter diesen Bedingungen wenig Interesse und Entgegenkommen zeigt, besteht auch die Gefahr, daß Sie wichtige Details einer Sache übersehen oder Fehlentscheidungen treffen. Versuchen Sie in dieser Hinsicht ausgewogener zu sein, und bauen Sie Ihre Vorurteile ab. ***Tageskonstellationen:*** *(09:17) Mond tritt ins Zeichen Waage ein:* Prinzip: »Kontaktgefühl«; Geselligkeit; Kontaktfreude; Ausgleichsstreben; Harmonieempfinden und Geschmack. *(16:57) Mond Trigon Mars:* Initiative; Aktivität; Einklang von Fühlen und Handeln. *(19:40) Jupiter Quincunx Saturn:* Umfangreiche oder langfristige Pläne schmieden; Geschäftserfolg; Ansehen. *(21:44) Merkur Konjunktion Sonne (!):* Selbsterkenntnis; Gesprächsfreude; Neuigkeit. Die Wirkung dieses Aspektes kann stärker sein, wenn Sie in der Zeit vom 30.4.–2.5. geboren sind.

Mo. 3. August

Sie sind mit Ihren eigenen Gedanken beschäftigt. Deshalb achten Sie auch nur mit halbem Ohr auf das, was die anderen sagen. Das könnte von Nachteil sein. Folgende Einflüsse mit zunehmender (+) oder nachlassender (–) Wirkung können sich heute zusätzlich bemerkbar machen: (–) Jupiter Trigon Uranus siehe → 31.7., (+) Jupiter Trigon Neptun siehe → 9.8.

Di. 4. August
Ein herzliches Wort zur rechten Zeit öffnet Ihnen verschlossene Türen. Besonders viel Überwindung wird Sie die Aktion übrigens nicht kosten: Sie haben es mit sympathischen Leuten zu tun. *Tageskonstellationen:* (05:38) *Mond Sextil Venus (!):* Schwärmerei; Romantik; Sehnsucht; Harmonie; Liebesgefühle. *(12:16) Mond tritt ins Zeichen Skorpion ein:* Prinzip: »Emotionale Verbindlichkeit«; Ausdauer; Kampfgeist; Reizbarkeit. Interesse für verborgene und okkulte Dinge.

Mi. 5. August
Bestimmte Vorstellungen, die Sie haben, sind zwar recht interessant, dürften im Augenblick aber kaum realisierbar sein. Arbeiten Sie noch ein wenig an Ihren Plänen. Folgende Einflüsse mit zunehmender (+) oder nachlassender (–) Wirkung können sich heute zusätzlich bemerkbar machen: (+) Venus Anderthalb-Quadrat Uranus siehe → 7.8., (+) Merkur Sextil Mars siehe → 7.8., (+) Sonne Opposition Saturn siehe → 7.8., (+) Jupiter Trigon Neptun siehe → 9.8.

Do. 6. August
Insgeheim haben Sie das Gefühl, man würde Ihre Bemühungen nicht angemessen würdigen. Haben Sie Geduld: Eines nicht mehr allzufernen Tages zahlt sich Ihr Einsatz aus. *Tageskonstellationen:* *(00:37) Mond Konjunktion Pluto:* Bedrängnis; Zwang; Fanatismus; Unterdrückung. *(17:37) Mond Quadrat Venus (!):* Widerstrebende Empfindungen; Spannungen mit oder zwischen Frauen. *(18:57) Mond tritt ins Zeichen Schütze ein:* Prinzip: »Emotionale Steigerung«; Idealismus; Begeisterungsfähigkeit; Glaube und Großzügigkeit. Günstig für philosophische Studien, Rechtsfragen und juristische Angelegenheiten.

GZ: 8, 24, 26, 42, 47, 49

Fr. 7. August
Sorgen Sie dafür, daß eine familiäre Angelegenheit auch in der Familie bleibt. Andernfalls ist es nicht verwunderlich, wenn bald die wildesten Gerüchte in der Verwandtschaft zirkulieren. *Tageskonstellationen:* *(04:37) Sonne Quincunx Uranus:* Ein technischer Rückschlag; irregeleitete Reform; ein Fehlversuch. *(05:12) Venus Anderthalb-Quadrat Uranus (!):* Verwirrung; Dissonanz; Störung. Die Wirkung dieses Aspektes kann stärker zum Vorschein kommen, wenn Sie in der Zeit vom 19.–21.5. geboren sind. *(07:27) Venus tritt ins Zeichen Jungfrau ein:* Behutsamkeit; Sinnlichkeit; Ordnungsliebe; manchmal Hang zur Überemp-

August

findlichkeit. *(08:41) Merkur Sextil Mars:* Entscheidungskraft; Kurzentschlossenheit. Dieser Einfluß kann sich verstärkt bemerkbar machen, wenn Sie in der Zeit vom 27.–29.4. geboren sind. *(10:54) Sonne Opposition Saturn:* Einschränkung; Schwäche; Widerstand; Ablehnung; Härte; Notlage. Die Wirkung dieses Aspektes kann stärker zum Vorschein kommen, wenn Sie in der Zeit vom 6.5.–9.5. geboren sind.

Sa. 8. August
Ihr Gefühlsleben ist heute etwas wechselhaft. Da trifft es sich gut, daß sich Ihr Tagesprogramm im Rahmen hält. Verbringen Sie den Abend mit jemandem, mit dem Sie besonders gerne zusammen sind. ***Tageskonstellationen:*** *(00:59) Mond Trigon Sonne:* Gegenseitiges Einvernehmen; Harmonie. *(02:35) Mond Quadrat Jupiter:* Maßlosigkeit; Übertreibung; Prahlerei und schlechtes Benehmen. *(18:39) Venus Anderthalb-Quadrat Neptun (!):* Mißverständnis; Täuschung. Die Wirkung dieses Aspektes kann stärker zum Vorschein kommen, wenn Sie in der Zeit vom 21.–23.4. geboren sind.

So. 9. August
Besuche bei Freunden und Bekannten sollten Sie nicht auf die lange Bank schieben. Erfreuliche Neuigkeiten warten auf Sie. ***Tageskonstellationen:*** *(02:43) Sonne Halbsextil Jupiter:* Wohlwollen; Idealismus; Lebensfreude; gegenseitiges Einvernehmen; Großzügigkeit. *(04:26) Sonne Quincunx Neptun:* Verunsicherung; Schwäche; Unsicherheit. *(10:17) Jupiter Trigon Neptun:* Idealismus; Hilfsbereitschaft; verborgene Wahrheiten entdecken. Die Wirkung dieses Aspektes kann stärker zum Vorschein kommen, wenn Sie in der Zeit vom 6.5.–9.5. geboren sind.

Mo. 10. August
Was geschehen ist, können Sie nicht mehr rückgängig machen. Also freunden Sie sich mit der neuen Lage an. Sie ist nicht so schlecht, wie Sie denken. ***Tageskonstellationen:*** *(10:28) Mond Konjunktion Uranus (!):* Innere Unruhe; Gefühlsausbruch; plötzlicher Ortswechsel; kann bei entsprechender Veranlagung Angstgefühle verstärken; Verletzungstendenz! *(14:26) Mond Konjunktion Neptun:* Träumerei; Inspiration; oft auch Verwirrung, Unklarheit; Flucht in rauschartige Zustände. *(14:58) Mond Trigon Jupiter:* Anerkennung; Beliebtheit; Wohlbefinden; Glücksgefühl; Güte; Freude; Wohltat; Wunscherfüllung. *(21:20) Mond Sextil Pluto:* Neuordnung; innere Spannung; Ergründung verborgener Zusammenhänge; okkulte Interessen.

Di. 11. August
Arbeiten Sie Übrigbleibsel aus der vergangenen Woche auf, bevor Sie neue Aufgaben im Haushalt oder

am Arbeitsplatz angehen. In einer Geldsache müssen Sie noch ein wenig abwarten. *Tageskonstellationen: (17:07) Mond tritt ins Zeichen Wassermann ein:* Prinzip: »Gefühle überwinden die Dualität«; Unabhängigkeit; Reformfreude; Fortschritt; Zukunftsglaube.

Mi. 12. August
Das ist ein guter Tag zum Geschäftemachen und Geldverdienen! Achten Sie beim Einkaufen auf günstige Angebote, vielleicht machen Sie eine interessante Entdeckung. *Tageskonstellationen: (04:56) Merkur Halbsextil Venus (!):* Schwärmerei; Einfallsreichtum; Lernfreude. *(17:46) Sonne Quadrat Pluto:* Tyrannei; diktatorisches Verhalten. Die Wirkung dieses Aspektes kann stärker zum Vorschein kommen, wenn Sie in der Zeit vom 10.–12.5. geboren sind.

Do. 13. August
Es fällt Ihnen schwer, sich von gewissen Eindrücken zu lösen. Im Gegenteil: diese Gefühle werden vom Vollmond sogar noch verstärkt. Passen Sie auf, daß Sie keine voreiligen Dinge tun. *Tageskonstellationen: (10:02) Mond Quadrat Pluto:* Bedrängnis; Rücksichtslosigkeit; Druck; Zwang; Unterdrückung; Tyrannei. *(10:48) Saturn Halbsextil Uranus:* Einen Grundsatz überdenken; Reform; Modernisierung; Befreiung aus einer einengenden Situation. *(11:28) Mond Opposition Sonne (!):* Vollmondstellung. Symbolisiert Höhepunkt einer Entwicklung; in Erscheinung treten; Dinge in einem neuen Licht sehen.

GZ: 1, 2, 5, 29, 38, 43

Fr. 14. August
An Schwung und originellen Einfällen mangelt es heute nicht. Unternehmen Sie etwas, das Sie sich schon lange vorgenommen haben. *Tageskonstellationen: (05:51) Mond tritt ins Zeichen Fische ein:* Prinzip: »Gefühle lösen die Realität auf«; Mitgefühl; Hilfsbereitschaft; Auflösung einer Situation.

Sa. 15. August
Wenn Sie sich auf ein flüchtiges Liebesabenteuer einlassen, sollten Sie sich wenigstens über das Risiko klar sein, das Sie dabei eingehen. Diese Verbindung könnte für beide Seiten ein unerfreuliches Ende nehmen. Folgende Einflüsse mit zunehmender (+) oder nachlassender (–) Wirkung können sich heute zusätzlich bemerkbar machen: (+) Mars Trigon Saturn siehe → 17.8.

So. 16. August
Der Tag hat seine Reize, auch wenn nichts Außergewöhnliches geschieht. Liebe und Partnerschaft sind in letzter Zeit etwas ins Abseits geraten. Unternehmen Sie heute wieder einmal etwas gemeinsam. *Tageskonstellationen: (18:12) Mond tritt ins Zeichen Wid-*

der ein: Prinzip: »Gefühlsbetonte Aktivität«; impulsiv; Unternehmungsfreude; Übereifer. Günstig für Neubeginn.

Mo. 17. August
Heute könnte es zu kleineren Pannen kommen. Doch lassen Sie sich davon nicht die gute Laune verderben. Ihr Improvisationstalent wird Sie nicht im Stich lassen. *Tageskonstellationen: (14:01) Mars Trigon Saturn:* Ausdauer; Durchhaltekraft; anstrengende Arbeit. Die Wirkung dieses Aspektes kann noch stärker zum Vorschein kommen, wenn Sie in dem Zeitraum vom 3.5.–5.5. geboren sind. *(20:43) Mars Quincunx Uranus:* Abnorme Entwicklung; technische Störung; eine Panne.

Di. 18. August
Es kann Probleme mit der Familie oder Verwandten geben, denen Sie sich nicht gewachsen fühlen. Irgendetwas lähmt Ihre Handlungsfähigkeit. Vielleicht ist es aber auch klüger, im Moment nichts zu unternehmen und statt dessen die weitere Entwicklung der Dinge im Auge zu behalten. *Tageskonstellationen: (03:05) Mond Quadrat Neptun:* Fehleinschätzung; Unklarheit; Lüge; in eine undurchsichtige Situation geraten. *(21:41) Mond Trigon Sonne:* Gegenseitiges Einvernehmen; Harmonie. *(22:17) Venus Quincunx Saturn (!):* Mißerfolg; Ablehnung; deprimierte Stimmung.

Mi. 19. August
Ein Vorschlag Ihres Partners bzw. Ihrer Partnerin hört sich interessant an. Lassen Sie es auf einen Versuch ankommen. *Tageskonstellationen: (03:01) Venus Trigon Uranus (!):* Ungewöhnliches Erlebnis; unerwartetes Zusammentreffen; Experimentierfreude; Veränderungslust; Freiheitsliebe. Die Wirkung dieses Aspektes kann stärker zum Vorschein kommen, wenn Sie in der Zeit vom 3.5.–5.5. geboren sind. *(05:10) Mond tritt ins Zeichen Stier ein:* Prinzip: »Emotionales Festhalten«; Beständigkeit; Ausdauer; Konsolidierung; guter Formsinn; schwankende materielle Verhältnisse; Gefühlsstau. Günstig für Neuanschaffungen, Kauf/Verkauf. *(21:52) Mond Quadrat Merkur:* Erhöhte Nervosität; Hang zu Flüchtigkeitsfehlern und Nachlässigkeiten. Nicht so günstig für Prüfungen und wichtige Gespräche.

Do. 20. August
Sie sind voller Energie und Lebensfreude. Anregende Impulse lassen Sie diesen Tag spielerisch bewältigen. In der Liebe erleben Sie romantische Stunden. *Tageskonstellationen: (12:52) Venus Quadrat Mars:* Unvereinbarkeit; Spannungen in einer Beziehung. Die Wirkung dieses Aspektes kann stärker zum Vorschein kommen, wenn Sie in der Zeit vom 6.5.–9.5. geboren sind. *(18:36) Venus Trigon Neptun (!):* Kunstgenuß; Klang; in-

nere Erfüllung. Dieser Einfluß kann sich verstärkt bemerkbar machen, wenn Sie in der Zeit vom 6.5.-9.5. geboren sind. *(23:53) Mars Quincunx Neptun:* Blindlings handeln; Fehlversuch.

GZ: 2, 12, 20, 36, 39, 46

Fr. 21. August
Es wird Zeit, daß Sie Ihre Finanzen wieder einmal genauer unter die Lupe nehmen. Bevor Sie sich über das Ergebnis freuen, sollten Sie aber auch kontrollieren, ob alle Rechnungen bezahlt sind. *Tageskonstellationen: (11:02) Mond Quadrat Sonne (!):* Unruhiger Tagesablauf; Nervosität; Disharmonie. *(13:37) Mond tritt ins Zeichen Zwillinge ein:* Prinzip: »Gefühlsbetontes Denken«; Neugier; Mitteilungsfreude; Vielseitigkeit; unbeständige Gefühle. Günstig für Studien, Besprechungen, Schriftliches.

Sa. 22. August
Die Feststellung, sich in einer persönlichen Sache vergeblich bemüht zu haben, trägt kaum dazu bei, Ihre Stimmung zu heben. Doch wer weiß - vielleicht zahlt sich Ihre Mühe bei anderer Gelegenheit doch noch aus. *Tageskonstellationen: (08:24) Sonne Anderthalb-Quadrat Uranus (!):* Eine überraschende Veränderung; technische Panne. Die Wirkung dieses Aspektes kann stärker zum Vorschein kommen, wenn Sie in der Zeit vom 19.-21.5. geboren sind. *(22:11) Sonne tritt ins Zeichen Jungfrau ein:* Prinzip: »Energie wird gesteuert«; Beobachtungsgabe; Scharfsinn; Methodik; Organisationstalent.

So. 23. August
Über einen Zwischenfall machen Sie sich Ihre eigenen Gedanken. Was andere davon halten, sollte Ihnen aber auch eine Überlegung wert sein. In der Liebe kommen Sie mit Geduld an Ihr Ziel. *Tageskonstellationen: (06:43) Venus Konjunktion Jupiter:* Erfüllung; Gewinn; Freude. Die Wirkung dieses Aspektes kann stärker zum Vorschein kommen, wenn Sie in der Zeit vom 10.-12.5. geboren sind. *(20:07) Venus Sextil Pluto (!):* Anziehungskraft; Verlangen; Leidenschaftlichkeit; Lust. Dieser Einfluß kann sich verstärkt bemerkbar machen, wenn Sie in der Zeit vom 10.-12.5. geboren sind.

Mo. 24. August
Bis heute sind Sie jemandem die Antwort auf eine wichtige Frage schuldig geblieben. Wenn Sie noch länger warten, könnte Ihr Schweigen die seltsamsten Deutungen erfahren. *Tageskonstellationen: (11:17) Sonne Anderthalb-Quadrat Neptun (!):* Täuschung; Fehleinschätzung. Die Wirkung dieses Aspektes kann stärker zum Vorschein kommen, wenn Sie in der Zeit vom 21.-23.4. geboren sind. *(16:49)*

Merkur Opposition Saturn: Strenge; Drohung; Widerstand; Hindernis; Fehlschlag; Absage. Dieser Einfluß kann sich verstärkt bemerkbar machen, wenn Sie in der Zeit vom 3.5.–5.5. geboren sind. *(18:47) Mond Opposition Uranus:* Unberechenbarkeit; plötzliche Veränderung; Ortswechsel. *(22:15) Mond Opposition Neptun:* Unklarheit; Zwielicht; Vernebelung; Flucht in Rauscherlebnisse; Auflösung einer Verbindung.

Di. 25. August
Einladungen, Flirts oder kurze Reisen können Ihre gute Laune noch verbessern. Bei einem Gespräch heute abend erfahren Sie interessante Neuigkeiten. *Tageskonstellationen: (01:51) Merkur Quincunx Uranus:* Störung; Konzentrationsmangel; technische Panne.

Mi. 26. August
Langsam aber sicher zahlt sich die Vorarbeit aus, die Sie für ein Projekt geleistet haben. An Zeichen der Anerkennung fehlt es jetzt ebensowenig, wie an der Bereitschaft, Ihre nächsten Schritte zu unterstützen. Das kommt Ihnen sehr gelegen. *Tageskonstellationen: (12:47) Merkur Quincunx Neptun:* Hoffnung; Sensibilität; unrealistische Einschätzung. *(17:31) Jupiter Sextil Pluto (!):* Aufschwung; Großauftrag; großer Gewinn; sich für ein großes Ideal einsetzen. Die Wirkung dieses Aspektes kann stärker zum Vorschein kommen, wenn Sie in der Zeit vom 10.–12.5. geboren sind. *(18:10) Mond Opposition Saturn:* Zurückweisung; Widerstand; Notlage; Druck; Armut und Angstgefühl. Kann bei entsprechender Veranlagung Depressionen auslösen. *(23:32) Mond Konjunktion Merkur:* Enge Verbindung von Gefühl und Verstand; Hang zu häufiger Meinungsänderung; manchmal Neuigkeit, unerwarteter Besuch.

Do. 27. August
Je stärker Ihre Position ist, um so schneller geraten Sie heute ins Kreuzfeuer der Kritik. Handeln Sie, in allem was Sie tun und sagen, so, wie es Ihrer Stellung entspricht. *Tageskonstellationen: (02:31) Mars Quincunx Pluto:* Gewalteinwirkung; Naturkatastrophe. *(06:52) Mars Quadrat Jupiter:* Mißerfolg; Energieverschwendung; Unrecht. Die Wirkung dieses Aspektes kann stärker sein, wenn Sie in der Zeit vom 10.–12.5. geboren sind.

GZ: 9, 10, 20, 21, 28, 39

Fr. 28. August
Neue Informationen veranlassen Sie, Ihre Pläne zu ändern. Teilen Sie Ihren Gesinnungswandel aber auch den anderen mit. Es heißt sonst hinterher wieder, auf Sie wäre kein Verlaß. *Tageskonstellationen: (03:42) Mond Konjunktion Sonne (!):* Neumondstellung; symbolisiert Fruchtbarkeit, Neube-

ginn, Vereinigung von Yin und Yang (männlichem/weiblichem Prinzip). *(18:15) Mond Trigon Uranus:* Originalität; Einfallsreichtum; positive Veränderung. *(21:35) Mond Trigon Neptun:* Phantasie; Inspiration; eine vielversprechende Vorahnung.

Sa. 29. August
Ihre Offenheit und positive Ausstrahlung öffnet Ihnen heute alle Türen. *Tageskonstellationen: (00:39) Merkur Quadrat Pluto:* Drohung; Vorschrift; Demagogie; Fanatismus; zwanghafte Vorstellungen. Die Wirkung dieses Aspektes kann stärker zum Vorschein kommen, wenn Sie in der Zeit vom 10.-12.5. geboren sind. *(08:02) Merkur Halbsextil Jupiter:* Zuversicht; Optimismus; Vertrauen.

So. 30. August
Eine Beziehung bringt gewisse Verpflichtungen mit sich, denen Sie sich nicht entziehen können. So hat eben alles im Leben seine zwei Seiten und die Liebe macht da keine Ausnahme. *Tageskonstellationen: (02:06) Merkur Sextil Mars:* Entscheidungskraft; Kurzentschlossenheit. Die Wirkung dieses Aspektes kann stärker zum Vorschein kommen, wenn Sie in der Zeit vom 13.-15.5. geboren sind. *(11:38) Venus Anderthalb-Quadrat Saturn (!):* Krise; Ärgernis; Ablehnung; Frustration. Dieser Einfluß kann sich verstärkt bemerkbar machen, wenn Sie in der Zeit vom 19.-21.5. geboren sind.

Mo. 31. August
Melden Sie sich bei jemandem, den Sie schon lange nicht mehr gesehen haben. Man hat interessante Neuigkeiten für Sie. *Tageskonstellationen: (08:46) Mond Trigon Mars:* Initiative; Aktivität; Einklang von Fühlen und Handeln. *(11:35) Mond Sextil Merkur (!):* Neuigkeit; erfreuliche Mitteilung; Einklang von Gefühl und Verstand. *(17:10) Venus tritt ins Zeichen Waage ein:* Kontaktfreude; Charme; Ästhetik; Verbindlichkeit. *(20:38) Mond tritt ins Zeichen Skorpion ein:* Prinzip: »Emotionale Verbindlichkeit«; stete Ausdauer; Kampfgeist; Reizbarkeit. Interesse für verborgene und okkulte Dinge.

Astrologie

Warnung an etliche Theologos, Medicos und Philosophos... daß sie bei billicher Verwerffung des Sterngguckerischen Aberglaubens nicht das Kind mit dem Bad ausschütten und hiermit ihrer Profession unwissend zuwider handeln.

Johannes Kepler

Ansichten berühmter Leute

September 1992

Lebensfreude und Unternehmungsdrang

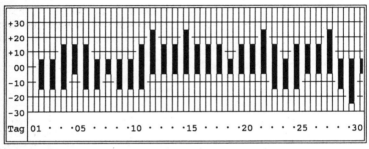

September 1992: Aktivierende (+) und hemmende (–) Einflüsse für Stier-Geborene

Temperament und Leidenschaftlichkeit kennzeichnen Ihren Ausdruck und Ihr Lebensgefühl in dieser Phase. Dies dürfte in der Intimität einer Liebesbeziehung wohl am stärksten zum Ausdruck kommen, ist jedoch keineswegs nur auf diesen Bereich begrenzt. Da Sie selbst intensiver leben, möchten Sie sich auch am liebsten nur mit Dingen beschäftigen, die Leben und Vitalität ausdrücken. Sie werden sich in dieser Zeit mit Kindern gut verstehen, suchen möglicherweise auch mehr Kontakt zur Natur und den vitalen Quellen Ihrer Umwelt. Ihre Einstellung zu anderen sowie zu Ihrer Arbeit und Dingen, mit welchen Sie sich in Ihrer Freizeit beschäftigen wird ebenfalls durch eine gewisse Leidenschaftlichkeit geprägt; alles, was Sie tun, soll Sie begeistern und mitreißen. An Abstraktionen und grauer Theorie sind Sie derzeit wenig interessiert. Im *zeitlichen Ablauf* gestaltet sich der September etwas ausgewogener als der August. Recht harmonisch fallen die Tage von ca. dem 10. bis zum 21.9. aus.

September

Di. 1. September
Vital und gutgelaunt gehen Sie Ihre Aufgaben an. Das wirkt sich vorteilhaft auf Ihr Tagespensum aus. Nehmen Sie sich für den Abend etwas Besonderes vor. *Tageskonstellationen: (12:38) Mond Sextil Sonne (!):* Zustimmung; Einvernehmen; Harmonie. *(19:46) Mond Quadrat Saturn:* Ablehnung; Neid; Mißgunst. *(21:20) Mond Sextil Uranus:* Eine ersehnte Abwechslung; Anregung; Originalität; Veränderungsfreude.

Mi. 2. September
Der Tag verläuft unruhig, aber auch interessant. Bestimmte Programmänderungen kommen Ihnen sogar ganz gelegen, und Sie können etwas erledigen, wozu Sie bisher keine Zeit hatten. *Tageskonstellationen: (01:08) Mond Sextil Neptun:* Fördert Intuition und Inspiration; Einfühlungsvermögen; manchmal Hang, die Dinge einseitig positiv zu sehen. *(08:29) Mond Konjunktion Pluto:* Bedrängnis; Zwang; Fanatismus; Unterdrückung. *(10:52) Mond Sextil Jupiter:* Verbundenheit; Genuß; Freundschaft; Güte; mit geringen Mitteln viel erreichen. *(22:59) Merkur Anderthalb-Quadrat Uranus (!):* Technische Probleme; Unberechenbarkeit und Auflehnung. Die Wirkung dieses Aspektes kann stärker sein, wenn Sie in der Zeit vom 19.–21.5. geboren sind.

Do. 3. September
Je nachdem, was heute alles in Ihrem Terminkalender steht, verläuft der Tag ruhig oder aufregend. Mit dem, was Sie erreichen, können Sie aber auf jeden Fall zufrieden sein. *Tageskonstellationen: (09:04) Merkur tritt ins Zeichen Jungfrau ein:* Sachlichkeit; Genauigkeit; analytisches Denken; Beobachtungsgabe.

GZ: 1, 4, 10, 16, 31, 45

— DAS WETTER —

Mit einer mittleren Tageshöchsttemperatur von 19 Grad ist der September bereits kühler als der August. Die monatliche Durchschnittstemperatur liegt bei 14 Grad, die mittlere Tiefsttemperatur bei 10 Grad, die mittlere Mittags-Maximaltemperatur beträgt 26 Grad. In der Regel gibt es 10 Regen- und zwei Gewittertage, wobei die Niederschlagsmenge jedoch geringer ist als im August. Im zeitlichen Ablauf beginnt der September mit einer ausgedehnten Schönwetterperiode, die bis ca. Monatsmitte andauert. Danach bis ca. 23. Durchzug von Schlechtwettergebieten und heftigen, teils stürmischen Winden. Die letzten Tage wiederum schön, mit warmen Temperaturen, jedoch bereits starker nächtlicher Abkühlung.

— IM SEPTEMBER —

Fr. 4. September

Wenn Sie meinen, man würde Ihr Anliegen nicht richtig verstehen, sollten Sie sich mit einer wichtigen Angelegenheit gleich an eine höhere Stelle wenden. Schließlich ist Ihre Zeit auch begrenzt. *Tageskonstellationen: (01:58) Merkur Anderthalb-Quadrat Neptun (!):* Enttäuschung; Vorspiegelung; Illusionen. Die Wirkung dieses Aspektes kann stärker zum Vorschein kommen, wenn Sie in der Zeit vom 21.-23.4. geboren sind. *(02:35) Mond Sextil Saturn:* Sorgfalt; Gewissenhaftigkeit; Einklang innerer Bedürfnisse mit den äußeren Umständen. *(20:05) Mond Quadrat Jupiter:* Maßlosigkeit; Übertreibung; Prahlerei; schlechtes Benehmen.

Sa. 5. September

Vielleicht glauben einige, Sie hätten das Glück für sich gepachtet. Sie wissen es besser. Schließlich haben Sie hart für einen Erfolg gearbeitet. *Tageskonstellationen: (05:15) Venus Halbquadrat Pluto:* Begierde; Leidenschaftlichkeit; erzwungene Liebe. Die Wirkung dieses Aspektes kann stärker zum Vorschein kommen, wenn Sie in der Zeit vom 24.-26.4. geboren sind. *(11:43) Sonne Quincunx Saturn:* Mangel an Selbstvertrauen; Pessimismus.

So. 6. September

Ob Ihnen heute das große Glück in die Arme läuft, sei dahingestellt. Wenn Sie auf Zack sind und schnell reagieren, werden Sie dennoch Ungewohntes erleben. *Tageskonstellationen: (13:27) Sonne Trigon Uranus (!):* Unkonventionelle Art; Originalität; Überraschung; Unabhängigkeit; plötzliche Veränderung einer Situation. Die Wirkung dieses Aspektes kann stärker zum Vorschein kommen, wenn Sie in der Zeit vom 3.5.-5.5. geboren sind. *(15:13) Mond Konjunktion Uranus:* Innere Unruhe; Gefühlsausbruch; plötzlicher Ortswechsel; kann bei entsprechender Veranlagung Angstgefühle verstärken; Verletzungstendenz! *(15:22) Mond Trigon Sonne:* Gegenseitiges Einvernehmen; Harmonie. *(19:31) Mond Konjunktion Neptun:* Träumerei; Inspiration; oft auch Verwirrung, Unklarheit; Flucht in rauschartige Zustände.

Mo. 7. September

Eine finanzielle Angelegenheit scheint sich auch ohne Ihr Dazutun in Ihrem Sinne zu regeln. Solange Sie noch nichts Konkretes in der Hand haben, dürfen Sie allerdings nicht alle Vorsicht außer Acht lassen. *Tageskonstellationen: (04:06) Mond Sextil Pluto (!):* Neuordnung; innere Spannung; Ergründung verborgener Zusammenhänge und okkulte Interessen. *(08:41) Mond Trigon Jupiter:* Anerkennung; Beliebtheit; Wohlbefinden; Glücksgefühl; Güte; Freude; Wohltat; Wunscherfüllung. *(23:09) Mond tritt ins Zeichen Wassermann ein:* Prinzip: »Gefühle überwinden die Dualität«; Unabhängigkeit; Reformfreude; Fortschritt; Zukunftsglaube.

Di. 8. September
Jemand hilft Ihnen über ein Zwischentief hinweg. Am Abend haben Sie Gelegenheit, sich dafür erkenntlich zu zeigen. *Tageskonstellationen: (00:54) Mars Anderthalb-Quadrat Saturn:* Hemmung; Problem; Widerstand. Die Wirkung dieses Aspektes kann stärker zum Vorschein kommen, wenn Sie in der Zeit vom 19.–21.5. geboren sind. *(02:45) Merkur Halbsextil Venus:* Schwärmerei; Einfallsreichtum; Lernfreude. *(18:01) Sonne Trigon Neptun:* Hilfsbereitschaft; Selbstaufopferung; Idealismus; innere Erkenntnis; soziales Engagement. Dieser Einfluß kann sich verstärkt bemerkbar machen, wenn Sie in der Zeit vom 6.5.–9.5. geboren sind. *(19:16) Mond Trigon Venus (!):* Romantische Gefühle; Liebesgefühl; Anhänglichkeit; Warmherzigkeit.

Mi. 9. September
Eine Angelegenheit, die Ihnen in letzter Zeit Kopfzerbrechen bereitet hat, scheint erledigt zu sein. Doch der Eindruck täuscht; das letzte Wort in dieser Sache ist noch nicht gesprochen. *Tageskonstellationen: (01:20) Mond Konjunktion Saturn (!):* Stimmungstief, seelische Belastung oder Angstgefühle. Kann bei entsprechender Veranlagung Depressionen auslösen. *(16:58) Mond Quadrat Pluto:* Bedrängnis; Rücksichtslosigkeit; Unterdrückung; Druck; Zwang und Tyrannei.

Do. 10. September
Bei sorgfältiger Betrachtung der Situation werden Sie merken, daß Sie um gewisse Veränderungsmaßnahmen nicht herumkommen. Ehe Sie etwas unternehmen, sollten Sie sich allerdings einen Kostenvoranschlag machen lassen. *Tageskonstellationen: (01:46) Merkur Quincunx Saturn (!):* Mangel; Verlust; Befürchtungen, bedrückende Gedanken. *(09:45) Mond Trigon Mars:* Initiative; Aktivität; Einklang von Fühlen und Handeln. *(11:57) Mond tritt ins Zeichen Fische ein:* Prinzip: »Gefühle lösen die Realität auf«; Mitgefühl; Hilfsbereitschaft; Auflösung einer Situation. *(17:26) Merkur Trigon Uranus:* Ausgefallene Ideen; Pläne, die aus dem Rahmen des Üblichen fallen. Die Wirkung dieses Aspektes kann stärker zum Vorschein kommen, wenn Sie in der Zeit vom 3.5.–5.5. geboren sind.

GZ: 4, 6, 20, 42, 46, 48

Fr. 11. September
Ein Geschäft kommt möglicherweise nicht zustande. Doch in einigen Tagen sind Sie darüber vielleicht sogar froh. In der Liebe haben Sie mehr Erfolg. *Tageskonstellationen: (03:26) Venus Trigon

Saturn (!): Zufriedenheit; Formsinn; Einvernehmen; Vertiefung einer Beziehung. Die Wirkung dieses Aspektes kann stärker zum Vorschein kommen, wenn Sie in der Zeit vom 3.5.–5.5. geboren sind. *(20:25) Merkur Trigon Neptun:* Kunstinteresse; Inspiration; psychologische Vorgehensweise. Dieser Einfluß kann sich verstärkt bemerkbar machen, wenn Sie in der Zeit vom 6.5.–9.5. geboren sind.

Sa. 12. September

Spielen Sie kleine Mißhelligkeiten in einer Partnerschaft nicht unnötig hoch. Damit verderben Sie nur sich und Ihrem Partner die Laune. *Tageskonstellationen: (04:47) Venus Quadrat Uranus (!):* Partnerschaftsprobleme; abartige Gelüste; Geschmacksverirrung. Die Wirkung dieses Aspektes kann stärker zum Vorschein kommen, wenn Sie in der Zeit vom 3.5.–5.5. geboren sind. *(07:02) Mars tritt ins Zeichen Krebs ein:* Reizbarkeit; Leidenschaftlichkeit; sich für soziale Zwecke einsetzen.

So. 13. September

Vermutungen, die Freunde oder Bekannte haben, sollten Ihnen egal sein. Was es mit einer neuen Bekanntschaft wirklich auf sich hat, wissen Sie selbst am besten. *Tageskonstellationen: (00:02) Mond tritt ins Zeichen Widder ein:* Prinzip: »Gefühlsbetonte Aktivität«; Impulsivität; Unternehmungsfreude; Übereifer. Günstig für Neubeginn. *(00:53) Mond Quadrat Mars:* Unrast; Aggressivität; Widerspenstigkeit; rücksichtsloses Benehmen; Egoismus; Verletzungstendenz! *(07:16) Sonne Sextil Pluto:* Mut; Entschlossenheit; Leitbild. Die Wirkung dieses Aspektes kann stärker zum Vorschein kommen, wenn Sie in der Zeit vom 10.–12.5. geboren sind. *(22:46) Venus Quadrat Neptun (!):* Scheinbares Einvernehmen; Wunschträume; Illusionen. Dieser Einfluß kann sich verstärkt bemerkbar machen, wenn Sie in der Zeit vom 6.5.–9.5. geboren sind.

Mo. 14. September

Gemeinsame Aktionen mit Ihrer Familie oder guten Freunden sorgen für die Abwechslung, die Sie heute brauchen. In einer Herzensangelegenheit sind Sie auf der richtigen Fährte. *Tageskonstellationen: (05:19) Merkur Sextil Pluto:* Tiefgründigkeit; ideologische Einstellung. Die Wirkung dieses Aspektes kann stärker zum Vorschein kommen, wenn Sie in der Zeit vom 10.–12.5. geboren sind.

Di. 15. September

Dort, wo Sie Zusammenhänge wittern, werden Sie keine finden. Dafür scheint Ihnen etwas anderes völlig entgangen zu sein. Gehen Sie Ihren bisherigen Weg noch einmal Schritt für Schritt zurück. *Tageskonstellationen: (04:49) Merkur Konjunktion Sonne (!):* Selbsterkenntnis; Gesprächsfreude; Neuigkeit. Die Wirkung dieses Aspektes kann stärker zum Vorschein kommen, wenn Sie in der Zeit vom 13.-15.5. geboren sind. *(10:47) Mond tritt ins Zeichen Stier ein:* Prinzip: »Emotionales Festhalten«; Beständigkeit; Ausdauer; Konsolidierung; guter Formsinn; schwankende materielle Verhältnisse; Gefühlsstau. Günstig für Neuanschaffungen, Kauf/Verkauf. *(14:23) Mond Sextil Mars:* Begeisterung; Auftrieb; Einklang von Handeln und Fühlen.

Mi. 16. September
Wer mit seinem Problem zu Ihnen kommt, darf auch auf eine Lösung hoffen. Aufdrängen sollten Sie Ihre Hilfe allerdings niemandem. *Tageskonstellationen: (09:58) Merkur Konjunktion Jupiter:* Versprechen; Wohlwollen; Zusage; wichtiger Verhandlungserfolg; ein Aufschwung; günstige wirtschaftliche Entwicklung. Die Wirkung dieses Aspektes kann stärker zum Vorschein kommen, wenn Sie in der Zeit vom 16.-18.5. geboren sind. *(10:49) Mond Quadrat Saturn:* Ablehnung; Neid; Mißgunst. *(13:43) Mond Trigon Uranus:* Originalität; Einfallsreichtum; positive Veränderung. *(17:48) Mond Trigon Neptun (!):* Phantasie; Inspiration; vielversprechende Vorahnung.

Do. 17. September
Sparen Sie sich eine eifersüchtige Bemerkung. Damit erreichen Sie höchstens das Gegenteil von dem, was Sie eigentlich wollen. Außerdem ist Ihr Mißtrauen völlig unbegründet. *Tageskonstellationen: (16:30) Venus Halbsextil Pluto (!):* Leidenschaftlichkeit; heftige Empfindungen. *(19:32) Sonne Konjunktion Jupiter:* Optimismus; Glücksgefühl; Gewinn; Begeisterung; Unabhängigkeit; Glücksfall, unerwarteter Gewinn. Die Wirkung dieses Aspektes kann stärker zum Vorschein kommen, wenn Sie in der Zeit vom 16.-18.5. geboren sind. *(21:01) Merkur Anderthalb-Quadrat Saturn:* Mangel; Fehlerhaftigkeit; Kritik; Pessimismus. Dieser Einfluß kann sich verstärkt bemerkbar machen, wenn Sie in der Zeit vom 19.-21.5. geboren sind.

GZ: 2, 17, 26, 28, 30, 45

Fr. 18. September
Über ein bestimmtes Thema wurde schon mehr als genug diskutiert. Lassen Sie den Worten endlich Taten folgen. Das viele Gerede bewirkt nämlich nichts. *Tageskonstellationen: (18:31) Mond Trigon Saturn (!):* Respekt; Anerkennung; Zuverlässigkeit; Pflichtgefühl.

Sa. 19. September
Berufliche Erfolgserlebnisse scheinen Sie im Augenblick weniger zu interessieren, als eine private Angelegenheit. Hier kann es bald wichtige Neuigkeiten geben. *Tageskonstellationen: (06:42) Merkur*

tritt ins Zeichen Waage ein: Gedankenaustausch; Vergleiche ziehen; Hang zum Ästhetizismus. *(13:48) Mond Trigon Venus:* Romantische Gefühle; Liebesgefühl; Anhänglichkeit; Warmherzigkeit. *(18:04) Mond Quadrat Jupiter:* Maßlosigkeit; Übertreibung; Prahlerei und schlechtes Benehmen. *(20:53) Mond Quadrat Sonne (!):* Unruhiger Tagesablauf; Nervosität.

So. 20. September
Wegen eines Alleingangs hat man Sie kritisiert. Nach dem heutigen Stand der Dinge erkennen aber auch Ihre Kritiker, daß Sie damit gar nicht so unrecht hatten. ***Tageskonstellationen:*** *(01:59) Mond tritt ins Zeichen Krebs ein:* Prinzip: »Emotionale Empfänglichkeit«; Eindrucksfülle; Anhänglichkeit; Familiensinn; Traditionsbewußtsein; Fürsorglichkeit. Günstig für familiäre und auch häusliche Angelegenheiten. *(03:16) Sonne Anderthalb-Quadrat Saturn:* Große Schwäche; Hindernis. Die Wirkung dieses Aspektes kann stärker zum Vorschein kommen, wenn Sie in der Zeit vom 19.-21.5. geboren sind. *(04:53) Mond Quadrat Merkur:* Erhöhte Nervosität; Hang zu Flüchtigkeitsfehlern und Nachlässigkeiten. Nicht so günstig für Prüfungen und wichtige Gespräche. *(09:55) Mond Konjunktion Mars (!):* Impulsivität; Erregungszustand; Gereiztheit. Kann bei entsprechender Veranlagung Magenbeschwerden auslösen.

Mo. 21. September
Wenn Sie nichts Besseres mit Ihrer Zeit anzufangen wissen, können Sie heute ja Ordnung in Ihrem Privatbüro schaffen. In der Liebe läuft nicht alles nach Ihrem Wunsch. ***Tageskonstellationen:*** *(21:55) Venus Halbsextil Jupiter:* Glücksspiel; kleinere Gewinne; Wohlwollen.

Di. 22. September
Je besser Ihre Unternehmungen geplant sind, um so erfolgreicher werden Sie sein. Auf das Glück oder den Zufall können Sie sich heute nämlich nicht verlassen. ***Tageskonstellationen:*** *(11:22) Merkur Quadrat Mars:* Streit; Herausforderung; Widerspruch. Die Wirkung dieses Aspektes kann stärker zum Vorschein kommen, wenn Sie in der Zeit vom 24.-26.4. geboren sind. *(15:42) Merkur Halbquadrat Pluto:* Herausforderung; Druck; Widerstand. Dieser Einfluß kann sich verstärkt bemerkbar machen, wenn Sie in der Zeit vom 24.-26.4. geboren sind. *(19:44) Sonne tritt ins Zeichen Waage ein:* Prinzip: »Energie schafft Wechselwirkung«; Ausgleichsstreben; Ästhetik; Begegnungsfreude; Vorstellungskraft.

Mi. 23. September
Ein angenehmer Tag, keine besonderen Zwischenfälle. Sie denken viel über sich selbst, Ihre Vergangenheit oder Ihre Zukunftspläne nach. Dabei fällt Ihnen etwas Wichtiges ein. ***Tageskonstellationen:*** *(01:30) Mond Opposition Sa-*

turn (!): Zurückweisung; Widerstand; Druck; Notlage; Armut; Angstgefühl. Kann bei entsprechender Veranlagung Depressionen auslösen. *(15:39) Mond Quadrat Pluto:* Bedrängnis; Rücksichtslosigkeit; Druck; Zwang; Unterdrückung; Tyrannei.

Do. 24. September
In einer Runde von aufmerksamen Zuhörern fühlen Sie sich wohl. Sie haben ja auch einiges Interessantes zu erzählen. Da kommt so schnell keine Langeweile auf. *Tageskonstellationen: (04:09) Mond Sextil Venus (!):* Schwärmerei; Romantik; Sehnsucht; Harmonie; Liebesgefühle. *(06:08) Mond tritt ins Zeichen Jungfrau ein:* Prinzip: »Emotionales Unterscheidungsvermögen«; Lebensklugheit; Bescheidenheit; Sorgfalt. Günstig für Planungsarbeiten, Analysen. *(17:02) Mond Sextil Mars:* Begeisterung; Auftrieb; Einklang von Handeln und Fühlen.

GZ: 3, 9, 10, 20, 32, 36

Fr. 25. September
Sie haben sich alles so schön ausgemalt. Doch vorläufig ist man an Ihren Plänen gar nicht so brennend interessiert. Das könnte sich jedoch noch ändern. *Tageskonstellationen: (04:31) Mond Trigon Uranus (!):* Originalität; Einfallsreichtum; positive Veränderung. *(04:32) Venus tritt ins Zeichen Skorpion ein:* Leidenschaftlichkeit; Anziehungskraft; Charisma und Eifersucht. *(07:55) Mond Trigon Neptun:* Phantasie; Inspiration; vielversprechende Vorahnung. *(15:38) Mond Sextil Pluto:* Neuordnung; innere Spannung; Ergründung verborgener Zusammenhänge; okkulte Interessen.

Sa. 26. September
Am liebsten würden Sie sich nur noch mit solchen Dingen beschäftigen, die Sie besonders gern tun. Doch das können Sie sich in der gegenwärtigen Lage kaum auch erlauben. Halten Sie Ihre Verpflichtungen ein. *Tageskonstellationen: (06:48) Merkur Trigon Saturn:* Anerkennung; Würdigung; realistische Einschätzung. Die Wirkung dieses Aspektes kann stärker zum Vorschein kommen, wenn Sie in der Zeit vom 3.5.–5.5. geboren sind.

So. 27. September
Falls Sie verreisen oder jemanden von einem Vorhaben überzeugen wollen, haben Sie nicht gerade den besten Zeitpunkt dafür gewählt. Stellen Sie sich auf unerwartete Programmänderungen ein. *Tageskonstellationen: (03:09) Jupiter Anderthalb-Quadrat Saturn:* Trotz Hindernisse zu einem Erfolg gelangen; Unterdrückung einer positiven Entwicklung. Die Wirkung dieses Aspektes kann stärker zum Vorschein kommen, wenn Sie in der Zeit vom 19.–21.5. geboren

sind. *(10:13) Merkur Quadrat Uranus (!):* Verschrobene Ansichten; Eigenbrötlerei; sprunghaftes Denken. Dieser Einfluß kann sich verstärkt bemerkbar machen, wenn Sie in der Zeit vom 3.5.–5.5. geboren sind.

Mo. 28. September
Auch wenn Sie wissen, daß nichts dabei herauskommt, verhalten Sie sich solidarisch und machen gute Miene zum bösen Spiel. Einen Rückweg sollten Sie sich trotzdem offenhalten. *Tageskonstellationen: (06:44) Mond tritt ins Zeichen Skorpion ein:* Prinzip: »Emotionale Verbindlichkeit«; Ausdauer; Kampfgeist; Reizbarkeit. Interesse für verborgene und okkulte Dinge. *(13:40) Mond Konjunktion Venus:* Herzlichkeit; Sensibilität; Einfühlungsvermögen; Formsinn. *(17:14) Merkur Quadrat Neptun:* Vortäuschung; Illusion; Enttäuschung. Die Wirkung dieses Aspektes kann noch stärker zum Vorschein kommen, wenn Sie in dem Zeitraum vom 6.5.–9.5. geboren sind. *(21:54) Mond Trigon Mars (!):* Initiative; Aktivität; Einklang von Fühlen und Handeln.

Di. 29. September
Warum wollen Sie ein Experiment wiederholen? Es gibt keine Umstände, die ein anderes Resultat erwarten lassen. *Tageskonstellationen: (02:00) Sonne Halbquadrat Pluto:* Gewaltanwendung; Unterdrückung; Zwang. Die Wirkung dieses Aspektes kann stärker zum Vorschein kommen, wenn Sie in der Zeit vom 27.–29.4. geboren sind.

Mi. 30. September
Nutzen Sie Ihre Freizeit, um etwas für Ihre Bildung zu tun. Vorträge, kulturelle Veranstaltungen, Theater- und Konzertbesuche machen den Abend interessanter.

Astrologie von A–Z

Als Direktionsschlüssel bezeichnet man ein Zeitmaß, das zur Berechnung von Entwicklungen oder Ereignisdaten eines Horoskopes verwendet wird (Prognose). Es gibt verschiedene Schlüssel: Die *natürlichen* Direktionsschlüssel beruhen auf tatsächlichen Bewegungsformen der Erde oder anderer Himmelskörper (z.B. 24 Stunden = Erdumdrehung; 360 Grade = Jahresbewegung; Naibod-Schlüssel = mittleren täglichen Bewegung der Sonne). Symbolische Schlüssel sind z.B. der Alterspunkt (»wandert« in ca. 6 Jahren durch ein Horoskopfeld) oder der »Punkt des Selbst« (D. Rudhyar), der in 28 Jahren einmal durch alle zwölf Häuser des Horoskopes wandert.

Stichwort **Direktionsschlüssel**

Oktober 1992

Liebe und Partnerschaft stehen im Vordergrund

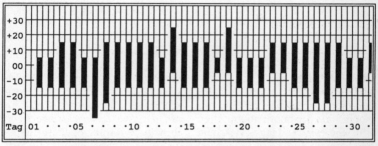

Oktober 1992: Aktivierende (+) und hemmende (−) Einflüsse für Stier-Geborene

In den kommenden Wochen werden Kräfte aktiv, die zum einen den Bereich Ihrer Beziehungen und Partnerschaften stärker in den Mittelpunkt rücken, zum anderen aber auch einen ungestümen Drang nach Freiheit und neuen Horizonten in Ihnen auslösen. Ihre Energie ist gesteigert, und Sie reagieren auf äußere Herausforderungen schnell und impulsiv. Ihr starkes Selbstvertrauen und ein ausgeprägter Optimismus steigern Ihre Entschlußkraft, so daß Sie sich nun leicht von bisher vorhandenen Belastungen befreien können. Allerdings sind Sie zur Zeit nicht sehr realistisch und vertrauen zu sehr Ihrem Glück. Hier sollten Sie eine kritischere Haltung einnehmen, vor allem, wenn es um berufliche Fragen, aber auch, wenn es um Versprechungen geht, sonst könnten sich leicht unerfreuliche Mißverständnisse oder Enttäuschungen anbahnen. Im *zeitlichen Ablauf* zeigt der Oktober ein relativ stabiles Überwiegen der hamonisierenden Tendenzen. Dennoch sollten Sie um den 6. bzw. 26./27.10. lieber etwas übervorsichtig sein, wenn es um Geld und neue Unternehmungen geht.

Oktober

DAS WETTER

Mit abnehmender Tageslänge werden die Nächte im Oktober spürbar kühler. So liegt die mittlere Tagestiefsttemperatur bei 5 Grad, die mittlere Tageshöchsttemperatur bei 14 Grad, die monatliche Durchschnittstemperatur bei 9 Grad. Die Niedschlagsmenge ist geringer als im September, und es kommt mitunter bereits zum Monatsende zu ersten Schneefällen. Im zeitlichen Ablauf wird das Wetter von ca. 1.–10. Oktober windig und wechselhaft mit Regenschauern. Danach Erwärmung und schönes Wetter, jedoch starker Temperaturrückgang bei Nacht. Ab 20. Oktober einbrechende Westwetterfronten mit Regenschauern und stürmischen, böigen Winden, die manchmal Orkanstärke erreichen.

IM OKTOBER

Do. 1. Oktober

Mehr als ein Lächeln gewinnen Ihnen die Neuigkeiten nicht ab, mit denen man Sie heute überraschen will. Sie wissen längst Bescheid und haben Ihre Konsequenzen gezogen. ***Tageskonstellationen:*** *(08:27) Mond Sextil Saturn:* Sorgfalt; Gewissenhaftigkeit; Einklang innerer Bedürfnisse mit den äußeren Umständen. *(20:02) Merkur Halbsextil Pluto (!):* Interesse für verborgene oder geheimnisvolle Dinge; politisches Engagement; Entscheidung.

GZ: 17, 29, 35, 36, 38, 39

Fr. 2. Oktober

Ein angenehm ruhiger Tag. Nehmen Sie sich viel Zeit für sich und Ihre Familie! Nach dem Wirbel der letzten Tage haben Sie wirklich eine Entspannungspause verdient. ***Tageskonstellationen:*** *(02:32) Mond Sextil Merkur:* Neuigkeit; erfreuliche Mitteilung; Einklang von Gefühl und Verstand. *(15:14) Mond Quadrat Jupiter (!):* Maßlosigkeit; Übertreibung; Prahlerei; schlechtes Benehmen. *(18:30) Mond tritt ins Zeichen Steinbock ein:* Prinzip: »Gefühl reguliert«; Ausdauer; Durchhaltekraft; Beharrlichkeit; Zielstrebigkeit; Pflichtbewußtsein.

Sa. 3. Oktober

Nutzen Sie diesen ruhigen Tag, um Liegengebliebenes im Haushalt aufzuarbeiten oder beschäftigen Sie sich mit Dingen, zu denen Ihnen sonst die Zeit fehlt. In der Liebe erreichen Sie etwas Wichtiges! ***Tageskonstellationen:*** *(14:34) Mond Sextil Venus (!):* Schwärmerei; Romantik; Sehnsucht; Harmonie; Liebesgefühle. *(15:13) Mond Quadrat Sonne:* Unruhiger Tagesablauf; Nervosität; Disharmonie. *(16:44) Mond Opposition Mars:* Aggressivität; unangemessene Reaktion; Verletzungstendenz! Kann bei entsprechender Veranlagung Magenbeschwerden auslösen. *(22:04) Mond Konjunktion Uranus:* Innere Unruhe; Gefühlsausbruch;

plötzlicher Ortswechsel; dies kann bei entsprechender Veranlagung Angstgefühle verstärken; akute Verletzungstendenz!

So. 4. Oktober
Vielleicht sind Sie enttäuscht, weil Ihr/e Partner/in oder eine andere Ihnen nahestehende Person Ihre Hoffnungen nicht erfüllt hat. Andererseits können Sie aber auch nicht erwarten, daß man auf Wünsche eingeht, über die nie konkret gesprochen wurde: Seien Sie in Zukunft offener! *Tageskonstellationen: (19:12) Mars Quincunx Saturn:* Auf Widerstand oder Probleme stoßen; anstrengende Arbeit bewältigen; ein Hindernis überwinden. *(21:11) Venus Halbsextil Sonne:* Freude; Glück; harmonisches Zusammensein. *(22:41) Venus Quadrat Saturn (!):* Zurückweisung; Ablehnung; Frustration. Die Wirkung dieses Aspektes kann stärker zum Vorschein kommen, wenn Sie in der Zeit vom 30.4.-2.5. geboren sind. *(23:02) Sonne Trigon Saturn:* Sachlichkeit; die Dinge realistisch einschätzen; Ehrgeiz; Anerkennung. Dieser Einfluß kann sich verstärkt bemerkbar machen, wenn Sie in der Zeit vom 30.4.-2.5. geboren sind.

Mo. 5. Oktober
Schieben Sie nichts auf! Sie haben sich lange genug ins Zeug gelegt. Dafür können Sie sich auch mal ein Vergnügen leisten. *Tageskonstellationen: (01:01) Venus Trigon Mars (!):* Verlangen; Lust; Harmonie; Befriedigung; Einklang von Handeln und Empfinden. Die Wirkung dieses Aspektes kann stärker zum Vorschein kommen, wenn Sie in der Zeit vom 3.5.-5.5. geboren sind. *(02:48) Sonne Quadrat Mars:* Egoismus; Ungeduld; Rücksichtslosigkeit; Aggression. Dieser Einfluß kann sich verstärkt bemerkbar machen, wenn Sie in der Zeit vom 3.5.-5.5. geboren sind. *(03:33) Mond Trigon Jupiter:* Anerkennung; Beliebtheit; Wohlbefinden; Glücksgefühl; Güte; Freude; Wohltat; Wunscherfüllung. *(05:53) Mond tritt ins Zeichen Wassermann ein:* Prinzip: »Gefühle überwinden die Dualität«; Unabhängigkeit; Reformfreude; Zukunftsglaube.

Di. 6. Oktober
Werden Sie etwas konkreter, wenn es um Ihre Partnerschaft geht. Heute haben Sie Gelegenheit, Ihre Wünsche offen zu äußern. *Tageskonstellationen: (17:56) Venus Sextil Uranus:* Reiz des Außergewöhnlichen; Exzentriker/in; unerwartete Begegnung. Die Wirkung dieses Aspektes kann stärker zum Vorschein kommen, wenn Sie in der Zeit vom 3.5.-5.5. geboren sind. *(19:19) Venus Halbquadrat Jupiter (!):* Vergnügungssucht; Spieler; Spekulationen. Dieser Einfluß kann sich verstärkt bemerkbar machen, wenn Sie in der Zeit vom 3.5.-5.5. geboren sind. *(23:04) Merkur Halbsextil Jupiter:* Zuversicht; Optimismus; Vertrauen.

Mi. 7. Oktober

Sie haben einen Fehler eingesehen und möchten ihn wiedergutmachen? Darüber läßt sich reden! Der erste Schritt dazu muß allerdings von Ihnen kommen. *Tageskonstellationen: (04:42) Sonne Quadrat Uranus:* Unberechenbarkeit; Störung; Unterbrechung; Wechsel; Verletzungstendenz! Die Wirkung dieses Aspektes kann stärker zum Vorschein kommen, wenn Sie in der Zeit vom 3.5.–5.5. geboren sind. *(11:14) Merkur tritt ins Zeichen Skorpion ein:* Strukturiertes, leitbildhaftes Denken; ideologische Grundsätze; hartnäckig an der Lösung eines Problems arbeiten; verborgenen Dingen nachforschen.

Do. 8. Oktober

Sagen Sie ein Treffen mit alten oder neuen Freunden auf keinen Fall ab. Sie werden nicht nur interessante Neuigkeiten erfahren, sondern auch viel Spaß haben. *Tageskonstellationen: (11:05) Venus Sextil Neptun (!):* Traum; Phantasie; kreatives Schaffen; Interesse für Kunst, Musik, Kultur. Die Wirkung dieses Aspektes kann stärker zum Vorschein kommen, wenn Sie in der Zeit vom 6.5.–9.5. geboren sind. *(22:34) Mond Trigon Mars:* Initiative; Aktivität; Einklang von Fühlen und Handeln. *(23:06) Mond Sextil Uranus:* Eine ersehnte Abwechslung; Anregung; Originalität; Veränderungsfreude.

GZ: 3, 5, 14, 21, 26, 30

Fr. 9. Oktober

Reagieren Sie nicht so überempfindlich, wenn man Sie kritisiert. Wenn Ihnen Fehler unterlaufen sind, dann sollten Sie auch dazu stehen. *Tageskonstellationen: (07:33) Sonne Quadrat Neptun:* Schwächung; Auflösung; Täuschung; Untergang; Gefahr durch Flüssigkeiten, Wasser oder chemische Stoffe. Die Wirkung dieses Aspektes kann stärker zum Vorschein kommen, wenn Sie in der Zeit vom 6.5.–9.5. geboren sind. *(12:55) Mars Opposition Uranus (!):* Plötzlicher Wechsel; Unbeständigkeit; Angriff; Explosion; Flugzeugabsturz. Verletzungstendenz. Dieser Einfluß kann sich verstärkt bemerkbar machen, wenn Sie in der Zeit vom 3.5.–5.5. geboren sind.

Sa. 10. Oktober

Möglicherweise werden Sie an Verpflichtungen erinnert, die Sie im Eifer des Gefechts völlig vergessen haben. Achten Sie in Zukunft

---

Astrologie von A–Z

Als Dekanat oder Dekade versteht man die Unterteilung eines Tierkreiszeichens in drei Unterabschnitte zu jeweils 10 Grad (Deka = griechisch Zehn).

Stichwort **Dekanat**

besser darauf, daß Formalitäten, Rechnungen usw. pünktlich erledigt werden. *Tageskonstellationen: (06:27) Mond Opposition Jupiter (!):* Maßlosigkeit; Schwelgerei; Übertreibung; enttäuschte Hoffnung. *(06:36) Mond tritt ins Zeichen Widder ein:* Prinzip: »Gefühlsbetonte Aktivität«; impulsiv; Unternehmungsfreude; Übereifer. Günstig für Neubeginn. *(14:29) Jupiter tritt ins Zeichen Waage ein:* Gerechtigkeitsstreben; Gegensätzlichkeiten überwinden; nach gemeinsamen Idealen leben.

So. 11. Oktober
Beenden Sie eine langwierige Diskussion und stimmen Sie einem Vorschlag zu. Viel mehr war in dieser Sache wahrscheinlich ohnehin nicht zu erreichen. Folgende Einflüsse mit zunehmender (+) oder nachlassender (-) Wirkung können sich heute zusätzlich bemerkbar machen: (+) Mars Opposition Neptun siehe → 14.10.

Mo. 12. Oktober
Passen Sie auf, daß Sie im Überschwang der Gefühle keine Dinge tun, die Sie hinterher bereuen müssen. Ein Vergnügen könnte ziemlich teuer werden. *Tageskonstellationen: (16:48) Mond tritt ins Zeichen Stier ein:* Prinzip: »Emotionales Festhalten«; Beständigkeit; Ausdauer; Konsolidierung; Formsinn; schwankende materielle Verhältnisse; Gefühlsstau. Günstig für Neuanschaffungen, Kauf/Verkauf. *(21:06) Venus Konjunktion Pluto (!):* Selbstsucht; Masochismus und erzwungene Liebe. Die Wirkung dieses Aspektes kann stärker zum Vorschein kommen, wenn Sie in der Zeit vom 13.–15.5. geboren sind.

Di. 13. Oktober
Ob auf Reisen oder zu Hause – Sie sind gutgelaunt und genießen die Vielfalt neuer Eindrücke die Ihnen Ihre Umgebung vermittelt. Neue Bekanntschaften und interessante Gespräche sorgen am Abend für Stimmung. Folgende Einflüsse mit zunehmender (+) oder nachlassender (-) Wirkung können sich heute zusätzlich bemerkbar machen: (+) Mars Opposition Neptun siehe → 14.10., (+) Merkur Quadrat Saturn siehe → 15.10.

Mi. 14. Oktober
Um einen zugesagten Termin einhalten zu können, werden Sie auf ein Vergnügen verzichten müssen. Später haben Sie immer noch Gelegenheit, das Versäumte nachzuholen. *Tageskonstellationen: (05:50) Mars Opposition Neptun:* Gefahr durch Gas, Flüssigkeiten, Wasser oder chemische Stoffe; Schiffsunglück und Überschwemmung. Die Wirkung dieses Aspektes kann stärker zum Vorschein kommen, wenn Sie in der Zeit vom 6.5.–9.5. geboren sind. *(09:39) Mond Opposition Pluto:* Machtgier; Zwang; Druck; Gewalt und Bedrängnis. *(13:21) Mond Opposition*

Venus (!): Hochgefühl; Empfänglichkeit; Charme; jedoch Hang zur Übertreibung und Schwelgerei. *(19:43) Sonne Halbsextil Pluto:* Mut; Selbstbewußtsein.

Do. 15. Oktober

In fremde Angelegenheiten wollen Sie sich nicht einmischen, sagen Sie. Doch es mehren sich die Stimmen, die behaupten, Sie wollten sich nur um die Verantwortung drücken. Das sollten Sie nicht auf sich sitzen lassen. *Tageskonstellationen: (01:08) Mond tritt ins Zeichen Zwillinge ein:* Prinzip: »Gefühlsbetontes Denken«; Neugier; Mitteilungsfreude; Vielseitigkeit; unbeständige Gefühle. Günstig für Studien, Besprechungen, Schriftliches. *(02:53) Mond Trigon Jupiter:* Anerkennung; Beliebtheit; Wohlbefinden; Glücksgefühl; Güte; Freude; Wohltat; Wunscherfüllung. *(12:38) Merkur Quadrat Saturn:* Autoritätskonflikte; Nörgelei; Kritiksucht; Pessimismus. Die Wirkung dieses Aspektes kann stärker zum Vorschein kommen, wenn Sie in der Zeit vom 30.4.–2.5. geboren sind. *(22:49) Mond Trigon Saturn (!):* Respekt; Anerkennung; Zuverlässigkeit; Pflichtgefühl.

GZ: 7, 15, 25, 33, 46, 49

Fr. 16. Oktober

Achten Sie heute besser darauf, wie Sie über andere Leute reden; eine gewisse Geringschätzung in Ihrem Unterton ist nämlich nicht zu überhören. Das wirft kein gutes Licht auf Sie. *Tageskonstellationen: (20:17) Mond Trigon Sonne (!):* Gegenseitiges Einvernehmen und Harmonie.

Sa. 17. Oktober

Man erwartet etwas von Ihnen, was Sie noch nie getan haben. Zum Glück läßt Sie Ihr Einfallsreichtum nicht im Stich und Sie finden einen Weg. *Tageskonstellationen: (07:03) Merkur Sextil Uranus (!):* Neue Überlegungen; Ausweg; ungewöhnlicher Vorschlag. Die Wirkung dieses Aspektes kann stärker zum Vorschein kommen, wenn Sie in der Zeit vom 3.5.–5.5. geboren sind. *(07:36) Mond tritt ins Zeichen Krebs ein:* Prinzip: »Emotionale Empfänglichkeit«; Eindrucksfülle; Anhänglichkeit; Familiensinn; Traditionsbewußtsein; Fürsorglichkeit. Günstig für familiäre und auch häusliche Angelegenheiten. *(10:09) Mond Quadrat Jupiter:* Maßlosigkeit; Übertreibung; Prahlerei; schlechtes Benehmen.

So. 18. Oktober

In Gesprächen erfahren Sie allerhand ungewöhnliche Dinge. Doch nehmen Sie nicht alles für bare Münze. Es wird zwar nicht leicht sein, die Spreu vom Weizen zu trennen. Doch dann wissen Sie wenigstens, woran Sie sind. *Tageskonstellationen: (18:11) Merkur Sextil Neptun (!):* Einbildungskraft; Vorstellungsvermögen; Intuition. Die

Wirkung dieses Aspektes kann stärker zum Vorschein kommen, wenn Sie in der Zeit vom 6.5.–9.5. geboren sind.

Mo. 19. Oktober
Es fällt Ihnen schwer, Ihre euphorischen Gefühle für sich zu behalten; das mag in der Liebe begrüßenswert sein. In Geschäftsangelegenheiten müssen Sie sachlich bleiben. *Tageskonstellationen: (02:30) Merkur Halbquadrat Jupiter:* Großspurige Worte; leere Versprechungen; Vorurteil. Die Wirkung dieses Aspektes kann stärker zum Vorschein kommen, wenn Sie in der Zeit vom 6.5.–9.5. geboren sind. *(05:39) Venus Halbquadrat Uranus:* Unerwartete Begegnung; Störungen in einer Partnerschaft; unnatürliche Befriedigung von Bedürfnissen. Dieser Einfluß kann sich verstärkt bemerkbar machen, wenn Sie in der Zeit vom 19.–21.5. geboren sind. *(18:47) Venus tritt ins Zeichen Schütze ein:* Idealismus; Schöngeistigkeit; Wahrheitsliebe; Einsicht; Bewegungslust.

Di. 20. Oktober
Seien Sie realistischer! Besonders in Herzensdingen sehen Sie vieles durch die rosa Brille. Hoffentlich handeln Sie sich damit keine Enttäuschung ein. *Tageskonstellationen: (08:08) Mond Opposition Saturn:* Zurückweisung; Widerstand; Druck; Notlage; Armut; Angstgefühl. Kann bei entsprechender Veranlagung Depressionen auslösen. *(17:03) Merkur Trigon Mars:* Entscheidungsfreude; Schlagfertigkeit; Übereinstimmung von Denken und Handeln. Die Wirkung dieses Aspektes kann stärker zum Vorschein kommen, wenn Sie in der Zeit vom 10.–12.5. geboren sind. *(20:22) Mond Quadrat Merkur:* Erhöhte Nervosität; Hang zu Flüchtigkeitsfehlern und Nachlässigkeiten. Nicht so günstig für Prüfungen und wichtige Gespräche. *(21:05) Venus Halbquadrat Neptun (!):* Beschönigung; die Dinge in ein falsches Licht setzen. Dieser Einfluß kann sich verstärkt bemerkbar machen, wenn Sie in der Zeit vom 21.–23.4. geboren sind.

Mi. 21. Oktober
Ein Tag voll Sympathie und freundlicher Gefühle. Stecken Sie Ihre Mitmenschen damit an! *Tageskonstellationen: (16:20) Venus Sextil Jupiter:* Verschönerung; Luxus; Ästhetik; Glück; erfolgreiche Spekulation. Die Wirkung

---

Astrologie von A–Z

Als Fixe Zeichen bezeichnet man in der Astrologie die vier Zeichen Stier, Löwe, Skorpion und Wassermann. Sie bilden gewissermaßen das »Mittelstück«, oder das zweite Drittel einer Jahreszeit mit der Tendenz, die jeweils vorherrschende Qualität der Zeit zu verdichten.

Stichwort Fixe Zeichen

dieses Aspektes kann stärker zum Vorschein kommen, wenn Sie in der Zeit vom 21.–23.4. geboren sind.

Do. 22. Oktober
Das ist ein idealer Tag, um Arbeiten zu erledigen, bei denen Geduld und Konzentration gefragt sind. Am Abend fällt möglicherweise eine wichtige Entscheidung. *Tageskonstellationen: (14:11) Mond Trigon Uranus (!):* Originalität; Einfallsreichtum; positive Veränderung. *(17:22) Mond Trigon Neptun:* Phantasie; Inspiration; vielversprechende Vorahnung. *(23:00) Mond Sextil Mars:* Begeisterung; Auftrieb; Einklang von Handeln und Fühlen.

GZ: 5, 24, 25, 27, 32, 36

Fr. 23. Oktober
Solange Sie es vermeiden, über private Dinge am Arbeitsplatz zu sprechen und Ihre Ausgaben ein bißchen einschränken, haben Sie einen erfolgversprechenden Tag. *Tageskonstellationen: (00:48) Merkur Konjunktion Pluto (!):* Suggestion; Beeinflussung; manchmal Druck, Drohung. Die Wirkung dieses Aspektes kann stärker zum Vorschein kommen, wenn Sie in der Zeit vom 13.–15.5. geboren sind. *(04:58) Sonne tritt ins Zeichen Skorpion ein:* Prinzip: »Energie bindet«; Durchsetzungskraft; Leidenschaftlichkeit; das Wesentliche erreichen wollen; zum Kern der Dinge vordringen; Ausdauer; Mut.

Sa. 24. Oktober
Eine Äußerung Ihres Partners sollten Sie ernst nehmen. Es könnte wesentlich mehr dahinterstecken, als Sie vermuten. *Tageskonstellationen: (02:00) Venus Anderthalb-Quadrat Mars (!):* Spannungen in einer Beziehung; Uneinigkeit. Die Wirkung dieses Aspektes kann stärker sein, wenn Sie in der Zeit vom 24.–26.4. geboren sind.

So. 25. Oktober
Im großen und ganzen verläuft der Tag ungestört. Es könnte jedoch sein, daß Sie gewisse Probleme haben, wenn es gilt, Denken und Fühlen klar voneinander zu trennen. Besprechen Sie wichtige Entscheidungen deshalb mit Ihrem Partner oder einem anderen Menschen, der heute Ihr Vertrauen genießt. *Tageskonstellationen: (01:27) Mond Quadrat Mars:* Unrast; Aggressivität; Widerspenstigkeit; rücksichtsloses Benehmen; Egoismus; Verletzungstendenz! *(17:05) Mond tritt ins Zeichen Skorpion ein:* Prinzip: »Emotionale Verbindlichkeit«; Ausdauer; Kampfgeist; Reizbarkeit. Interesse für verborgene und okkulte Dinge. *(21:34) Mond Konjunktion Sonne (!):* Neumondstellung; symbolisiert Fruchtbarkeit, Neubeginn, Vereinigung von Yin und Yang (männlichem/weiblichem Prinzip).

Mo. 26. Oktober
Sich einfach hinzusetzen und die Hände in den Schoß zu legen, wäre zwar auch eine Lösung, doch ein Problem wird auf diese Weise nicht kleiner. Zum Glück fällt Ihnen schon bald etwas Besseres ein! *Tageskonstellationen: (12:04) Sonne Halbsextil Jupiter:* Wohlwollen; Idealismus; Lebensfreude; gegenseitiges Einvernehmen; Großzügigkeit. *(13:09) Mond Quadrat Saturn:* Ablehnung; Neid; Mißgunst. *(17:37) Mond Sextil Uranus:* Eine ersehnte Abwechslung; Anregung; Originalität; Veränderungsfreude. *(20:51) Mond Sextil Neptun (!):* Fördert Intuition; Inspiration; Einfühlungsvermögen; manchmal Hang, die Dinge einseitig positiv zu sehen.

Di. 27. Oktober
Wozu möchten Sie ein Experiment wiederholen? Es gibt keine Umstände, die ein anderes Resultat erwarten lassen. *Tageskonstellationen: (05:22) Mond Trigon Mars:* Initiative; Aktivität; Einklang von Fühlen und Handeln. *(06:43) Mond Konjunktion Pluto (!):* Bedrängnis; Zwang; Fanatismus; Unterdrückung. *(16:23) Mond Konjunktion Merkur:* Enge Verbindung von Gefühl und Verstand; Hang zu häufiger Meinungsänderung; manchmal Neuigkeit, unerwarteter Besuch. *(20:29) Mond tritt ins Zeichen Schütze ein:* Prinzip: »Emotionale Steigerung«; Idealismus; Begeisterungsfähigkeit; Glaube; Großzügigkeit. Günstig für die philosophischen Studien, Rechtsfragen und juristische Angelegenheiten.

Mi. 28. Oktober
Schön, daß Sie sich für einen neuen Plan begeistern. Doch Sie haben schon zu viele Eisen im Feuer. Führen Sie erst einmal das zu Ende, was Sie angefangen haben. *Tageskonstellationen: (02:53) Mond Sextil Jupiter:* Verbundenheit; Genuß; Freundschaft; Güte; mit geringen Mitteln viel erreichen. *(15:44) Mond Konjunktion Venus:* Herzlichkeit; Sensibilität; Einfühlungsvermögen; Formsinn. *(17:52) Mond Sextil Saturn (!):* Sorgfalt; Gewissenhaftigkeit; Einklang innerer Bedürfnisse mit den äußeren Umständen.

Do. 29. Oktober
Je realistischer Sie eine Freundschaft oder Liebesbeziehung sehen, desto stärker werden Ihnen die vielen Gemeinsamkeiten bewußt, die es in grundsätzlichen Fragen gibt. Das Gefühl, mit den richtigen Leuten zusammen zu sein, macht Sie ausgesprochen glücklich. *Tageskonstellationen: (09:17) Merkur Halbquadrat Uranus:* Unbeständigkeit; sprunghaftes Denken; Konzentrationsmangel. Die Wirkung dieses Aspektes kann stärker zum Vorschein kommen, wenn Sie in der Zeit vom 19.–21.5. geboren sind. *(15:31) Venus Sextil Saturn (!):*

Formsinn; freundschaftliche Verbindung; Zufriedenheit. Dieser Einfluß kann sich verstärkt bemerkbar machen, wenn Sie in der Zeit vom 30.4.-2.5. geboren sind. *(18:03) Merkur tritt ins Zeichen Schütze ein:* Weltanschauung; philosophischer Denkstil; Begeisterungsfähigkeit. *(20:08) Mars Trigon Pluto:* Charisma; Überzeugungskraft; Durchsetzungsvermögen. Die Wirkung dieses Aspektes kann stärker sein, wenn Sie in der Zeit vom 13.-15.5. geboren sind.

GZ: 5, 21, 26, 34, 40, 45

Fr. 30. Oktober
Auch wenn Sie keine große Lust dazu verspüren, an einem Familientreffen sollten Sie dennoch teilnehmen. Sie stellen damit nicht nur Ihren guten Willen unter Beweis, sondern erfahren außerdem noch interessante Neuigkeiten. *Tageskonstellationen: (03:18) Mond tritt ins Zeichen Steinbock ein:* Prinzip: »Gefühl reguliert«; Ausdauer; Durchhaltekraft; Beharrlichkeit; Zielstrebigkeit; Pflichtbewußtsein. *(11:03) Mond Quadrat Jupiter:* Maßlosigkeit; Übertreibung; Prahlerei und schlechtes Benehmen. *(17:38) Mond Sextil Sonne (!):* Zustimmung; Einvernehmen und Harmonie.

Sa. 31. Oktober
Sie sind gereizt und neigen zu übereiltem Handeln. Warten Sie für wichtige Entscheidungen, Vertragsabschlüsse und andere langfristige Verpflichtungen einen günstigeren Zeitpunkt ab. *Tageskonstellationen: (03:57) Merkur Halbquadrat Neptun:* Verwirrung; Wunschdenken. Die Wirkung dieses Aspektes kann stärker zum Vorschein kommen, wenn Sie in der Zeit vom 21.-23.4. geboren sind. *(21:04) Venus Halbsextil Uranus:* Spontaner Ausdruck; experimentelle Kunst; moderne Musik.

Astrologie von A–Z

Als Drachenpunkte werden die sogenannten Mondknoten bezeichnet. Der Mondknoten ist ein Schnittpunkt zwischen der Ekliptik (Bahn der Erde um die Sonne) und der Mondbahn um die Erde. Je nachdem, ob die Mondbahn auf- oder absteigt, spricht man auch von auf- oder absteigenden Mondknoten. Die Bezeichnung Drachenschwanz und Drachenkopf rührt daher, daß Sonnenfinsternisse (Eklipsen) immer dann auftreten, wenn Sonne, Mond und Mondknoten auf einer Achse liegen. Im Altertum glaubte man, die Verfinsterung des Lichtes rührte daher, daß es von einem Drachen verschlungen wird.

Stichwort **Drachenschwanz**

November 1992

Planen Sie auf längere Sicht

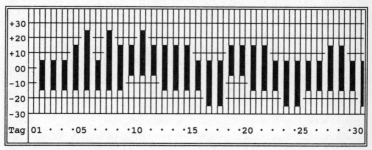

November 1992: Aktivierende (+) und hemmende (−) Einflüsse für Stier-Geborene

Insbesondere um die Monatsmitte weisen die Tendenzen dieser Periode auf wichtige Entwicklungen in einer Beziehung hin. Dies ist eine Zeit, in der möglicherweise die Weichen für den weiteren Verlauf einer persönlichen oder geschäftlichen Partnerschaft völlig neu gestellt werden, weil sich Umstände ergeben, mit denen Sie bisher nicht gerechnet haben. Die sich daraus ergebenden Möglichkeiten sind nach allen Richtungen offen. Sie könnten beispielsweise den Entschluß fassen, sich zeitweise von Ihrem Partner zu trennen und ein Stück Weges alleine zu gehen, um wieder mehr zu sich zurückzufinden. Es kann aber ebenso auch das Gegenteil eintreffen, so daß Sie aufgrund bestimmter Umstände den Wunsch verspüren, Distanzen (räumlicher, geographischer oder emotionaler Art) zu überwinden und mehr Gemeinsamkeit in einer Beziehung finden möchten. Doch wie immer sich die beschriebenen Tendenzen im Einzelfall auch manifestieren mögen – in ihnen liegt ein Weg, um an einer Beziehung zu wachsen, sie kreativer und lebendiger zu gestalten. Im *zeitlichen Ablauf* zeigt sich in der ersten Monatshälfte ein Überwiegen der hamonisierenden Tendenzen. Daß es danach etwas wechselhaft weitergeht, läßt auf Veränderungen schließen, die auch den beruflichen Bereich betreffen können.

November

DAS WETTER

Nebelbildung, sinkende Temperaturen und feuchte, trübe Witterung sind kennzeichnend für das Wetter im November. Die mittlere Durschnittstemperatur dieses Monats liegt bei 4.3 Grad, doch steigt die Quecksilbersäule mittags bisweilen noch bis zu 16 Grad; die mittlere Tagestiefsttemperatur liegt bei 2 Grad. In der Regel kommt es zu 8-10 Frosttagen, hiervon zwei Eistage. Im zeitlichen Ablauf beginnt der November recht mild (Hochdrucklage) bei relativ klaren und warmen Tagen und starkem Temperaturrückgang und Nebelbildung in der Nacht. Ab ca. 8. unbeständiges, jedoch weiterhin eher mildes Wetter und Regenschauer. (Der Zeitraum vom 12.-16. November gilt in der Meteorologie als Indikator für die Temperaturen zum Jahresende; wird es warm, so liegen die Temperaturen zum Jahresende tiefer als üblich.) Ab ca. 25. November bis zum Monatsende strömt milde Meeresluft ein, die Regen mit sich bringt.

IM NOVEMBER

So. 1. November (Allerheiligen)
Bleiben Sie nicht allein und unternehmen Sie etwas mit Freunden und Bekannten. Dieser Tag eignet sich besonders für alles, was im Team angegangen wird. ***Tageskonstellationen:*** *(13:43) Mond tritt ins Zeichen Wassermann ein:* Prinzip: »Gefühle überwinden die Dualität«; Unabhängigkeit; Reformfreude; Fortschritt und Zukunftsglaube. *(19:58) Mond Sextil Merkur:* Neuigkeit; erfreuliche Mitteilung; Einklang von Gefühl und Verstand. *(22:51) Mond Trigon Jupiter (!):* Anerkennung; Beliebtheit; Wohlbefinden; Glücksgefühl; Güte; Freude; Wohltat.

Mo. 2. November
Nicht alles, was Ihnen angepriesen wird, ist auch für Ihre Zwecke einsetzbar. Überprüfen Sie die Vor- und Nachteile einer neuen Methode gründlich, bevor Sie sich zu einem Kauf entschließen. ***Tageskonstellationen:*** *(09:52) Venus Halbsextil Neptun (!):* Sensibilität; Empfindsamkeit; verborgenes Verlangen. *(10:11) Mond Quadrat Sonne:* Unruhiger Tagesablauf; Nervosität; Disharmonie. *(13:57) Mond Konjunktion Saturn:* Stimmungstief, seelische Belastung oder Angstgefühle. Kann bei entsprechender Veranlagung Depressionen auslösen.

Di. 3. November
Man wüßte zu gerne, was wirklich in Ihnen vorgeht. Doch so schnell lüften Sie den Schleier Ihrer Geheimnisse nicht. Wer es genau wissen will, muß sich schon anstrengen. ***Tageskonstellationen:*** *(00:26) Mond Sextil Venus (!):* Schwärmerei; Romantik; Sehnsucht; Harmonie; Liebesgefühle. *(10:51) Mond Quadrat Pluto:* Bedrängnis; Rücksichtslosigkeit; Druck; Zwang; Unterdrückung und Tyrannei. *(21:32) Merkur Sextil Jupiter:* Großzügige

Geste; Versprechen; Gunst. Die Wirkung dieses Aspektes kann stärker zum Vorschein kommen, wenn Sie in der Zeit vom 24.–26.4. geboren sind.

Mi. 4. November
Von Leuten, die Ihre Pläne mehr hemmen als fördern, haben Sie nicht viel zu erwarten. Warum schauen Sie sich nicht anderweitig um? Konkurrenz belebt das Geschäft. *Tageskonstellationen: (02:12) Mond tritt ins Zeichen Fische ein:* Prinzip: »Gefühle lösen die Realität auf«; Mitgefühl; Hilfsbereitschaft; Auflösung einer Situation. *(08:21) Sonne Quadrat Saturn:* Hemmung; Widerstand; Abweisung; unter innerem oder äußerem Druck stehen. Die Wirkung dieses Aspektes kann stärker zum Vorschein kommen, wenn Sie in der Zeit vom 3.5.–5.5. geboren sind. *(13:14) Mond Quadrat Merkur (!):* Erhöhte Nervosität; Hang zu Flüchtigkeitsfehlern und Nachlässigkeiten. Nicht so günstig für Prüfungen und wichtige Gespräche.

Do. 5. November
Über Geschmack läßt sich nicht streiten; wohl aber über die Kosten desselben. Gehen Sie etwas sparsamer mit Ihrem Geld um. Folgende Einflüsse mit zunehmender (+) oder nachlassender (–) Wirkung können sich heute zusätzlich bemerkbar machen: (–) Sonne Quadrat Saturn siehe → 4.11., (+) Sonne Sextil Uranus siehe → 7.11.

GZ: 15, 20, 29, 34, 42, 49

Fr. 6. November
Ihre Zeit ist knapp bemessen. Trotzdem sollten Sie bei einer Feier nicht fehlen. Sie werden interessante Leute kennenlernen. *Tageskonstellationen: (03:13) Mond Trigon Mars (!):* Initiative; Aktivität; Einklang von Fühlen und Handeln. *(14:19) Mond tritt ins Zeichen Widder ein:* Prinzip: »Gefühlsbetonte Aktivität«; impulsiv; Unternehmungsfreude; Übereifer. Günstig für Neubeginn.

Sa. 7. November
Möglicherweise haben Sie Ihr Angebot zu tief veranschlagt. Versuchen Sie erst einmal herauszufinden, wieviel man zu zahlen bereit ist, bevor Sie Ihren Preis bekanntgeben. *Tageskonstellationen: (02:21) Sonne Sextil Uranus:* Spontaneität; unerwartete Wendung; Befreiung aus einer unangenehmen Lage. Die Wirkung dieses Aspektes kann stärker zum Vorschein kommen, wenn Sie in der Zeit vom 3.5.–5.5. geboren sind. *(09:50) Venus Halbsextil Pluto:* Leidenschaftlichkeit; heftige Empfindungen.

So. 8. November
In Liebesdingen brauchen Sie nicht lange um den heißen Brei herumzureden. Je schneller Sie zur Sache kommen, um so mehr Zeit bleibt Ihnen für die Lösung einer

wichtigen Frage. *Tageskonstellationen: (12:47) Mond Trigon Venus (!):* Romantische Gefühle; Liebesgefühl; Anhänglichkeit; Warmherzigkeit. *(14:52) Mond Quadrat Mars:* Unrast; Aggressivität; Widerspenstigkeit; rücksichtsloses Benehmen; Egoismus und Verletzungstendenz! *(20:51) Sonne Sextil Neptun:* Sinn für Zusammenhänge zeigen; Intuition. Die Wirkung dieses Aspektes kann stärker zum Vorschein kommen, wenn Sie in der Zeit vom 6.5.–9.5. geboren sind.

Mo. 9. November
Familiäres oder finanzielle Fragen sorgen für Diskussionen. Es hilft Ihnen nicht weiter, wenn Sie heute stur auf Ihrem Recht bestehen. Viel vernünftiger wäre es, einen Kompromiß anzustreben. *Tageskonstellationen: (00:19) Mond tritt ins Zeichen Stier ein:* Prinzip: »Emotionales Festhalten«; Beständigkeit; Ausdauer; Konsolidierung; Formsinn; schwankende materielle Verhältnisse; Gefühlsstau. Günstig für Neuanschaffungen, Kauf/Verkauf. *(15:22) Venus Quincunx Mars:* Unentschlossenheit; Mißerfolg. *(23:26) Mond Quadrat Saturn (!):* Ablehnung; Neid.

Di. 10. November
Möglicherweise haben Sie Schwierigkeiten, sich auf Ihre Aufgaben zu konzentrieren. Erledigen Sie Routinearbeiten und verlegen Sie diffizilere Dinge auf einen ausgewogeneren Tag. Folgende Einflüsse mit zunehmender (+) oder nachlassender (–) Wirkung können sich heute zusätzlich bemerkbar machen: (+) Venus Halbquadrat Saturn siehe → 11.11.

Mi. 11. November
Nehmen Sie sich Ihre Unterlagen noch einmal in aller Ruhe vor, bevor Sie sich in Unkosten stürzen. Eventuell gibt es eine günstigere Möglichkeit, um Ihr Vorhaben zu realisieren. *Tageskonstellationen: (09:59) Venus Halbquadrat Saturn:* Ernüchterung; Zurückweisung. Die Wirkung dieses Aspektes kann stärker zum Vorschein kommen, wenn Sie in der Zeit vom 19.–21.5. geboren sind.

Do. 12. November
Sie langweilen sich heute? Dabei gibt es doch immer genug zu tun. Beschäftigen Sie sich im häuslichen Bereich oder mit Ihren Hobbys. *Tageskonstellationen: (06:13) Mond Trigon Saturn (!):* Respekt; Anerkennung; Zuverlässigkeit; Pflichtgefühl.

GZ: 3, 8, 12, 24, 31, 33

Fr. 13. November
Daß Ihr Partner Sie gerade heute beim Wort nimmt, kommt Ihnen ungelegen. Doch versprochen ist versprochen! Außerdem würde man Ihnen eine Absage schon bei der nächsten Gelegenheit vorhal-

ten. *Tageskonstellationen: (13:17) Mond Opposition Venus (!):* Hochgefühl; Empfänglichkeit; Charme; jedoch Hang zur Übertreibung und Schwelgerei. *(13:20) Mond tritt ins Zeichen Krebs ein:* Prinzip: »Emotionale Empfänglichkeit«; Eindrucksfülle; Anhänglichkeit; Familiensinn; Traditionsbewußtsein; Fürsorglichkeit. Günstig für familiäre und häusliche Angelegenheiten. *(13:48) Venus tritt ins Zeichen Steinbock ein:* Freundlichkeit; Güte; Treue; Hingabefähigkeit; Zuverlässigkeit.

Sa. 14. November

Jemand rechnet mit Ihrer Nachgiebigkeit. Aber nur aus Gutmütigkeit sollten Sie nichts vereinbaren, was Sie in Wirklichkeit gar nicht wollen. *Tageskonstellationen: (00:13) Sonne Halbquadrat Jupiter (!):* Viel versprechen und wenig halten; Anmaßung; Schwelgerei; Hang zur Überheblichkeit. Eher ungünstig für Rechtliches und Vertragsangelegenheiten. Die Wirkung dieses Aspektes kann stärker zum Vorschein kommen, wenn Sie in der Zeit vom 13.–15.5. geboren sind. *(01:19) Mond Quadrat Jupiter:* Maßlosigkeit; Übertreibung; Prahlerei und schlechtes Benehmen. *(15:50) Mond Opposition Uranus:* Unberechenbarkeit; plötzliche Veränderung; Ortswechsel. *(18:39) Mond Opposition Neptun:* Unklarheit; Zwielicht; Vernebelung; Flucht in Rauscherlebnisse; Auflösung einer Verbindung.

So. 15. November

Etwas ginge Sie nichts an, sagen Sie, und machen einfach so weiter wie bisher. Wenn Sie sich da nur nicht täuschen! *Tageskonstellationen: (01:05) Sonne Konjunktion Pluto (!):* Zwanghaftigkeit; Unterdrückung; Anschlag. Die Wirkung dieses Aspektes kann stärker zum Vorschein kommen, wenn Sie in der Zeit vom 13.–15.5. geboren sind. *(10:36) Merkur Sextil Jupiter:* Großzügige Geste; Versprechen; Gunst. Dieser Einfluß kann sich verstärkt bemerkbar machen, wenn Sie in der Zeit vom 27.–29.4. geboren sind.

Mo. 16. November

Was Sie planen ist reichlich kühn. Glauben Sie nur nicht, daß man Ihre Aktion unwidersprochen hinnehmen wird. *Tageskonstellationen: (04:38) Mond Trigon Merkur:* Gute Nachricht; konstruktives Gespräch; vielversprechende Bekanntschaft. *(05:48) Mond Sextil Jupiter:* Verbundenheit; Genuß; Freundschaft; Güte; mit geringen

---

Astrologie von A–Z

Unter Orb oder Orbis versteht man in der Astrologie die Abweichung eines Aspektes von seinem exakten Wert. Je genauer ein Aspekt zwischen zwei Planeten ist, um so stärker ist seine Wirksamkeit.

Stichwort **Orbis**

Mitteln viel erreichen. *(15:02) Mond Opposition Saturn (!):* Zurückweisung; Widerstand; Druck; Notlage; Armut und Angstgefühl. Kann bei entsprechender Veranlagung Depressionen auslösen.

Di. 17. November

Das kann ein aufregender Tag werden, an dem es weder an Überraschungen noch an Neuigkeiten mangelt. Gemeinsame Aktionen mit dem Partner oder Freunden werden das Übrige tun, um Sie in beste Laune zu versetzen. *Tageskonstellationen: (08:35) Mond Quadrat Pluto:* Bedrängnis; Rücksichtslosigkeit; Druck; Zwang; Unterdrückung; Tyrannei. *(12:40) Mond Quadrat Sonne:* Unruhiger Tagesablauf; Nervosität; Disharmonie. *(19:21) Merkur Halbsextil Venus (!):* Schwärmerei; Einfallsreichtum; Lernfreude. *(20:29) Mond tritt ins Zeichen Jungfrau ein:* Prinzip: »Emotionales Unterscheidungsvermögen«; Lebensklugheit; Bescheidenheit; Sorgfalt. Günstig für Planungsarbeiten, Analysen.

Mi. 18. November
(Buß u. Bettag)

Der Tag begünstigt alle Aktivitäten, die dem Wohl Ihrer Gesundheit dienen. Kurze Reisen, Urlaubspläne, Kuren, Erholungs- und Fitnessprogramme bieten sich besonders dafür an. *Tageskonstellationen: (04:23) Mond Quadrat Merkur:* Erhöhte Nervosität; Hang zu Flüchtigkeitsfehlern und Nachlässigkeiten. Nicht so günstig für Prüfungen und wichtige Gespräche. *(05:57) Mond Trigon Venus:* Romantische Gefühle; Liebesgefühl; Anhänglichkeit; Warmherzigkeit. *(22:24) Mond Trigon Uranus (!):* Originalität; Einfallsreichtum; positive Veränderung.

Do. 19. November

Sagen Sie nur nicht, es sei Ihnen egal, wie man andernorts über Sie spricht. Heute bietet sich möglicherweise eine gute Gelegenheit, etwas für Image zu tun. *Tageskonstellationen: (02:36) Sonne Trigon Mars (!):* Leistungshoch; Aktivität; Energie; gute sportliche oder körperliche Leistung. Die Wirkung dieses Aspektes kann stärker zum Vorschein kommen, wenn Sie in der Zeit vom 16.–18.5. geboren sind.

GZ: 5, 20, 27, 28, 40, 47

Fr. 20. November

In einer Liebesbeziehung läßt sich nicht alles zu Ihrer Zufriedenheit regeln. Wenn Sie jedoch stur auf Ihrem Recht beharren, kommen Sie nicht ans Ziel. Seien Sie diplomatischer und gehen Sie mehr auf die Argumente Ihres Partners bzw. Ihrer Partnerin ein. Das wird eine Einigung erleichtern. *Tageskonstellationen: (04:25) Venus Quadrat Jupiter:* Überschwenglichkeit; Unersättlichkeit; Arroganz; Form zählt mehr als Inhalt. Die Wirkung dieses Aspektes kann stärker zum Vorschein kommen, wenn Sie in der Zeit vom 27.-29.4. geboren sind. *(07:41) Venus Halbquadrat Pluto:* Begierde; Leidenschaftlichkeit; erzwungene Liebe. Dieser Einfluß kann sich verstärkt bemerkbar machen, wenn Sie in der Zeit vom 27.-29.4. geboren sind. *(09:46) Merkur Halbquadrat Neptun:* Verwirrung; Wunschdenken. Die Wirkung dieses Aspektes kann stärker zum Vorschein kommen, wenn Sie in der Zeit vom 21.-23.4. geboren sind.

Sa. 21. November
Eine persönliche Sache bedarf der Klärung. Verabreden Sie sich mit jemandem, mit dem Sie in Ruhe über alles sprechen können. *Tageskonstellationen: (09:12) Jupiter Halbquadrat Pluto:* Streben nach Macht und Einfluß; Machtmißbrauch; Geldgier. Die Wirkung dieses Aspektes kann stärker zum Vorschein kommen, wenn Sie in der Zeit vom 27.-29.4. geboren sind. *(12:11) Merkur Halbquadrat Uranus:* Unbeständigkeit; sprunghaftes Denken; Konzentrationsmangel. Dieser Einfluß kann sich verstärkt bemerkbar machen, wenn Sie in der Zeit vom 21.-23.4. geboren sind. *(20:43) Merkur tritt ins Zeichen Schütze ein:* Weltanschauung; philosophischer Denkstil; große Begeisterungsfähigkeit. *(23:10) Merkur Konjunktion Sonne (!):* Selbsterkenntnis; Gesprächsfreude; Neuigkeit. Die Wirkung dieses Aspektes kann stärker zum Vorschein kommen, wenn Sie in der Zeit vom 19.-21.5. geboren sind.

So. 22. November
Schöne Komplimente schmeicheln Ihnen sehr. Trotzdem kann es nicht schaden, sich ein paar Gedanken darüber zu machen, welche Absichten jemand damit verfolgen könnte. *Tageskonstellationen: (01:52) Mond tritt ins Zeichen Skorpion ein:* Prinzip: »Emotionale Verbindlichkeit«; Ausdauer; Kampfgeist; Reizbarkeit. Interesse für verborgene und okkulte Dinge. *(02:27) Sonne tritt ins Zeichen Schütze ein:* Prinzip: »Dynamisierung von Energie«; Begeisterungsfähigkeit; Expansionsstreben; Bewegungsfreude; Einsicht; geistige Erweiterung. *(15:07) Sonne Halbquadrat Uranus:* Eigensinnig; Unvernunft; Sturz; Verletzungstendenz! Die Wirkung dieses Aspektes kann stärker zum Vorschein kommen, wenn Sie in der Zeit vom 21.-23.4. geboren sind. *(21:01) Mond Sextil Venus (!):* Schwärmerei; Romantik; Sehnsucht; Harmonie; Liebesgefühle.

Mo. 23. November
Herzensfragen scheinen Sie derzeit mehr als alles andere zu bewegen. Warum sprechen Sie nicht einfach offen mit Ihrem Partner über diese Dinge? Das wäre ein guter Tag dafür. *Tageskonstellationen: (19:01) Merkur Trigon Mars:*

November

Entscheidungsfreude; Schlagfertigkeit; Übereinstimmung von Denken und Handeln. Die Wirkung dieses Aspektes kann stärker zum Vorschein kommen, wenn Sie in der Zeit vom 19.–21.5. geboren sind. *(20:56) Merkur Halbquadrat Venus (!):* Beschönigende Worte; Übertreibung; uneingelöstes Versprechen; Uneinigkeit in der Partnerschaft. Dieser Einfluß kann sich verstärkt bemerkbar machen, wenn Sie in der Zeit vom 19.–21.5. geboren sind.

Di. 24. November

Alte Liebe rostet nicht. Doch ob Sie gut beraten sind, eine alte Beziehung wieder aufzuwärmen, muß sich erst noch zeigen. Ansonsten bleiben Sie doch lieber gute Freunde. *Tageskonstellationen: (03:22) Sonne Halbquadrat Neptun:* Unklarheiten; Vernebelung; Täuschung. Die Wirkung dieses Aspektes kann stärker zum Vorschein kommen, wenn Sie in der Zeit vom 21.–23.4. geboren sind. *(12:24) Venus Halbsextil Saturn (!):* Ernüchterung; Sachlichkeit; Baukunst.

Mi. 25. November

Heute könnten Sie wunderbar all jene Arbeiten erledigen, die Geduld und Konzentration erfordern. Eine wichtige Entscheidung sollten Sie erst am Abend treffen. *Tageskonstellationen: (05:36) Mond Sextil Saturn (!):* Sorgfalt; Gewissenhaftigkeit; Einklang innerer Bedürfnisse mit den äußeren Umständen.

Do. 26. November

Bei bestimmten Leute haben Ihre Worte großen Eindruck hinterlassen. Hoffentlich haben Sie dabei aber nicht zu dick aufgetragen; sonst kommt man bald mit Wünschen auf Sie zu, die Sie nicht erfüllen können. *Tageskonstellationen: (12:38) Mond tritt ins Zeichen Steinbock ein:* Prinzip: »Gefühl reguliert«; Ausdauer; Durchhaltekraft; Beharrlichkeit; Zielstrebigkeit; Pflichtbewußtsein. *(17:09) Venus Konjunktion Uranus:* Unerwartetes Glück; Erneuerung; gelungene Reform; Kunst-Experiment. Die Wirkung dieses Aspektes kann stärker zum Vorschein kommen, wenn Sie in der Zeit vom 6.5.–9.5. geboren sind. *(22:09) Merkur Halbquadrat Jupiter (!):* Großspurige Worte; leere Versprechungen und Vorurteil. Dieser Einfluß kann sich verstärkt bemerkbar machen, wenn Sie in der Zeit vom 16.–18.5. geboren sind.

GZ: 30, 31, 34, 40, 43, 46

Fr. 27. November

In Ihrer Phantasie können Sie sich manche Freiheit herausnehmen. Doch verlassen Sie sich nicht darauf, daß das in der Realität auch so einfach geht. Vor allem in der Liebe könnten Sie sich jetzt arg täuschen. *Tageskonstellationen:*

(19:25) Merkur Konjunktion Pluto: Suggestion; starke Beeinflussung; manchmal Druck, Drohung. Die Wirkung dieses Aspektes kann stärker zum Vorschein kommen, wenn Sie in der Zeit vom 13.–15.5. geboren sind. *(22:20) Venus Konjunktion Neptun (!):* Harmonieempfinden; Interesse für Kunst, Musik. Dieser Einfluß kann sich verstärken, wenn Sie in der Zeit vom 6.5.–9.5. geboren sind.

Sa. 28. November

Bis jetzt waren Sie klug genug, sich in einer strittigen Familienangelegenheit neutral zu verhalten. Tun Sie dies auch weiterhin, dann bleibt Ihnen heute unnötiger Ärger erspart. *Tageskonstellationen: (08:40) Mond Sextil Merkur:* Neuigkeit; erfreuliche Mitteilung; Einklang von Gefühl und Verstand. *(09:24) Mond Sextil Pluto (!):* Neuordnung; innere Spannung; die Ergründung verborgener Zusammenhänge; okkulte Interessen. *(17:38) Mond Opposition Mars:* Aggressivität; unangemessene Reaktion; Verletzungstendenz! Kann bei entsprechender Veranlagung Magenbeschwerden auslösen. *(22:19) Mond tritt ins Zeichen Wassermann ein:* Prinzip: »Gefühle überwinden die Dualität«; Unabhängigkeit; Reformfreude; Fortschritt; Zukunftsglaube.

So. 29. November

Einen Anspruch möchte man Ihnen streitig machen. Doch was Sie einmal in Besitz genommen haben, rücken Sie so schnell nicht wieder heraus. Das dürften auch Ihre Widersacher bald merken. *Tageskonstellationen: (13:15) Mond Sextil Sonne:* Zustimmung; Einvernehmen; Harmonie. *(17:09) Mond Trigon Jupiter (!):* Anerkennung; Beliebtheit; Glücksgefühl; Güte; Freude; Wohltat.

Mo. 30. November

Sagen Sie Einladungen oder Besuche ab und verbringen Sie den Tag dort, wo Sie sich am wohlsten fühlen. So kommen Sie am schnellsten über ein kurzes Zwischentief hinweg. *Tageskonstellationen: (01:07) Mond Konjunktion Saturn (!):* Stimmungstief, seelische Belastung oder Angstgefühle. Kann bei entsprechender Veranlagung Depressionen auslösen. *(18:42) Mond Quadrat Merkur:* Erhöhte Nervosität; Hang zu Flüchtigkeitsfehlern und Nachlässigkeiten. Nicht so günstig für Prüfungen und wichtige Gespräche. *(21:17) Mond Quadrat Pluto:* Bedrängnis; Rücksichtslosigkeit; Druck; Zwang; Unterdrückung; Tyrannei.

Astrologie

Das Phänomen Mensch muß auf einer kosmischen Skala gemessen werden…

Teilhard de Chardin

Ansichten berühmter Leute

Dezember 1992

Originalität hilft Einschränkungen überwinden

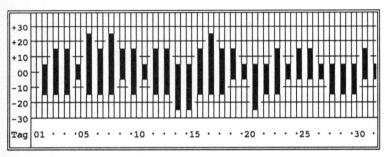

Dezember1992: Aktivierende (+) und hemmende (−) Einflüsse für Stier-Geborene

In den letzten Wochen dieses erlebnisreichen Jahres setzen sich Einflüsse durch, die Ihren Unabhängigkeitsdrang stimulieren, und Sie zeitweise mit einer intensiven Sehnsucht nach Freiheit und Originalität erfüllen. Sie suchen nach neuen Ausdruckswegen, um diese Gefühle zu betonen und erleben die Kreativität als eine Kraft, mit der bisherige Zwänge und Einschränkungen überwunden werden können. Eine Beschäftigung mit moderner Kunst, abstrakter Malerei, Jazz oder Rockmusik, aber auch kreative Anwendungen der modernen Technik (z.B. Computergrafik, Synthesizer, Video-Clips) kann Ihnen jetzt viel Freude bereiten. Sie verhalten sich aber auch in anderen Bereichen, z.B. in Ihren Beziehungen und erotischen Kontakten, zwangloser und stehen neuen Erfahrungen offen gegenüber. Im *zeitlichen Ablauf* dürfte vor allem die erste Dezemberhälfte eine ziemlich erlebnisreiche Zeit werden, die Sie als angenehm empfinden. Zum Jahresende hin wird es wiederum ruhiger, was z.B. etwaigen Urlaubs- und Erholungsplänen zugute käme. Von einem bereits gefaßten Entschluß sollten Sie um den 13./14. Dezember nicht mehr abweichen.

Di. 1. Dezember

Die Mitteilung, die Sie heute erhalten, löst nicht gerade Begeisterungsstürme aus. Dennoch ist es beruhigend zu wissen, daß es wieder aufwärts geht. Das erfüllt Sie mit Zuversicht. *Tageskonstellationen: (10:23) Mond tritt ins Zeichen Fische ein:* Prinzip: »Gefühle lösen die Realität auf«; Mitgefühl; Hilfsbereitschaft; Auflösung einer Situation. *(19:21) Sonne Sextil Jupiter (!):* Idealismus; Begeisterungsfähigkeit; Großzügigkeit; Optimismus; Zukunftsglaube. Die Wirkung dieses Aspektes kann stärker zum Vorschein kommen, wenn Sie in der Zeit vom 30.4.-2.5. geboren sind.

Mi. 2. Dezember

Sie bekommen freundliche Worte zu hören. Das könnte dazu beitragen, daß Sie Ihre Meinung über gewisse Leute noch einmal überdenken. *Tageskonstellationen: (05:23) Merkur Sextil Venus (!):* Anregendes Gespräch; Freundschaft; Gedankenaustausch. Die Wirkung dieses Aspektes kann stärker zum Vorschein kommen, wenn Sie in der Zeit vom 13.-15.5. geboren sind. *(07:17) Mond Quadrat Sonne:* Unruhiger Tagesablauf; Nervosität; Disharmonie. *(18:48) Mond Sextil Uranus:* Eine ersehnte Abwechslung; Anregung; Originalität; Veränderungsfreude. *(21:25) Mond Sextil Neptun:* Fördert Intuition; Inspiration; Einfühlungsvermögen; manchmal Hang, die Dinge einseitig positiv zu sehen.

Do. 3. Dezember

Sie wollen es zwar nicht allen zeigen, doch die Zeichen der Sympathie und Zuneigung, die Sie von jemandem erhalten, machen Sie überaus glücklich. Außerdem kann es sein, daß sich überraschend eine Möglichkeit bietet, ein bereits abgeschriebenes Vorhaben doch noch zu verwirklichen. *Tageskonstellationen: (08:34) Venus Sextil*

DAS WETTER

Mit Beginn des ersten Wintermonats sinken die Temperaturen weiter ab. Die mittlere Durchschnittstemperatur liegt im Dezember bei 1.5 Grad, die mittlere Tageshöchsttemperatur bei 15 Grad und die mittlere Tiefsttemperatur bei −20 Grad. Man rechnet mit durchschnittlich 15 Frosttagen, darunter drei bis acht Eistage. An rund 17 Dezembertagen kommt es zu Niederschlägen. Im zeitlichen Ablauf wird das Wetter zum Monatsbeginn durch Regen und mildere Temperaturen bestimmt (Westwetterlage). Hingegen ist im zweiten Monatsdrittel mit einbrechender russischer Kaltluft zu rechnen. Es bildet sich eine Hochdrucklage mit nächtlichem Frost und Glatteisbildung. Ein weiterer Kälteeinbruch ist um den 20. Dezember zu erwarten. Um die Feiertage leichte Erwärmung, zum Jahresende jedoch erneut Frost und Kälte.

IM DEZEMBER

Dezember

Pluto: Anziehungskraft; Verlangen; Leidenschaftlichkeit; Lust. Die Wirkung dieses Aspektes kann stärker zum Vorschein kommen, wenn Sie in der Zeit vom 13.-15.5. geboren sind.

GZ: 25, 26, 30, 35, 44, 46

Fr. 4. Dezember
Ein anstrengender Tag! Fangen Sie mit dem Schwierigsten an. Wenn Sie den größten Packen erledigt haben, wird Ihnen der Rest wie ein Kinderspiel erscheinen. *Tageskonstellationen: (08:52) Sonne Anderthalb-Quadrat Mars (!):* Gereiztheit; Störung; vergeblicher Energieeinsatz. Die Wirkung dieses Aspektes kann stärker zum Vorschein kommen, wenn Sie in der Zeit vom 3.5.-5.5. geboren sind. *(19:09) Mond Opposition Jupiter:* Maßlosigkeit; Schwelgerei; Übertreibung; enttäuschte Hoffnung.

Sa. 5. Dezember
Werden Sie nicht sentimental. Was einmal war, können Sie nicht mehr rückgängig machen. Dafür steht Ihnen die Zukunft offen. Nutzen Sie diese Chance. *Tageskonstellationen: (16:54) Merkur Konjunktion Pluto:* Suggestion; Beeinflussung; manchmal Druck, Drohung. Die Wirkung dieses Aspektes kann stärker zum Vorschein kommen, wenn Sie in der Zeit vom 13.-15.5. geboren sind. *(20:05) Sonne Sextil Saturn (!):* Erfahrung; Sachlichkeit; Realismus. Dieser Einfluß kann sich verstärkt bemerkbar machen, wenn Sie in der Zeit vom 3.5.-5.5. geboren sind.

So. 6. Dezember
Wenn Sie so gereizt sind wie heute, muß man bei Ihnen auf alles gefaßt sein. Machen Sie nur keinen Unsinn; Sie müssen später für alles geradestehen! *Tageskonstellationen: (03:22) Mond Quadrat Venus:* Widerstrebende Empfindungen; Spannungen mit oder zwischen Frauen. *(04:05) Mond Quadrat Mars:* Unrast; Aggressivität; Widerspenstigkeit; rücksichtsloses Benehmen; Egoismus; Verletzungstendenz! *(09:17) Mond tritt ins Zeichen Stier ein:* Prinzip: »Emotionales Festhalten«; Beständigkeit; Ausdauer; Konsolidierung; Formsinn; schwankende materielle Verhältnisse; Gefühlsstau. Günstig für Neuanschaffungen, Kauf/Verkauf. *(10:31) Venus Opposition Mars (!):* Extreme Situation; Disharmonie; Angriff und Streit; Spannungen in einer Partnerschaft. Die Wirkung dieses Aspektes kann stärker zum Vorschein kommen, wenn Sie in der Zeit vom 19.-21.5. geboren sind.

Mo. 7. Dezember
Man spricht über Ihren Vorschlag. Mit einer schnellen Entscheidung ist allerdings nicht zu rechnen. Haben Sie noch etwas Geduld, man wird sich schon bald bei Ihnen mel-

den. *Tageskonstellationen: (11:36) Mond Quadrat Saturn (!):* Ablehnung; Neid; Mißgunst. *(15:43) Mond Trigon Uranus:* Originalität; Einfallsreichtum; positive Veränderung. *(17:56) Mond Trigon Neptun:* Phantasie; Inspiration; vielversprechende Vorahnung.

Di. 8. Dezember
Ein Flirt oder romantische Erlebnisse machen den Tag interessant. Allerdings sollten Sie nicht so offen über gewisse Privatangelegenheiten sprechen. *Tageskonstellationen: (04:47) Sonne Halbsextil Uranus:* Veränderungsfreude; Originalität; Reformstreben. *(08:54) Merkur Halbquadrat Jupiter:* Großspurige Worte; leere Versprechungen; Vorurteil. Die Wirkung dieses Aspektes kann stärker zum Vorschein kommen, wenn Sie in der Zeit vom 16.–18.5. geboren sind. *(18:50) Venus tritt ins Zeichen Wassermann ein:* Originalität; Unkompliziertheit; Kameradschaftlichkeit; Exzentrik; Aufgeschlossenheit für Neues.

Mi. 9. Dezember
Obwohl Sie sich viel vorgenommen haben, sind Sie mit Ihrem Tagesprogramm schneller als erwartet fertig. Nutzen Sie den Zeitgewinn, um persönliche Dinge zu erledigen. *Tageskonstellationen: (09:50) Sonne Halbsextil Neptun:* Hilfsbereitschaft; Sensibilität und Selbsthingabe. *(11:51) Merkur Trigon Mars (!):* Entscheidungsfreude; Schlagfertigkeit; die Übereinstimmung von Denken und Handeln. Die Wirkung dieses Aspektes kann stärker zum Vorschein kommen, wenn Sie in der Zeit vom 16.–18.5. geboren sind. *(12:03) Mond Trigon Jupiter:* Anerkennung; Beliebtheit; Wohlbefinden; Glücksgefühl; Güte; Freude; Wohltat; Wunscherfüllung. *(17:49) Mond Trigon Saturn:* Respekt; Anerkennung; Zuverlässigkeit; Pflichtgefühl.

Do. 10. Dezember
Der Vollmond macht Sie gereizt. Doch dies ist kein günstiger Zeitpunkt, um Streitigkeiten mit der Verwandtschaft oder am Arbeitsplatz auszutragen. Tun Sie lieber etwas zur Wiederherstellung Ihres inneren Gleichgewichtes. *Tageskonstellationen: (00:41) Mond Opposition Sonne (!):* Vollmondstellung. Symbolisiert Höhepunkt einer Entwicklung; in Erscheinung treten; Dinge in einem neuen Licht sehen. *(21:06) Mond tritt ins Zeichen Krebs ein:* Prinzip: »Emotionale Empfänglichkeit«; Eindrucksfülle; Anhänglichkeit; Familiensinn; Traditionsbewußtsein; Fürsorglichkeit. Günstig für familiäre und häusliche Angelegenheiten.

GZ: 26, 29, 39, 43, 45, 48

Fr. 11. Dezember
Sie schmieden große Zukunftspläne. Dabei wäre es im Moment wichtiger, sich dem Hier und Jetzt

zuzuwenden. Jemand bräuchte dringend Ihre Hilfe. *Tageskonstellationen: (16:14) Mond Quadrat Jupiter (!):* Maßlosigkeit; Übertreibung; Prahlerei und schlechtes Benehmen.

Sa. 12. Dezember
An Experimenten und riskanten Aktionen sind Sie nicht interessiert. Es wäre auch töricht, wenn Sie sich über alle Erfahrungen hinwegsetzen würden, die Sie bisher auf einem Gebiet gesammelt haben. Machen Sie lieber weiter wie bisher! *Tageskonstellationen: (09:06) Merkur tritt ins Zeichen Schütze ein:* Weltanschauung; philosophischer Denkstil; Begeisterungsfähigkeit.

So. 13. Dezember
Ein Problem im Bekanntenkreis haben Sie so gut gelöst, daß man sich in Zukunft nur noch an Sie wenden will. Ob sich das auch mit Ihren Wünschen deckt, ist allerdings fraglich. *Tageskonstellationen: (01:07) Mond Trigon Merkur:* Gute Nachricht; konstruktives Gespräch; vielversprechende Bekanntschaft. *(08:45) Mond Opposition Venus:* Gutes Hochgefühl; Empfänglichkeit; Charme; jedoch Hang zur Übertreibung und Schwelgerei. *(17:25) Merkur Halbquadrat Uranus:* Unbeständigkeit; sprunghaftes Denken; Konzentrationsmangel. Die Wirkung dieses Aspektes kann stärker zum Vorschein kommen, wenn Sie in der Zeit vom 21.–23.4. geboren sind. *(19:03) Mond Sextil Jupiter (!):* Verbundenheit; Genuß; Freundschaft; Güte; mit geringen Mitteln viel erreichen.

Mo. 14. Dezember
Die Stimmung ist etwas bedrückt, doch haben Sie nichts zu befürchten. Vielleicht denken Sie über ein unangenehmes Erlebnis nach und rufen dabei alte Gefühle wach. Das ist normal und hilft Ihnen, diese Dinge schneller zu verarbeiten. *Tageskonstellationen: (00:11) Mond Opposition Saturn (!):* Zurückweisung; Widerstand; Druck; Notlage; Armut; Angstgefühl. Kann bei entsprechender Veranlagung Depressionen auslösen. *(13:53) Mond Trigon Sonne:* Gegenseitiges Einvernehmen; Harmonie. *(14:48) Merkur Halbquadrat Neptun:* Verwirrung; Wunschdenken. Die Wirkung dieses Aspektes kann stärker zum Vorschein kommen, wenn Sie in der Zeit vom 21.–23.4. geboren sind. *(15:57) Mond Quadrat Pluto:* Bedrängnis; Rücksichtslosigkeit; Druck; Zwang; Unterdrückung; Tyrannei.

Astrologie von A–Z

Als Ephemeride bezeichnet man eine Tabelle, in der Tag für Tag die genauen Positionen der Planeten in den Tierkreiszeichen aufgeführt sind.

Stichwort **Ephemeriden**

Di. 15. Dezember

Seien Sie nicht so unzufrieden. So, wie Sie es bisher gemacht haben, war es richtig. Wer meint, daß er es besser kann, soll Ihnen das einmal beweisen. *Tageskonstellationen: (01:56) Mond tritt ins Zeichen Jungfrau ein:* Prinzip: »Emotionales Unterscheidungsvermögen«; Lebensklugheit; Bescheidenheit; Sorgfalt. Günstig für Planungsarbeiten, Analysen. *(08:02) Mond Quadrat Merkur:* Erhöhte Nervosität; Hang zu Flüchtigkeitsfehlern und Nachlässigkeiten. Nicht so günstig für Prüfungen und wichtige Gespräche. *(20:06) Sonne Halbsextil Pluto (!):* Mut; Selbstbewußtsein.

Mi. 16. Dezember

Voller Skepsis haben Sie sich mit einer neuen Methode beschäftigt. Nun sind Sie von ihrer Richtigkeit überzeugt. Seien Sie also auch in Zukunft offen für Neues.

Do. 17. Dezember

Ein guter Tag, um alte Beziehungen zu pflegen oder neue Kontakte zu knüpfen. Wenn sich am Abend jemand mit Ihnen verabreden möchte, sollten Sie zusagen; Sie werden sich bestimmt gut amüsieren. *Tageskonstellationen: (02:11) Sonne Quincunx Mars:* Unentschlossenheit und Durchsetzungsschwäche. *(04:33) Mond tritt ins Zeichen Waage ein:* Prinzip: »Kontaktgefühl«; Geselligkeit; Kontaktfreude; Ausgleichsstreben; Harmonieempfinden; Geschmack. *(16:01) Mond Sextil Merkur:* Neuigkeit; erfreuliche Mitteilung; Einklang von Gefühl und Verstand. *(22:48) Mond Trigon Venus (!):* Romantische Gefühle; Liebesgefühl; Anhänglichkeit; Warmherzigkeit.

GZ: 10, 26, 33, 41, 45, 47

Fr. 18. Dezember

Sie sollten mehr Rücksicht auf andere nehmen, auch wenn Sie sich dadurch gebremst fühlen. Mit Ellenbogentaktik erzielen Sie nur vorübergehende Erfolge. Was wirklich zählt sind aber die gemeinsamen Fortschritte. Folgende Einflüsse mit zunehmender (+) oder nachlassender (–) Wirkung können sich heute zusätzlich bemerkbar machen: (+) Venus Trigon Jupiter siehe → 19.12.

Sa. 19. Dezember

Solange eine Untersuchung noch nicht abgeschlossen ist, dürfen Sie sich nicht festlegen. Schließlich müssen Sie die Verantwortung für eine Entscheidung tragen und nicht diejenigen, die Sie dazu drängen. *Tageskonstellationen: (03:53) Mond Sextil Sonne:* Zustimmung; Einvernehmen; Harmonie. *(06:33) Venus Trigon Jupiter:* Ästhetik; Luxus; Erfolg in der Liebe; Glück. Die Wirkung dieses Aspektes kann stärker zum Vorschein kommen, wenn Sie in der Zeit vom 3.5.–5.5. geboren sind. *(08:19) Mond tritt ins*

Zeichen Skorpion ein: Prinzip: »Emotionale Verbindlichkeit«; Ausdauer; Kampfgeist; Reizbarkeit. Interesse für verborgene und okkulte Dinge. *(19:08) Merkur Anderthalb-Quadrat Mars (!):* Provozierende Äußerungen; Reizbarkeit; Streitlust. Dieser Einfluß kann sich verstärkt bemerkbar machen, wenn Sie in der Zeit vom 30.4.-2.5. geboren sind.

So. 20. Dezember
Wie wäre es, wenn Sie sich heute einmal um Ihr privates Büro kümmern würden? In der Liebe sind Sie heute leider nicht so erfolgreich. *Tageskonstellationen: (04:44) Mars Trigon Pluto:* Charisma; Überzeugungskraft; Durchsetzungsvermögen. Die Wirkung dieses Aspektes kann stärker zum Vorschein kommen, wenn Sie in der Zeit vom 16.-18.5. geboren sind.

Mo. 21. Dezember
Darüber, wie Sie ein Problem in den Griff bekommen haben, gehen die Meinungen ziemlich auseinander. Einige kritisieren, andere bewundern Sie dafür. Doch die Hauptsache ist, daß Sie selbst mit dem Ergebnis zufrieden sind. *Tageskonstellationen: (15:45) Sonne tritt ins Zeichen Steinbock ein:* Prinzip: »Begrenzende Energie«; Versachlichung; Zuverlässigkeit; Ehrgeiz; Objektivität; Pflichtbewußtsein; Verantwortungsgefühl. *(19:51) Merkur Sextil Jupiter:* Großzügige Geste; Versprechen; Gunst. Die Wirkung dieses Aspektes kann stärker zum Vorschein kommen, wenn Sie in der Zeit vom 3.5.-5.5. geboren sind. *(23:37) Sonne Halbquadrat Saturn (!):* Ernüchterung; Zurückweisung; Beschränkung. Dieser Einfluß kann sich verstärkt bemerkbar machen, wenn Sie in der Zeit vom 21.-23.4. geboren sind.

Di. 22. Dezember
Mit der Entwicklung einer Herzensangelegenheit sind Sie nicht zufrieden. Trotzdem wäre es besser, heute nichts in dieser Richtung zu unternehmen. Die Situation könnte sich dadurch verschlechtern. *Tageskonstellationen: (00:10) Venus Konjunktion Saturn (!):* Furcht vor Zurückweisung; Bedrückung; Stimmungstief. Die Wirkung dieses Aspektes kann stärker zum Vorschein kommen, wenn Sie in der Zeit vom 6.5.-9.5. geboren sind. *(04:12) Venus Halbquadrat Sonne:* Abwechslungsbedürfnis; Vergnügungslust. Dieser Einfluß kann sich verstärkt bemerkbar machen, wenn Sie in der Zeit vom 6.5.-9.5. geboren sind.

Mi. 23. Dezember
Man fragt sich, mit welchem Bein Sie zuerst aufgestanden sind, da Sie heute so gereizt sind. Einem Bekannten gelingt es dann aber doch noch, Sie umzustimmen. *Tageskonstellationen: (14:46) Venus Halbsextil Uranus (!):* Spontaner

Ausdruck; experimentelle Kunst; moderne Musik. *(21:04) Mond tritt ins Zeichen Steinbock ein:* Prinzip: »Gefühl reguliert«; Ausdauer; Durchhaltekraft; Beharrlichkeit; Zielstrebigkeit; Pflichtbewußtsein. *(22:37) Merkur Sextil Saturn:* Erfahrungswissen; Sachverstand; realistische Einschätzung. Die Wirkung dieses Aspektes kann stärker zum Vorschein kommen, wenn Sie in der Zeit vom 6.5.–9.5. geboren sind.

Do. 24. Dezember (Hlg. Abend)
Das ist ein guter Tag, um Geschäfte oder Einkäufe zu erledigen. Daß sich am Abend jemand mit Ihnen verabreden will, kommt allerdings etwas plötzlich. *Tageskonstellationen: (01:43) Mond Konjunktion Sonne:* Neumondstellung; symbolisiert Fruchtbarkeit, Neubeginn, Vereinigung von Yin und Yang (männlichem/weiblichem Prinzip). *(09:42) Venus Halbsextil Neptun (!):* Sensibilität; Empfindsamkeit; verborgenes Verlangen. *(21:25) Mond Quadrat Jupiter:* Maßlosigkeit; Übertreibung; Prahlerei; schlechtes Benehmen.

GZ: 18, 21, 29, 30, 33, 47

Fr. 25. Dezember (Weihnachten)
Erholen Sie sich vom Streß der letzten Tage und verbringen Sie ein paar schöne Stunden mit Ihrem Partner und der Familie. Auch gut für Reisen, Vergnügungen und Freundschaftsbesuche. *Tageskonstellationen: (03:17) Merkur Halbsextil Uranus:* Ungewöhnliche Ideen; spontane Entscheidung; Veränderung; eine unerwartete Problemlösung; Ausweg. *(17:23) Merkur Halbsextil Neptun:* Einfühlungsvermögen; Kunstinteresse; Aufgeschlossenheit für Religion, Psychologie, Esoterik u.ä.

Sa. 26. Dezember (Weihnachten)
Alles in allem verläuft der Tag ruhig und ohne besondere Zwischenfälle. Gegen Abend macht sich dann aber doch eine gewisse Unruhe bemerkbar. Gehen Sie ihr auf den Grund. *Tageskonstellationen: (06:43) Mond tritt ins Zeichen Wassermann ein:* Prinzip: »Gefühle überwinden die Dualität«; Unabhängigkeit; Reformfreude; Fortschritt; Zukunftsglaube.

So. 27. Dezember
Seien Sie nicht beleidigt, wenn Ihr Partner heute andere Pläne hat als Sie. Sie haben so viele Interessen und Kontakte, daß Sie es auch mal einen Tag alleine aushalten. *Tageskonstellationen: (08:31) Mond Trigon Jupiter:* Anerkennung; Beliebtheit; Wohlbefinden; Glücksgefühl; Güte; Freude; Wohltat; Wunscherfüllung. *(14:10) Mond Konjunktion Saturn:* Stimmungstief, seelische Belastung oder Angstgefühle. Kann bei entsprechender Veranlagung Depressionen auslösen. *(20:42) Venus Quincunx Mars (!):* Unentschlossenheit; Mißerfolg.

Dezember

Mo. 28. Dezember
Es werden Kräfte aktiviert, die Ihre Pläne durchkreuzen können. Seien Sie auf der Hut und unternehmen Sie nichts, was den Erfolg Ihres Vorhabens in Frage stellen könnte. *Tageskonstellationen: (05:59) Merkur Quincunx Mars:* Zersplitterung; Fehlschlag; Uneinigkeit.

Di. 29. Dezember
Ein Vergnügen sollte Sie nicht dazu verleiten, die Arbeit an einer wichtigen Sache schleifen zu lassen. Dafür steht jetzt zuviel auf dem Spiel. *Tageskonstellationen: (10:30) Mond Sextil Sonne:* Zustimmung; Einvernehmen; Harmonie. *(16:13) Venus Quadrat Pluto:* Verführung; hintergründige Motive; Zwang. Die Wirkung dieses Aspektes kann stärker zum Vorschein kommen, wenn Sie in der Zeit vom 13.-15.5. geboren sind. *(19:34) Merkur Sextil Venus (!):* Anregendes Gespräch; Freundschaft; Gedankenaustausch. Dieser Einfluß kann sich verstärkt bemerkbar machen, wenn Sie in der Zeit vom 16.-18.5. geboren sind.

Mi. 30. Dezember
Einen Wechsel – privater oder beruflicher Art – sollten Sie nicht übers Knie brechen. Sie müßten vielleicht noch einmal ganz von vorne anfangen, und das dürfte Ihnen nicht leichtfallen. *Tageskonstellationen: (01:26) Merkur Halbsextil Pluto:* Starkes Interesse für verborgene oder geheimnisvolle Dinge; politisches Engagement; Entscheidung.

Do. 31. Dezember (Silvester)
Kaum reicht man jemandem den kleinen Finger, schon will er die ganze Hand. Machen Sie deutlich, daß man Ihnen auf diese Tour nicht zu kommen braucht. *Tageskonstellationen: (01:32) Sonne Halbquadrat Pluto (!):* Gewaltanwendung; Unterdrückung; Zwang. Die Wirkung dieses Aspektes kann stärker zum Vorschein kommen, wenn Sie in der Zeit vom 30.4.-2.5. geboren sind. *(07:08) Mond tritt ins Zeichen Widder ein:* Prinzip: »Gefühlsbetonte Aktivität«; impulsiv; Unternehmungsfreude; Übereifer. Günstig für Neubeginn.

Astrologie

Wir werden in einem vorausbestimmten Augenblick geboren, an einem vorausbestimmten Platz und haben, wie der Jahrgang eines Weines, die Qualität des Jahres und der Jahreszeit, in der wir zur Welt kamen. Nicht mehr und nicht weniger behauptet die Astrologie.

C. G. Jung

Ansichten berühmter Leute

Ihr individuelles Sonnenhoroskop von Januar bis Dezember 1992

Anleitung, Diagramme und Deutungstexte

Wie Sie Ihre individuellen Planeten-Transite ermitteln

Die im vorderen Teil des Buches beschriebenen Einflüsse beziehen sich teils auf Ihr Tierkreiszeichen, teils auf einzelne Dekaden. Im folgenden Kapitel haben Sie zusätzlich die Möglichkeit, diese Aussagen durch Hinzuziehung weiterer Konstellationen zu ergänzen oder den zeitlichen Ablauf eines Einflusses genauer zu bestimmen. Dies dürfte vor allem in den Fällen sinnvoll sein, in denen sich Planeten besonders schnell oder besonders langsam bewegen. Hierzu zwei Beispiele: Der Planet Mars benötigt etwas mehr als zwei Jahre, um einmal den gesamten Tierkreis zu durchwandern. Da der Tierkreis in 360 Grade eingeteilt wird, ergibt sich daraus – grob gerechnet – eine Verweildauer von

$$\frac{730 \text{ Tage (2 Jahre)}}{360 \text{ Grad}} = 2{,}02 \text{ Tage/Grad}$$

Ein Einfluß des Planeten Mars wäre somit ca. 2,02 Tage »exakt« wirksam. Berücksichtigt man hierzu noch einen Wirkungsorbis von jeweils einem Grad vor und nach der exakten Konstellation, so ergibt sich eine Gesamtwirkungsdauer von etwas mehr als sechs Tagen (3 × 2,02 = 6,06 Tage). Auf den Planeten Saturn übertragen, der eine Umlaufzeit von ca. 29,5 Jahren hat, ergibt sich jedoch eine ganz andere Situation:

$$\frac{10767{.}5 \text{ Tage (29.5 Jahre)}}{360 \text{ Grad}} = 29{,}90 \text{ Tage/Grad}$$

Zuzüglich eines Orbis von wiederum einem Grad vor und nach der exakten Konstellation ergibt sich eine Wirkungsdauer von ungefähr drei Monaten (89,72 Tage).

Ihr individuelles Sonnenhoroskop

Weil Sie bei einer Aussage, die sich auf das ganze Tierkreiszeichen bezieht, jedoch nicht wissen, wann besagter Einfluß für Ihren – durch den Geburtstag festgelegten – Sonnenstandsgrad wirksam wird, können Sie diese Information mit Hilfe der Tabellen auf den letzten Seiten dieses Buches sowie anhand der nachfolgenden Deutungstexte gewinnen.

Astrologie von A–Z

Sicher haben Sie den Begriff Wassermann-Zeitalter oder New-Age schon einmal gehört. Astrologisch hat es damit folgende Bewandtnis: Da die Achse der Erde in einem bestimmten Neigungswinkel zu ihrer Umlaufbahn steht, vollzieht sie in einem Zeitraum von ca. 25.800 Jahren eine kreiselartige Umdrehung, die man als Präzession bezeichnet. Dies hat zur Folge, daß der Frühlingspunkt in jedem Jahr um ca. 50 Bogensekunden rückwärts durch den Tierkreis verschoben wird. Etwa um das Jahr 150 v. Chr. befand er sich im Zeichen Fische, jetzt tritt er in das Zeichen Wassermann ein und wird etwa im Jahr 4150 n. Chr. das Zeichen Steinbock erreichen. Wenn man diese Bewegung mit geschichtlichen Epochen in Verbindung bringt, entsprechen die vergangenen zweitausend Jahre dem Fische-Zeitalter, das vor allem durch die großen Glaubensbewegungen (Islam, Christentum, usw.) geprägt war. Das Wassermann-Zeitalter wird durch andere Ideale bestimmt, die besonders die Offenheit für die Zukunft, humanitäre und freiheitliche Ziele und ganzheitliche Denkweisen betonen.

Stichwort **Wassermann-Zeitalter**

Deutungstexte

Text 1
Transit-Sonne Konjunktion Geburtssonne

Die Konjunktion zwischen der Transitsonne und Geburtssonne ist ein wichtiger Übergang, denn sie bezeichnet sozusagen Ihren wahren Geburtstag. Da die Kalenderrechnung mit den astronomischen Zeitverhältnissen nicht ganz übereinstimmt, und diese Differenz alle vier Jahre durch einen Schalttag ausgeglichen werden muß, kann der wahre Geburtstag um einen oder zwei Tage vom amtlichen Geburtsdatum abweichen. Tatsächlich erreicht die Sonne aber jetzt exakt die Stelle ihrer Umlaufbahn, an der sie sich zum Zeitpunkt Ihrer Geburt befand. Obwohl dieser Übergang nur ca. 1-2 Tage wirksam ist und keine nachhaltigen Folgen hat, verleiht er Ihnen Vitalität und Lebenskraft. Ihre Persönlichkeit scheint stärker im Mittelpunkt zu stehen, Sie fühlen sich verjüngt und reagieren spontaner; alle Lebensimpulse kommen aus Ihrer Mitte und können sich relativ ungehindert entfalten. Astrologen erstellen für diesen Zeitpunkt ein spezielles Solar-Horoskop, in dem die Qualität des vor einem liegenden Lebensjahres zum Ausdruck gebracht wird. Dieser Tag kann jedoch nicht nur astrologisch als Modell für den Verlauf der nächsten zwölf Monate betrachtet werden, sondern auch ganz konkret. Wenn Sie heute etwas Neues anfangen, trägt dieses Vorhaben die ganze Kraft und Frische eines Aufbruchs in sich, wie dieser Tag eben auch den Beginn eines neuen Lebensabschnittes markiert. Es lohnt sich, die Ereignisse der nächsten vierundzwanzig Stunden aufmerksam zu beobachten, denn so, wie dieser Tag verläuft, werden auch die kommenden zwölf Monate verlaufen.

Text 2
Transit-Sonne Halbsextil/Quincunx Geburtssonne

Die Sonne bildet einen Halbsextil- oder Quincunx-Aspekt zu Ihrer Geburtssonne. Diese Aspekte dauern ca. 1-2 Tage und sind schwach wirksam; die Wirkungsweise ähnelt dem Sextil (s. Text 3). Unter besonderen Umständen können diese Aspekte stärkere Transite anderer Planeten auslösen, wenn sie zur selben Zeit wirksam sind.

Text 3
Transit-Sonne Sextil Geburtssonne

Ein Sextil zwischen der Sonne und Ihrer Geburtssonne macht Sie vital und unternehmungsfreudig. Dieser Übergang findet zweimal jährlich statt und ist ca. 1-2 Tage wirksam. Während dieser Zeit wächst Ihre Energie und Ihr Selbstbewußtsein. Sie fühlen sich frisch und angeregt und möchten etwas erleben. Wenn Sie sich jetzt in einer Situation befinden, die Sie zu Ihren Gunsten verändern wollen, finden Sie möglicherweise einen realisierbaren Weg. Das gilt auch dann, wenn Sie plötzlich und intuitiv erfassen, daß es nicht so weitergehen kann, wie bisher. Dieser Transit zielt gewissermaßen darauf ab, Erkenntnisse und Handlungsmöglichkeiten zusammenzuführen. Die stimulierende Wirkung dieses Übergangs kann sich in vielen Lebensbereichen manifestieren. Er regt Ihr Kommunikationsbedürfnis an und intensiviert Ihren Kontakt zur Umwelt; vor allem dann, wenn der Transit nach dem Geburtstag auftritt. Wahrscheinlich können Sie sich nun sogar mit Leuten arrangieren, mit denen Sie sonst Schwierigkeiten haben. Wenn der Aspekt vor Ihrem Geburtstag stattfindet, rücken der Beruf und Angelegenheiten, die sich auf Ihre Freunde oder Ihre gesellschaftliche Stellung beziehen, in den Vordergrund.

Text 4
Transit-Sonne Quadrat Geburtssonne

Ein Quadrat der Sonne und Ihrer Geburtssonne macht Sie dynamischer und steigert Ihre Willenskraft. Dieser Übergang tritt zweimal jährlich auf und ist ca. 1-2 Tage wirksam. Wenn Sie während dieser Zeit etwas Besonderes vorhaben, sollten Sie diszipliniert und besonnen vorgehen; denn durch allzu forsches und selbstbewußtes Auftreten könnten Sie Kräfte auf sich lenken, die gegen Ihre Interessen arbeiten. Vermeiden Sie überhebliche Reaktionen und spielen Sie Ihre Person nicht unnötig in den Vordergrund. Wenn Sie kurzentschlossen Aktionen starten, ohne zuvor die Ausgangslage zu überprüfen oder aber die Folgen Ihrer Handlungen falsch einschätzen, könnten Sie sich Schwierigkeiten einhandeln. Findet der Transit wenige Wochen vor Ihrem Geburtstag statt, können berufliche Umstände ein Auslöser dafür sein. Versuchen Sie nicht, sich durch eigenmächtiges Handeln zu profilieren, und sprechen Sie wichtige Entscheidungen mit Ihren Mitarbeitern ab. Im Umgang mit Autoritätspersonen, Ämtern oder Behörden ist ebenfalls Zurückhaltung geboten. Findet der Transit einige Wochen nach Ihrem Geburtstag statt, können private Probleme oder Spannungen im familiären Bereich unangemessene Reaktionen auslösen. Verhalten Sie sich tolerant und rücksichtsvoll, und achten Sie darauf, nicht aus eigensüchtigen Motiven zu handeln. Wichtige Entscheidungen sollten Sie an diesem Tag möglichst nicht treffen.

Text 5
Transit-Sonne Trigon Geburtssonne

Ein Trigon zwischen der Sonne und Ihrer Geburtssonne verleiht Ihnen Lebensfreude und Selbstvertrauen. Dieser Übergang tritt zweimal jährlich auf und ist ca. 1-2 Tage wirksam. Findet die Konstellation einige Monate vor Ihrem Geburtstag statt, so steigert er Ihren Idealismus und Ihre Begeisterungsfähigkeit. Die Menschen in Ihrer Umgebung mögen Sie, weil Sie Toleranz und Wertschätzung ausstrahlen. In Ihrer Haltung liegt etwas von der Devise: »Leben und leben lassen«. Tritt der Transit nach Ihrem Geburtstag auf, so wächst Ihr kreatives Potential und Sie verspüren ein gesteigertes Bedürfnis nach schöpferischem Selbstausdruck. Eine künstlerische Beschäftigung, Spiele, Konzerte, Messen und Ausstellungen können Sie dann begeistern. Auch erotische Erlebnisse nehmen während dieser Zeit einen hohen Stellenwert ein.

Text 6
Transit-Sonne Opposition Geburtssonne

Eine Opposition zwischen der Sonne und Ihrer Geburtssonne macht Sie ehrgeizig und selbstbewußt. Dieser Übergang tritt einmal jährlich, etwa sechs Monate nach Ihrem Geburtstag auf und ist ca. 1-2 Tage wirksam. Dieser Übergang verleiht Ihrem Auftreten Spannung und Dynamik. Sie setzen jetzt alles daran, Ihre Interessen wahrzunehmen und schließen nur ungern Kompromisse. Es kann allerdings sein, daß die Heftigkeit, mit der Sie dabei vorgehen, andere in die Enge treibt und gegen Ihre Vorhaben aufbringt. Sie sollten es während dieser Zeit nicht auf Kraftproben mit Vorgesetzten oder anderen Personen, die Ihnen übergeordnet sind, ankommen lassen; dabei ziehen Sie wahrscheinlich den kürzeren. Halten Sie deshalb die Regeln ein, und denken Sie sich Ihren Teil. In einigen Tagen sehen Sie manches objektiver und können Ihre Kritik besser anbringen.

Die Konstellationen Nr. 7-12 finden in dieser Gültigkeitsperiode nicht statt.

Text 13
Transit-Merkur Konjunktion Geburtssonne

Eine Konjunktion zwischen Merkur und Ihrer Geburtssonne macht Sie gesprächsfreudig und steigert Ihre intellektuelle Leistungsfähigkeit. Im allgemeinen tritt dieser Transit einmal jährlich auf und ist ca. 1-2 Tage wirksam. Wenn der Planet seine Bewegungsrichtung ändert und rück- bzw. direktläufig wird, verlängert sich die Wirkungsdauer; der Übergang kann sich wiederholen. Dieser Transit stimuliert Sie zu geistiger Aktivität und fördert den Dialog mit der Umwelt. Sie verspüren das Bedürfnis, mit anderen Kontakt aufzunehmen, zu diskutieren und neue Denkansätze zu finden. Während dieser Zeit sind Sie ein guter Redner und können Ihre Zuhörer mit originellen Einfällen und spannenden Geschichten faszinieren. Schriftliche Arbeiten gehen Ihnen flott von der Hand und fallen vermutlich gerade in dieser Zeit vermehrt an. Vielleicht schreiben Sie viel oder erhalten mehr Post als sonst. Dies ist eine günstige Phase, um Pläne zu schmieden oder neue Projekte zu organisieren. Sie sind in der Lage, viele Details einer Sache zu berücksichtigen, ohne dabei das Wesentliche aus den Augen zu verlieren.

Text 14
Transit-Merkur Halbsextil/Quincunx Geburtssonne

Merkur bildet einen Halbsextil- oder Quincunx-Aspekt zu Ihrer Geburtssonne. Diese Aspekte dauern ca. 1-2 Tage und sind schwach wirksam; die Wirkungsweise ähnelt der des Sextils (s. Text 15). Unter besonderen Umständen können diese Aspekte stärkere Transite anderer Planeten auslösen, wenn sie zur selben Zeit wirksam sind. Der Wirkungs-Zeitraum kann sich verlängern, wenn der Planet seine Bewegungsrichtung ändert und rück- bzw. direktläufig wird.

Text 15
Transit-Merkur Sextil Geburtssonne

Ein Sextil zwischen Merkur und Ihrer Geburtssonne macht Sie gesprächig und unternehmungsfreudig. Normalerweise findet dieser Übergang zweimal jährlich statt und ist für die Dauer von ca. 1-2 Tagen wirksam. Wenn der Planet seine Bewegungsrichtung ändert und rück- bzw. direktläufig wird, verlängert sich die Wirkungsdauer und der Übergang kann sich wiederholen. Dieser Zeitpunkt ist besonders günstig, um geschäftliche Dinge zu regeln, Gespräche und Verhandlungen zu führen oder wichtige Entscheidungen zu treffen. Merkur verbessert Ihre Lernfähigkeit und erleichtert es Ihnen, komplizierte Zusammenhänge zu durchschauen. Aktivitäten, die auf eine Erweiterung Ihres Wissens abzielen, werden im Verlauf dieses Übergangs gefördert. Dies gilt beispielsweise für Prüfungen oder Angelegenheiten, die im Zusammenhang mit Ämtern und Behörden geregelt werden müssen. Reisen, Studien, Einladungen und Besuche, Neuigkeiten und ungewöhnliche Bekanntschaften sorgen für Abwechslung.

Text 16
Transit-Merkur Quadrat Geburtssonne

Ein Quadrat zwischen Merkur und Ihrer Geburtssonne beeinträchtigt Ihre Konzentrationsfähigkeit und erschwert möglicherweise Ihre Kommunikation mit der Umwelt. Normalerweise findet dieser Übergang mindestens zweimal jährlich statt und wirkt für die Dauer von ca. 1–2 Tagen. Wenn der Planet seine Bewegungsrichtung ändert und rück- bzw. direktläufig wird, verlängert sich die Wirkungsdauer und der Übergang kann sich wiederholen. Während dieser Zeit neigen Sie zu Nervosität und motorischer Unruhe. Möglicherweise haben Sie auch Schwierigkeiten, die richtigen Worte für das zu finden, was Sie sagen wollen. Ihre Konzentrationsfähigkeit läßt schneller nach, und es ermüdet Sie leichter, wenn Sie anderen über eine längere Zeit zuhören müssen.
Die Gefahr, mißverstanden zu werden bzw. selbst etwas falsch zu verstehen, ist größer als sonst. Sichern Sie sich deshalb durch Rückfragen ab, wenn Sie das Gefühl haben, daß es noch Unklarheiten gibt. Langwierige Gespräche, Vertragliches, Entscheidungen über größere Investitionen und wichtige Vorhaben sollten Sie nach Möglichkeit auf einen anderen Tag verlegen.

Text 17
Transit-Merkur Trigon Geburtssonne

Ein Trigon zwischen Merkur und Ihrer Geburtssonne läßt Ihr Denken und Handeln harmonieren und verbessert Ihre intellektuellen Leistungen. Normalerweise findet dieser Transit zweimal jährlich statt und ist ca. 1–2 Tage wirksam. Wenn der Planet seine Bewegungsrichtung ändert und rück- bzw. direktläufig wird, verlängert sich auch die Wirkungsdauer des Transits und der Übergang kann sich wiederholen. Während dieser Zeit kommt einiges an Informationen und Neuigkeiten auf Sie zu. Sie sind gesprächsfreudig und verspüren ein großes Bedürfnis, Ihr Wissen auf den neuesten Stand zu bringen. Reisen, Studien, neue Kontakte, Post oder Anrufe helfen Ihnen dabei. Jede Art von Kopfarbeit ist jetzt begünstigt, und es fällt Ihnen leicht, sich in eine neue Materie einzuarbeiten. Häufig wirkt sich dieser Übergang auch vorteilhaft auf berufliche oder finanzielle Angelegenheiten aus; denn er verleiht Ihnen ein gutes Unterscheidungsvermögen und schärft Ihren Blick für das Wesentliche einer Sache. Organisatorische Fragen, Planungen und Problemanalysen führen deshalb zu guten Ergebnissen.

Text 18
Transit-Merkur Opposition Geburtssonne

Die Opposition zwischen Merkur und Ihrer Geburtssonne steht für eine Phase hoher geistiger Anspannung und weist auf Konflikte zwischen Ihrem Denken und Handeln hin. Normalerweise tritt dieser Transit einmal jährlich auf und ist ca. 1–2 Tage wirksam. Wenn der Planet seine Bewegungsrichtung ändert und rück- bzw. direktläufig wird, verlängert sich jedoch die Wirkungsdauer und der Übergang kann sich wiederholen. Während dieser Zeit wächst Ihre Nervosität und Sie neigen in Ihrem Urteil zur Einseitigkeit. Das steigert die Gefahr von Fehleinschätzungen, so daß Sie jetzt vor allem keine wichtigen Entscheidungen treffen sollten. Gehen Sie vorläufig keine Verpflichtungen ein, mit denen Sie sich für längere Zeit festlegen würden, und lesen Sie alles aufmerksam durch, ehe Sie etwas unterschreiben. Aufgrund Ihrer Unruhe und der Wechselhaftigkeit Ihrer Ansichten können Sie in Interessenkonflikte geraten. Sie befinden sich dann häufig im Widerspruch mit sich selbst, weil Ihre Wünsche und Möglichkeiten in gegensätzliche Richtungen streben, und Sie nicht wissen, was Sie eigentlich wollen. Vielleicht geraten Sie aber auch mit anderen in Konflikt, weil Sie sich eigenmächtig über bestehende Regeln hinwegsetzen und dadurch den Widerstand Ihrer Umgebung herausfordern. Dies läßt sich vermeiden, wenn Sie sich disziplinieren und Ihr Vorgehen mit anderen absprechen.

Text 19
Transit-Venus Konjunktion Geburtssonne

Eine Konjunktion zwischen Venus und Ihrer Geburtssonne macht Sie sympathisch und liebenswert. Normalerweise findet dieser Übergang einmal jährlich statt und ist ca. 1–2 Tage wirksam. Wenn der Planet seine Bewegungsrichtung ändert und rück- bzw. direktläufig wird, verlängert sich jedoch die Wirkungsdauer und der Übergang kann sich wiederholen. Während dieser Zeit nimmt Ihr Kontaktbedürfnis zu, und der Wunsch nach Wärme und Zärtlichkeit rückt stärker in den Vordergrund. Eine Liebesbeziehung kann sich in diesen Tagen sehr aufregend und intensiv gestalten. Es kann sein, daß Sie sich jetzt verlieben oder sich aus ganz anderen Gründen von bestimmten Menschen stark angezogen fühlen. Venus unterstreicht auch Ihre eigene Anziehungskraft, vor allem wenn Sie eine Frau sind. Es wird Ihnen aber auch als Mann nicht schwerfallen, Sympathien für sich zu gewinnen. Die Wirkung dieses Transits beschränkt sich aber nicht allein auf Liebesbeziehungen und erotische Erlebnisse: Ihre Harmonie und innere Ruhe überträgt sich auf andere. Sie erfreuen sich bei Ihren Mitmenschen wachsender Beliebtheit, ohne daß es dazu besonderer Aktivitäten bedarf. Ihr sympathisches Wesen erleichtert es Ihnen, neue Kontakte zu knüpfen und interessante Leute kennenzulernen, die Ihre Lebenseinstellung oder Ihre Ideen teilen. Auch die Zusammenarbeit am Arbeitsplatz wird positiv beeinflußt, obwohl es mit Ihrem Tatendrang zur Zeit nicht arg weit her ist. Wahrscheinlich haben Sie viel mehr Lust, sich zu amüsieren und einfach durch den Tag zu bummeln.

Text 20
Transit-Venus Halbsextil/Quincunx Geburtssonne

Venus bildet einen Halbsextil- oder Quincunx-Aspekt zu Ihrer Geburtssonne. Diese Aspekte dauern ca. 1–2 Tage und sind schwach wirksam; die Wirkungsweise ähnelt der des Sextils (s. Text 21). Unter besonderen Umständen können diese Aspekte stärkere Transite anderer Planeten auslösen, wenn sie zur selben Zeit wirksam sind. Der Wirkungs-Zeitraum kann sich verlängern, wenn der Planet seine Bewegungsrichtung ändert und rück- bzw. direktläufig wird.

Text 21
Transit-Venus Sextil Geburtssonne

Ein Sextil zwischen Venus und Ihrer Geburtssonne macht Sie charmant und erlebnisfreudig. Dieser Übergang findet zweimal jährlich statt und ist ca. 1–2 Tage wirksam. Wenn der Planet seine Bewegungsrichtung ändert und rück- bzw. direktläufig wird, verlängert sich jedoch die Wirkungsdauer und der Übergang kann sich wiederholen. In diesen Tagen rücken Ihre Beziehungen und schöngeistigen Interessen in den Vordergrund. Sie verspüren auch ein gewisses Amüsierbedürfnis und werden aus dem, was Sie tun, mehr Lust und persönliche Befriedigung gewinnen. Das heißt jedoch nicht, daß Sie jetzt auch besonders aktiv sind. Es spricht vielmehr einiges dafür, daß Sie nun jede Gelegenheit wahrnehmen, um den Pflichten des Alltags zu entgehen und die angenehmen Seiten des Lebens zu genießen. Obwohl die Erfahrungen, die Sie während dieser Zeit machen, meist angenehmer Art sind, sollten Sie darauf achten, daß andere Verpflichtungen deswegen nicht ins Hintertreffen geraten. Diese Konstellation verleiht Ihnen eine sympathische Ausstrahlung und verstärkt Ihre erotische Anziehungskraft; vor allem, wenn Sie eine Frau sind. Liebesaffären und erotische Erlebnisse nehmen augenblicklich einen hohen Stellenwert in Ihrem Leben ein.

Text 22
Transit-Venus Quadrat Geburtssonne

Ein Quadrat zwischen Venus und Ihrer Geburtssonne macht Sie empfindlich und steigert Ihr Amüsierbedürfnis. Dieser Übergang tritt mindestens zweimal jährlich auf und ist ca. 1–2 Tage wirksam. Dieser Zeitraum kann sich verlängern und auch eine Wiederholung des Übergangs kommt in Betracht, wenn Venus ihre Bewegungsrichtung ändert und rück- bzw. direktläufig wird. Während dieser Zeit kann es geschehen, daß Sie die Annehmlichkeiten des Lebens überbewerten und keine große Lust mehr verspüren, Ihrer Arbeit und Ihren Verpflichtungen nachzugehen. Achten Sie darauf, daß diese Tendenz nicht die Oberhand gewinnt und daß keine Versäumnisse entstehen. Ihre Beziehungen, insbesondere die zu Ihrem Partner bzw. Ihrer Partnerin, können sich jetzt schwieriger gestalten. Dies liegt zum Teil daran, daß kleine Mißhelligkeiten zu schnell hochgespielt werden, und Sie sich dadurch verletzt oder zurückgewiesen fühlen. Möglicherweise fühlen Sie sich auch zurückgesetzt oder unhöflich behandelt und ärgern sich über das Verhalten Ihrer Freunde oder Arbeitskollegen. Nehmen Sie diese Dinge nicht so ernst. Dieser Übergang macht Sie einfach überempfindlich, so daß Ihnen manches tragischer erscheint, als es in Wirklichkeit ist.

Text 23
Transit-Venus Trigon Geburtssonne

Ein Trigon zwischen Venus und Ihrer Geburtssonne stimmt Sie vergnügt und unternehmungsfreudig. Im allgemeinen tritt dieser Übergang mindestens zweimal jährlich auf und ist ca. 1–2 Tage wirksam. Wenn der Planet seine Bewegungsrichtung ändert und rück- bzw. direktläufig wird, verlängert sich die Wirkungsdauer und der Übergang kann sich wiederholen. Dieser Transit verstärkt Ihr Liebesbedürfnis und intensiviert den Austausch von Gefühlen. Flirts und erotische Erlebnisse können während dieser Zeit ein wichtiges Thema sein. Ihrer Umwelt gegenüber strahlen Sie Harmonie und Warmherzigkeit aus, gleichzeitig fällt es Ihnen leichter, sich emotional in andere hineinzuversetzen. Kontakte und persönliche Gespräche werden von einer gewissen Vertraulichkeit geprägt, die Ihnen vieles erleichtert, aber auch Ihrerseits Vertrauenswürdigkeit verlangt. Was man Ihnen unter dem Siegel der Verschwiegenheit erzählt, sollten Sie auch für sich behalten. Obwohl man sich während dieser Zeit lieber entspannen möchte, werden Sie merken, daß Sie sich mit Ihren Kollegen und Mitarbeitern besser als sonst verstehen. Die Kooperation wird flüssiger, und Sie kommen auch mit jenen Personen gut aus, mit denen Sie sonst Schwierigkeiten haben.

Text 24
Transit-Venus Opposition Geburtssonne

Eine Opposition zwischen Venus und Ihrer Geburtssonne weist auf Konflikttendenzen in Ihren Beziehungen sowie auf eine gewisse Neigung zu Übertreibungen hin. Sie tritt mindestens einmal jährlich auf und ist ca. 1-2 Tage wirksam. Dieser Zeitraum kann sich verlängern - und auch eine Wiederholung des Transits kommt in Betracht -, wenn der Planet seine Bewegungsrichtung ändert und rück- bzw. direktläufig wird. In dieser Zeit sind Sie sensibel und reagieren überempfindlich auf Kritik. Es kann zu Mißverständnissen oder Auseinandersetzungen mit Ihrem Partner bzw. Ihrer Partnerin kommen, besonders dann, wenn Sie den Eindruck haben, daß Sie in Ihrer Beziehung mehr geben, als Sie zurückerhalten. Es besteht auch die Möglichkeit, daß dieser Transit als übertriebenes Amüsierbedürfnis, als Spiel- und Vergnügungssucht in Erscheinung tritt. In diesem Fall sollten Sie sich einmal überlegen, ob derartige Aktivitäten für Sie nicht vielleicht eine Flucht vor der Konfrontation mit grundsätzlichen Fragen sind.

Text 25
Transit-Mars Konjunktion Geburtssonne

Eine Konjunktion zwischen Mars und Ihrer Geburtssonne verleiht Ihnen Energie und beschleunigt Ihren Lebensrhythmus. Dieser Übergang findet mindestens einmal in zwei Jahren statt und ist während einer Zeit von 2-3 Tagen wirksam. Der Zeitraum kann sich verlängern, wenn der Planet seine Bewegungsrichtung ändert und rück- bzw. direktläufig wird; auch eine Wiederholung des Transits kommt dann in Betracht. Während dieser Zeit werden Kräfte aktiviert, die Ihre physische und psychische Leistungsfähigkeit steigern. Sie fühlen sich kraftgeladen und erledigen schwierige Arbeiten wesentlich schneller als sonst. Ihr Ehrgeiz und Ihre Zielstrebigkeit erleichtern es Ihnen, Ihre Pläne zu verwirklichen. Dazu ist es allerdings notwendig, daß Sie sich disziplinieren und Ihre Kräfte auf sinnvolle Ziele richten. Setzen Sie Ihre Interessen nicht einseitig durch, auch wenn Sie glauben, im Augenblick der Stärkere zu sein. Sie werden mehr Erfolg haben, wenn Sie sich kooperativ verhalten und auch die Wünsche anderer respektieren. In seiner übersteigerten Form kann dieser Transit Sie nämlich blind vor Ehrgeiz machen. Sie suchen dann die Herausforderung und lassen sich auf riskante Abenteuer ein, weil Sie meinen, in solchen Situationen Selbstbestätigung zu finden. Abgesehen davon, daß Sie sich und andere dadurch in Gefahr bringen können, bewirken Sie möglicherweise das Gegenteil von dem, was Sie eigentlich erreichen wollten. Seien Sie tolerant und kontrollieren Sie Ihre Impulsivität. Wenn Sie allzu vehement auftreten, könnten sich andere in die Enge getrieben fühlen, so daß es zu Streit und Auseinandersetzungen kommt. Bei der Teilnahme am Straßenverkehr oder beim Verrichten gefährlicher Tätigkeiten ist unter dieser Konstellation besondere Aufmerksamkeit geboten. Muten Sie sich gesundheitlich und beim Sport nicht mehr zu, als Sie vertragen, auch wenn gerade Sport ein gutes Ventil ist, um während dieser Zeit überschüssige Kräfte abzubauen.

Text 26
Transit-Mars Halbsextil Geburtssonne

Mars bildet einen Halbsextil- oder Quincunx-Aspekt zu Ihrer Geburtssonne. Diese Aspekte dauern ca. 1–2 Tage und sind schwach wirksam; die Wirkungsweise ähnelt der des Sextils (s. Text 27). Unter besonderen Umständen können diese Aspekte stärkere Transite anderer Planeten auslösen, wenn sie zur selben Zeit wirksam sind. Der Wirkungs-Zeitraum kann sich verlängern, wenn der Planet seine Bewegungsrichtung ändert und rück- bzw. direktläufig wird.

Text 27
Transit-Mars Sextil Geburtssonne

Ein Sextil zwischen Mars und Ihrer Geburtssonne macht Sie aktiv und steigert Ihren Unternehmungsdrang. Dieser Übergang tritt ungefähr einmal jährlich auf und ist ca. 2–3 Tage wirksam. Wenn Mars seine

Bewegungsrichtung ändert und rück- bzw. direktläufig wird, kann sich dieser Zeitraum jedoch verlängern; auch eine Wiederholung des Transits kommt dann in Betracht. Während dieser Zeit gewinnt Ihr Auftreten an Selbstbewußtsein und Dynamik. Sie sind aktiv, fühlen sich energiegeladen, reagieren spontan und sind voller Tatendrang. Mars beschleunigt Ihr Reaktionsvermögen, und es fällt Ihnen leichter, sich auf neue Situationen einzustellen. Vor Projekten, die anderen riskant und gewagt erscheinen, schrecken Sie augenblicklich nicht zurück. Manchmal sieht es sogar so aus, als würden Sie riskante Situationen geradezu herausfordern, um Ihren Mut und Ihr Können unter Beweis zu stellen. Auch wenn Sie damit Erfolg haben, sollten Sie es nicht zu bunt treiben. Spielen Sie nicht den Helden, sondern setzen Sie Ihre große Energie für sinnvolle Dinge ein.

Text 28
Transit-Mars Quadrat Geburtssonne

Ein Quadrat zwischen Mars und Ihrer Geburtssonne kann Ihr Durchsetzungsvermögen schwächen und Ihre physische Leistungsfähigkeit verringern. Im allgemeinen kommt dieser Übergang einmal jährlich zustande und ist 2–3 Tage wirksam. Allerdings kann sich dieser Zeitraum verlängern, wenn der Planet seine Bewegungsrichtung ändert und rück- bzw. direktläufig wird; auch eine Wiederholung des Transits kommt dann in Betracht. Es kommt nun darauf an, daß Sie mit Ihren Kräften haushalten und sich nicht verzetteln. Gehen Sie keine neuen Projekte an, sondern konzentrieren Sie sich darauf, angefangene Arbeiten geduldig zu Ende zu führen. Es fällt Ihnen vielleicht schwer, Ihre Ungeduld und Impulsivität zu kontrollieren. Doch wenn Sie blindlings vorgehen und nichts weiter im Sinn haben, als Ihr Ziel so schnell wie möglich zu erreichen, übersehen Sie wichtige Einzelheiten und gefährden damit den Erfolg Ihres Vorhabens. Gehen Sie auch Streitigkeiten aus dem Weg, und mischen Sie sich nicht in fremde Auseinandersetzungen ein. Bei der Teilnahme am Straßenverkehr oder beim Verrichten gefährlicher Tätigkeiten sollten Sie besonders aufmerksam sein.

Text 29
Transit-Mars Trigon Geburtssonne

Ein Trigon zwischen Mars und Ihrer Geburtssonne verleiht Ihnen Schwung und steigert Ihre Leistungsfähigkeit. Im allgemeinen tritt dieser Übergang einmal jährlich auf und ist 2–3 Tage wirksam. Dieser

Zeitraum kann sich verlängern, wenn der Planet seine Bewegungsrichtung ändert und rück- bzw. direktläufig wird; eine Wiederholung des Transits ist dann ebenfalls möglich. Während dieser Zeit nimmt Ihre physische und psychische Energie zu, und Sie fühlen sich großen Projekten und anstrengenden Arbeiten gewachsen. Sie werden feststellen, daß dieser Eindruck Sie nicht täuscht, und daß Ihnen die Arbeit im Haushalt oder am Arbeitsplatz tatsächlich leichter von der Hand geht. Ihr Ehrgeiz wird angespornt und Sie suchen nach Aufgaben, die Sie herausfordern. Es macht Ihnen Spaß, Ihre Fähigkeiten zu erproben und an die Grenzen Ihrer Leistungsfähigkeit vorzustoßen. Dies ist ein ausgezeichneter Zeitpunkt für jede Art von Wettbewerb und sportlicher Betätigung. Achten Sie jedoch darauf, daß Sie sich nicht überfordern; möglicherweise neigen Sie dazu, Ihre Kräfte zu überschätzen.

Die Konstellationen Nr. 30–31 finden in dieser Gültigkeitsperiode nicht statt.

Text 32
Transit-Jupiter Halbsextil Geburtssonne

Jupiter bildet einen Halbsextil- oder Quincunx-Aspekt zu Ihrer Geburtssonne. Diese Aspekte dauern ca. 1–2 Tage und sind schwach wirksam; die Wirkungsweise ähnelt der des Sextils. Unter besonderen Umständen können diese Aspekte stärkere Transite anderer Planeten auslösen, wenn sie zur selben Zeit wirksam sind. Der Wirkungs-Zeitraum kann sich verlängern, wenn der Planet seine Bewegungsrichtung ändert und rück- bzw. direktläufig wird.

Die Konstellationen Nr. 33–34 finden in dieser Gültigkeitsperiode nicht statt.

Text 35
Transit-Jupiter Trigon Geburtssonne

Ein Trigon zwischen Jupiter und Ihrer Geburtssonne verleiht Ihnen Selbstvertrauen und positive Gefühle. Innerhalb der zwölfjährigen Umlaufperiode Jupiters tritt dieser Aspekt mindestens zweimal auf und ist für eine Dauer von ca. 2–3 Wochen wirksam. Wenn der Planet seine Bewegungsrichtung ändert und rück- bzw. direktläufig wird, kann sich dieser Zeitraum verlängern; eine Wiederholung des Transits ist möglich. Während dieser Zeit sind Sie begeisterungsfähig und offen für neue Eindrücke und Ideen. Schwierige Aufgaben gehen Sie überzeugt und mit innerer Leichtigkeit an. Meistens erzielen Sie dabei gute Resultate.

Auf der einen Seite ist dieser Übergang also sehr vielversprechend und kann zeitlich mit einem glücklichen Lebensabschnitt zusammenfallen. Auf der anderen Seite jedoch fördert er eine gewisse Passivität und Trägheit. Sie fühlen sich prächtig und würden am liebsten nichts weiter tun, als all die Annehmlichkeiten zu genießen, die Ihnen nun scheinbar selbstverständlich in den Schoß fallen. Wahrscheinlich würden Sie auf diese Weise eine unbekümmerte Zeit verbringen, doch Ihren Zielen kämen Sie dabei nicht viel näher. Tatsächlich aber sind gerade jetzt Ihre Aussichten, sich zu verbessern, ganz ausgezeichnet. So kann der Aspekt etwa im beruflichen Bereich für eine Beförderung stehen, oder Ihre Leistungen werden auf besondere Weise honoriert. Möglicherweise streben Sie auch eine berufliche Veränderung an und suchen sich eine interessantere Stelle oder möchten eine Ausbildung beginnen. Die Zeit ist reif, um solche Pläne anzugehen! Unter dieser Konstellation kann sich Ihre finanzielle Lage durch lukrative Geschäfte, Geldgewinne, Vergütungen oder Erbschaften verbessern. Im Rahmen Ihrer Beziehungen und Partnerschaften wird dieser Übergang häufig von bedeutenden Ereignissen, z. B. Verlobung, Heirat oder der Geburt eines Kindes, begleitet. Auf der körperlichen Ebene werden regenerierende Kräfte freigesetzt, die Ihre Gesundheit günstig beeinflussen. Allerdings sollten Sie während dieser Zeit auf eine ausgewogene Ernährung achten und übermäßiges Essen und Trinken vermeiden.

Die Konstellationen Nr. 36–39 finden in dieser Gültigkeitsperiode nicht statt.

Text 40
Transit-Saturn Quadrat Geburtssonne

Ein Quadrat zwischen Saturn und Ihrer Geburtssonne hemmt Ihre Aktivität und weist auf Schwierigkeiten hin, eigene Interessen in der Außenwelt durchzusetzen. Im Rahmen der 29jährigen Umlaufperiode Saturns tritt dieser Aspekt mindestens zweimal im Abstand von 14–15 Jahren auf und ist im allgemeinen während einer Dauer von ca. 3–4 Wochen wirksam. Wenn Saturn seine Bewegungsrichtung ändert und rück- bzw. direktläufig wird, kann sich dieser Zeitraum verlängern, und eine Wiederholung des Übergangs ist möglich. Während dieser Zeit verlangsamt sich Ihr Lebensrhythmus, so daß sich die vitalen Kräfte der Sonne nicht mehr so ungehindert wie sonst entfalten können. Es kann sein, daß Sie schneller ermüden und schon nach geringer Anstrengung erschöpft sind. Sie können nun leichter erkranken, weil Saturn die Abwehrkräfte des Körpers schwächt. Achten Sie deshalb auf eine ausgewogene Lebensführung und überfordern Sie sich nicht. Es kann nun vermehrt zu Konflikten mit Ihrem Arbeitgeber, Vorgesetzten oder anderen Personen kommen, die Ihnen übergeordnet sind. Sie neigen zum Widerspruch und geben durch Ihr Verhalten zu erkennen, daß Sie Ihre eigenen Vorstellungen davon haben, wie Sie Ihr Leben meistern oder Ihre Arbeit erledigen. Andererseits erwartet man von Ihnen, daß Sie sich streng an die Regeln halten. Vielleicht sind Sie es leid, sich etwas von anderen vorschreiben zu lassen und widersetzen sich der Bevormundung. Versuchen Sie, sich mit den Umständen zu arrangieren, auch wenn es Ihnen schwerfällt. Wahrscheinlich zeigen sich zu einem späteren Zeitpunkt bessere Möglichkeiten, Ihre Ideen zu verwirklichen.

Die Konstellationen Nr. 41-46 finden in dieser Gültigkeitsperiode nicht statt.

Text 47
Transit-Uranus Trigon Geburtssonne

Ein Trigon zwischen Uranus und Ihrer Geburtssonne macht Sie originell und einfallsreich. Dieser Übergang bringt Schwung in Ihren Lebensrhythmus und kann Sie mit ungewöhnlichen Menschen zusammenführen. Im Rahmen der 84jährigen Umlaufperiode des Uranus kommt dieser Übergang zweimal im Abstand von ca. 29 Jahren zustande und ist während einer Dauer von ca. 3-6 Wochen wirksam. Wenn Uranus seine Bewegungsrichtung ändert und rück- bzw. direktläufig wird, kann sich dieser Zeitraum verlängern und eine Wiederholung des Übergangs ist möglich. Wenn Sie alte Gewohnheiten abstreifen und spontaner leben wollen, so hilft Ihnen dieser Übergang bei der Verwirklichung Ihrer Vorhaben. Vielleicht möchten Sie sich auch beruflich verändern, weil Ihnen Ihre bisherige Tätigkeit zu wenig Spielraum für eigene Ideen läßt; jetzt könnte sich dazu eine unerwartete Gelegenheit bieten. Unabhängig davon werden Sie in einem Beruf, der Ihnen solche Möglichkeiten bietet, erfolgreicher sein, weil Sie sehr kreativ und erfinderisch arbeiten. Da Sie Wert auf Originalität legen, schätzen Sie diese Eigenschaft auch bei anderen. Ihre Einstellung wird toleranter und Sie gestehen alle Freiheiten, die Sie für sich selbst in Anspruch nehmen, auch anderen zu. So lernen Sie nicht nur Ihren Partner besser kennen und verstehen, sondern eine Beziehung gewinnt gleichzeitig wieder viel von ihrer ursprünglichen Faszination zurück. Auch in anderen Lebensbereichen wird dies eine Zeit ungewöhnlicher Erlebnisse und Begegnungen. Möglicherweise suchen Sie sich ein neues Hobby; denn die Beschäftigung mit technischen Dingen, mit Bastel- und Tüftelarbeiten, hat nun einen besonderen Reiz. Psychologische oder grenzwissenschaftliche Studien und Themen, die sich mit den verborgenen Aspekten des Lebens befassen, können Sie ebenfalls faszinieren.

Die Konstellationen Nr. 48–52 finden in dieser Gültigkeitsperiode nicht statt.

Text 53
Transit-Neptun Trigon Geburtssonne

Ein Trigon zwischen Transit-Neptun und Ihrer Geburtssonne verleiht Ihnen Idealismus und Einfühlungsvermögen. Infolge der langen Umlaufperiode Neptuns tritt dieser Aspekt nur einmal im Leben auf, und seine Wirkung hält ca. 4–8 Wochen an. Dieser Zeitraum kann sich verlängern – und eine Wiederholung des Transits kommt in Betracht –, wenn Neptun seine Bewegungsrichtung ändert und rück- bzw. direktläufig wird. Während dieser Zeit kommen Sie mit Kräften in Berührung, die aufgrund ihrer Subtilität der normalen Wahrnehmung unzugänglich sind. Neptun macht Sie sensibel: Sie erleben psychische Vorgänge intensiver und entwickeln ein besonderes Interesse für den mythologischen oder symbolischen Hintergrund Ihrer Wahrnehmungen. So ist dies eine hervorragende Zeit, um sich selbst und seine seelischen Bedürfnisse besser kennenzulernen. Eine Beschäftigung mit Psychologie oder die Teilnahme an Selbsterfahrungsgruppen sowie das Erlernen von Meditationstechniken kann Ihnen helfen, die in dieser Zeit gewonnenen Erkenntnisse zu vertiefen. Neptun verändert Ihre Einstellung gegenüber der Umwelt und zu Ihren Mitmenschen. Sie lernen, das Leben in größeren Zusammenhängen zu verstehen und gewinnen auf diese Weise vielleicht etwas von der verlorengegangenen Einheit zwischen Mensch, Natur und Universum zurück. Allerdings sollten Sie darauf achten, dabei nicht den Bezug zur Wirklichkeit zu verlieren.

Die Konstellationen Nr. 54–59 finden in dieser Gültigkeitsperiode nicht statt.

Text 60
Transit-Pluto Opposition Geburtssonne

Eine Opposition zwischen Pluto und Ihrer Geburtssonne kann auf seelische Probleme und Auseinandersetzungen mit der Umwelt oder Ihnen nahestehenden Personen hinweisen. Infolge der langen Umlaufperiode Plutos erleben Sie diesen Transit nur einmal im Leben. Seine Wirkung hält ca. 4–12 Wochen an, doch kann sich dieser Zeitraum

Deutungstexte

verlängern – und auch eine Wiederholung des Übergangs kommt in Betracht –, wenn der Planet seine Bewegungsrichtung ändert und rück- bzw. direktläufig wird. Im Rahmen Ihrer Beziehungen könnten Sie nun den Eindruck gewinnen, Ihr Partner bzw. Ihre Partnerin, Freunde, Vorgesetzte oder Kollegen würden Ihnen Hindernisse in den Weg legen und Ihnen das Leben mit Absicht schwermachen. Vielleicht fühlen Sie sich ausgenutzt und terrorisiert und die Liebe, die Sie früher für einen anderen Menschen empfanden, kann zeitweise in Wut und Haß umschlagen. Eine Beziehung, in der es schon seit längerer Zeit kriselt, weil es entweder an Gemeinsamkeiten oder an gegenseitiger Wertschätzung mangelt, könnte nun endgültig zerbrechen. Infolge dieser Trennung entsteht möglicherweise eine regelrechte Feindschaft zwischen Ihnen und Ihrem Partner. Wenn sich eine Beziehung in eine Richtung entwickelt, in der ein Partner den anderen dominiert, so ist es nun an der Zeit, dieser Entwicklung ein Ende zu bereiten. Falls Sie Ihren Partner unter Druck setzen, was im Hinblick auf die immensen psychischen Kräfte dieses Transits auch ohne Absicht geschehen könnte, sollten Sie augenblicklich damit aufhören. Versuchen Sie herauszufinden, was Ihnen Angst macht und warum Sie so rigide reagieren. Vielleicht fürchten Sie, daß man Sie verläßt und versuchen deshalb, durch Ihr herrschendes Verhalten, den Partner stärker an sich zu binden. Wenn Sie diesen Teufelskreis nicht unterbrechen und nicht offen über Ihre Befürchtungen sprechen, erreichen Sie wahrscheinlich mit Ihrem Verhalten genau das, was Sie eigentlich verhindern wollten. Es wäre auch möglich, daß Sie mit der Rolle nicht einverstanden sind, die Ihnen Ihre Beziehung zudiktiert. Nun konkurrieren Sie heimlich mit Ihrem Partner, um die Rolle des Stärkeren zu übernehmen. Bedenken Sie, daß eine gute Partnerschaft auf Toleranz und Gleichwertigkeit und nicht auf Rollenvorteilen beruht. Es kann auch sein, daß die Dinge in einer genauen Umkehrung geschehen. Vielleicht werden Sie selbst von Ihrem Partner unter Druck gesetzt und in die Rolle des Unterlegenen gedrängt. Dies kann vor allem dann passieren, wenn Sie Ihren Partner unbewußt dazu auffordern, weil Sie selbst keine Verantwortung übernehmen möchten. Aus Situationen dieser Art können sich verhängnisvolle Abhängigkeitsverhältnisse entwickeln! Da dieser Plutoeinfluß auch gesundheitliche Probleme aufwerfen kann, sollten Sie auf eine ausgewogene Lebensführung achten. Meiden Sie gewalttätige Situationen und lassen Sie sich nicht auf riskante Unternehmungen ein. Um einer gewissen Unfall- oder Verletzungstendenz vorzubeugen, ist bei der Teilnahme am Straßenverkehr oder beim Verrichten gefährlicher Tätigkeiten besondere Vorsicht und Aufmerksamkeit geboten.

Das Lesen und Deuten der Planetendiagramme

Auf den folgenden Seiten finden Sie mehrfarbige Diagramm-Tafeln, mit deren Hilfe es Ihnen möglich ist, die im vorderen Teil dieses Buches gemachten Aussagen über Ihr Sonnenzeichen zu präzisieren, indem Konstellationen einbezogen werden, die nur für bestimmte Geburtstage wirksam sind. Teilweise werden hierzu Aspekte aufgeführt, die für die Deutung der allgemeinen Trends nicht berücksichtigt werden konnten. Ebenso können die in den Monatsübersichten beschriebenen allgemeinen Einflüsse zeitlich genauer bestimmt werden, weil Sie die Möglichkeit haben, den Übergang eines Planeten über den Sonnenort in Ihrem Horoskop genauer zu fixieren.

Hierzu wurde jedes Zeichen anstatt der üblichen drei Dekaden in zehn, jeweils drei Grad große Abschnitte geteilt (10 × 3 Grad = 30 Grad = Größe eines Zeichens). Da die Sonne pro Tag etwa ein Grad voranschreitet, entspricht dies einem Zeitraum von ca. drei Tagen – oder besser gesagt: drei Geburtstagen, die jeweils in einer Rubrik zusammengefaßt sind. Es entstehen somit zehn (Geburtstags-) Rubriken und Sie finden die für Ihr Geburtsdatum maßgebliche Rubrik in der Kopfzeile des jeweiligen Monats.

Senkrecht hierzu verläuft die Zeitachse in Tagen, die immer in der ersten Spalte des Diagramms (»Tages-Datum«) abgelesen wird. Jeden Monat finden Sie in Ihrer Geburtstagsrubrik einen oder mehrere Balken, die jeweils in der Mitte nummeriert sind. Jeder Balken entspricht einem Planetenaspekt und seine Länge sagt aus, über welchen Zeitraum dieser Einfluß für Sie wirksam ist. Jeder Balkennummer entspricht wiederum ein Deutungstext im hinteren Teil dieses Buches; hier können Sie nachlesen, welche Wirkung eine Konstellation hat.

Farbige Balkendiagramme zeigen schon optisch an, um was für eine Art von Einfluß es sich handelt.

Rot: es handelt sich um Spannungsaspekte, in der Regel Halbquadrat, Quadrat und Opposition, von Fall zu Fall auch Konjunktionen. Diese Aspekte stellen Herausforderungen dar, die Probleme aufwerfen können und nach einer Lösung verlangen. Auch wenn es mitunter schwierig ist, den Anforderungen solcher Konstellationen gerecht zu werden, so sollten Sie doch berücksichtigen, daß es keine »guten« und »schlechten«

Aspekte gibt. »Gut« oder »Schlecht« sind in der Regel nur unsere Fähigkeiten ausgebildet, der in dem jeweilgen Aspekt gestellten Aufgabe gerecht zu werden. Deswegen beinhalten Spannungsaspekte wichtige Erfahrungen und Lernprozesse, die uns helfen, solche Defizite auszugleichen.

Blau: hier handelt es sich um synthetische Aspekte, manchmal auch als »harmonische Aspekte« bezeichnet. Diese Konstellationen sind kennzeichnend für Zeiträume, in denen das Leben oft leichter wird, weil Konflikte eine Lösung finden (Synthese!) und es uns gelingt, unser Denken, Fühlen und Handeln besser aufeinander abzustimmen. Man unterscheidet hier mehr aktivierende Einflüsse, z.B. das Sextil, das Handlung und Einsichten miteinander verbindet sowie das eher zur Passivität neigende Trigon, bei dem einem Dinge scheinbar mühelos zufallen.

Grün: Mit dieser Farbe werden die sogenannten »Nebenaspekte« also Halbsextil und Quincunx-Aspekt gekennzeichnet. Die Einflüsse dieser Konstellationen sind weder eindeutig positiv oder negativ, noch lassen sie sich als Harmonie- bzw. Spannungsaspekt deuten. Sie sind »neutral« und üben dennoch einen von Fall zu Fall unterschiedlichen Einfluß auf unser Leben aus. Oftmals kennzeichnen Sie Situationen, in welchen wir die Freiheit haben, selbst zu entscheiden, welche Richtung wir einschlagen, ob wir Probleme umgehen, indem wir eine »Abkürzung« wählen oder ob wir uns offen mit der Situation auseinandersetzen, was wohl in jedem Fall zu empfehlen ist. Manchmal können solche Aspekte auch die Funktion eines Ereignis-Auslösers für andere, stärkere Konstellationen übernehmen.

JANUAR

Tages-Datum	Geburtstag 21.- 23.4.	Geburtstag 24.- 26.4.	Geburtstag 27.- 29.4.	Geburtstag 30.4.- 2.5.	Geburtstag 3.5.- 5.5.	Geburtstag 6.5.- 9.5.	Geburtstag 10.- 12.5.	Geburtstag 13.- 15.5.	Geburtstag 16.- 18.5.	Geburtstag 19.- 21.5.
1.Jan.	20			05			14	26	26	
2.Jan.		40								
3.Jan.		20	20	20				14	14	26
4.Jan.										14
5.Jan.					05					
6.Jan.						05				
7.Jan.					20	20				
8.Jan.										
9.Jan.								20		
10.Jan.							05			
11.Jan.	17	17	17	17	17					05
12.Jan.	29	29					20			
13.Jan.		17				17				
14.Jan.								17		
15.Jan.									6005	
16.Jan.		29	29	29	35	53				
17.Jan.							17		17	
18.Jan.	23									20
19.Jan.									20	
20.Jan.										
21.Jan.	04									
22.Jan.										
23.Jan.				29		47				17
24.Jan.		04	04						17	
25.Jan.				04						
26.Jan.	23			40				17		
27.Jan.		23			29	47	17			
28.Jan.	16	23	23							
29.Jan.						29				17
30.Jan.										
31.Jan.										

FEBRUAR

Tages-Datum	Geburtstag 21.- 23.4.	Geburtstag 24.- 26.4.	Geburtstag 27.- 29.4.	Geburtstag 30.4.-2.5.	Geburtstag 3.5.- 5.5.	Geburtstag 6.5.-9.5.	Geburtstag 10.- 12.5.	Geburtstag 13.- 15.5.	Geburtstag 16.- 18.5.	Geburtstag 19.- 21.5.
1.Feb.		16	23	04						
2.Feb.						29				
3.Feb.					04					
4.Feb.				23			29			
5.Feb.			16					29		
6.Feb.				16	2335	23	23			
7.Feb.					16	16	16	0416		
8.Feb.						04	04	23		29
9.Feb.									29	16
10.Feb.				40		53			6004	23 04 23
11.Feb.										
12.Feb.										
13.Feb.				35						
14.Feb.						47				
15.Feb.										
16.Feb.	15	15	15	15	15					
17.Feb.										
18.Feb.										
19.Feb.	22	22								
20.Feb.	03 28	28				15	15			
21.Feb.					40					
22.Feb.		03	22							
23.Feb.				22						
24.Feb.			28							
25.Feb.										
26.Feb.			03					15		
27.Feb.										
28.Feb.										

MÄRZ

Tages-Datum	Geburtstag 21.- 23.4.	Geburtstag 24.- 26.4.	Geburtstag 27.- 29.4.	Geburtstag 30.4.- 2.5.	Geburtstag 3.5.- 5.5.	Geburtstag 6.5.- 9.5.	Geburtstag 10.- 12.5.	Geburtstag 13.- 15.5.	Geburtstag 16.- 18.5.	Geburtstag 19.- 21.5.
1.März				03	22					
2.März			28			22			15	15
3.März				28 35				15		
4.März	14				03	03				
5.März	14	14	14				22			
6.März			14		28	28	22	22	22	22
7.März										
8.März						03				
9.März							03			
10.März					40					
11.März										
12.März										
13.März							28			
14.März				14		47	28	28		
15.März	21	21						03		
16.März	21								60 03	03
17.März										
18.März										
19.März			35							
20.März			21							
21.März				21						
22.März	02									
23.März	02									
24.März					21					
25.März			14							
26.März		02							28	28
27.März	27							38		
28.März	27	14	02							
29.März				02		21	21			
30.März										
31.März										

APRIL

Tages-Datum	Geburtstag 21.-23.4.	Geburtstag 24.-26.4.	Geburtstag 27.-29.4.	Geburtstag 30.4.-2.5.	Geburtstag 3.5.-5.5.	Geburtstag 6.5.-9.5.	Geburtstag 10.-12.5.	Geburtstag 13.-15.5.	Geburtstag 16.-18.5.	Geburtstag 19.-21.5.
1.Apr.	27									
2.Apr.			35	02						
3.Apr.	14									
4.Apr.		27								
5.Apr.							21			
6.Apr.										
7.Apr.					02			21		21
8.Apr.			27			02				
9.Apr.	20									
10.Apr.		20								
11.Apr.	20									
12.Apr.		20						02		
13.Apr.										
14.Apr.			20		27					15
15.Apr.							53			
16.Apr.	20									
17.Apr.					27	40			6002	
18.Apr.	14									
19.Apr.				20	20	27				
20.Apr.		14				20				02
21.Apr.	01						2027			
22.Apr.		01	14				47			
23.Apr.			01							
24.Apr.								20		
25.Apr.								27		
26.Apr.										
27.Apr.										
28.Apr.				14	14				2027	
29.Apr.										
30.Apr.										

MAI

Tages-Datum	Geburtstag 21.-23.4.	Geburtstag 24.-26.4.	Geburtstag 27.-29.4.	Geburtstag 30.4.-2.5.	Geburtstag 3.5.-5.5.	Geburtstag 6.5.-9.5.	Geburtstag 10.-12.5.	Geburtstag 13.-15.5.	Geburtstag 16.-18.5.	Geburtstag 19.-21.5.
1.Mai				01						
2.Mai									27	20
3.Mai	19									
4.Mai		19								27
5.Mai					01					
6.Mai						14				
7.Mai	26						14			
8.Mai								14		
9.Mai		26				01			14	14
10.Mai							01			
11.Mai			19					01		
12.Mai	13	13		19	19					
13.Mai										
14.Mai							19	19		
15.Mai						19				
16.Mai		35	26				53		60 01	
17.Mai			13	13	13	13	40			01
18.Mai							19		19	
19.Mai					26					
20.Mai				26				13	13	19
21.Mai						13	13			13
22.Mai	02									
23.Mai										
24.Mai	02									
25.Mai										
26.Mai										
27.Mai		02								
28.Mai										
29.Mai	1420	1420	0214			26	26			19
30.Mai										13
31.Mai							26			

JUNI

Tages-Datum	Geburtstag 21.-23.4.	Geburtstag 24.-26.4.	Geburtstag 27.-29.4.	Geburtstag 30.4.-2.5.	Geburtstag 3.5.-5.5.	Geburtstag 6.5.-9.5.	Geburtstag 10.-12.5.	Geburtstag 13.-15.5.	Geburtstag 16.-18.5.	Geburtstag 19.-21.5.
1.Juni				02 14					60	
2.Juni		35	14 20	14			26			
3.Juni										
4.Juni					14	14				
5.Juni					02	02	14	14	14	14
6.Juni				20	20			26	26	26
7.Juni						20	20			
8.Juni							02	02		
9.Juni										
10.Juni										
11.Juni										
12.Juni	15									
13.Juni	15	15	15	15	15	15	15	15		
14.Juni										
15.Juni			15						15	15
16.Juni	25									
17.Juni			35			47	53			
18.Juni							40	60		
19.Juni										
20.Juni		25						20	20	20
21.Juni	21	21							02	02
22.Juni										
23.Juni	03		25							
24.Juni			21							
25.Juni		03								
26.Juni			03					53		
27.Juni				21 25 35		40				
28.Juni	16									15
29.Juni									15	15
30.Juni										

JULI

Tages-Datum	Geburtstag 21.-23.4.	Geburtstag 24.-26.4.	Geburtstag 27.-29.4.	Geburtstag 30.4.-2.5.	Geburtstag 3.5.-5.5.	Geburtstag 6.5.-9.5.	Geburtstag 10.-12.5.	Geburtstag 13.-15.5.	Geburtstag 16.-18.5.	Geburtstag 19.-21.5.
1.Juli		16	03		21					
2.Juli				25						
3.Juli			16	03		21				
4.Juli					25	21				
5.Juli				16						
6.Juli					03	25	21			
7.Juli								21		
8.Juli				35	16					
9.Juli							25			
10.Juli							21			
11.Juli							03			
12.Juli								21		
13.Juli						25				
14.Juli										21
15.Juli		22							21	
16.Juli					35					
17.Juli										
18.Juli										
19.Juli						16				
20.Juli			22							
21.Juli			22		22					
22.Juli				22						
23.Juli									03	03
24.Juli		04								
25.Juli	04					404753	6003			25
26.Juli	04				16					
27.Juli									25	
28.Juli				22	22					
29.Juli	26		04			22	22			
30.Juli	26		04							
31.Juli										

AUGUST

Tages-Datum	Geburtstag 21.-23.4.	Geburtstag 24.-26.4.	Geburtstag 27.-29.4.	Geburtstag 30.4.-2.5.	Geburtstag 3.5.-5.5.	Geburtstag 6.5.-9.5.	Geburtstag 10.-12.5.	Geburtstag 13.-15.5.	Geburtstag 16.-18.5.	Geburtstag 19.-21.5.
1.Aug.	26		04		16					
2.Aug.	26	26			35			22		
3.Aug.		26						22	22	22
4.Aug.				04		47				
5.Aug.				16	04	40				
6.Aug.			26			35				
7.Aug.			26							
8.Aug.						04				
9.Aug.	23									
10.Aug.	23						04			
11.Aug.		23		26	26					
12.Aug.		16	16	26						
13.Aug.		16			23					
14.Aug.			23	23			53	6004		
15.Aug.						23				
16.Aug.			16			2326				
17.Aug.			16							
18.Aug.										
19.Aug.										
20.Aug.									04	04
21.Aug.	05			16	16	16	23·35			
22.Aug.	05						26			
23.Aug.	05						16	23		
24.Aug.								16 2635		
25.Aug.										
26.Aug.										
27.Aug.		05								
28.Aug.		05	05						23	23
29.Aug.			05							23
30.Aug.										
31.Aug.										

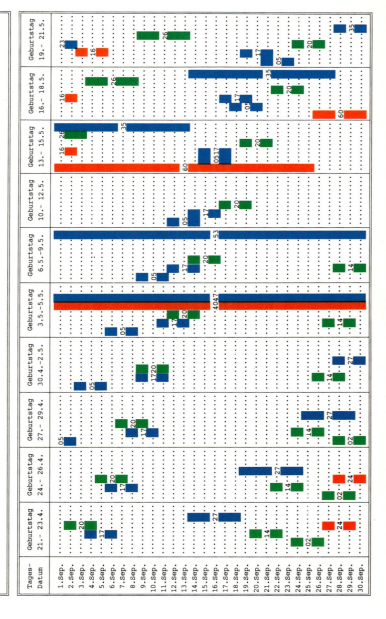

OKTOBER

Tages-Datum	Geburtstag 21.-23.4.	Geburtstag 24.-26.4.	Geburtstag 27.-29.4.	Geburtstag 30.4.-2.5.	Geburtstag 3.5.-5.5.	Geburtstag 6.5.-9.5.	Geburtstag 10.-12.5.	Geburtstag 13.-15.5.	Geburtstag 16.-18.5.	Geburtstag 19.-21.5.
1.Okt.			02							
2.Okt.		24			40					
3.Okt.			24	27						
4.Okt.				02	02					
5.Okt.				24	24	24				
6.Okt.					27	24				
7.Okt.						02				
8.Okt.										35
9.Okt.	18									
10.Okt.							14			
11.Okt.										
12.Okt.		18						14	14	
13.Okt.										14
14.Okt.			18							
15.Okt.							02			
16.Okt.				18	18					
17.Okt.										
18.Okt.					47			24		
19.Okt.						27	27			24
20.Okt.	32					53				
21.Okt.	20									
22.Okt.										
23.Okt.						18	18	02	60	02
24.Okt.		20	20	20				18	24	
25.Okt.										
26.Okt.	06	06	06						02	
27.Okt.								27		
28.Okt.		32								18
29.Okt.	14			20	20				18	
30.Okt.										
31.Okt.										

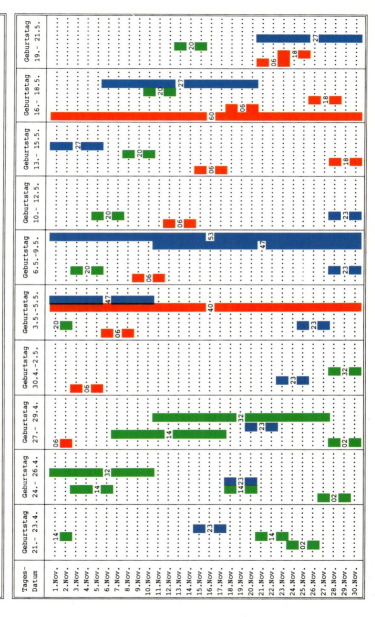

DEZEMBER

Tages-Datum	Geburtstag 21.- 23.4.	Geburtstag 24.- 26.4.	Geburtstag 27.- 29.4.	Geburtstag 30.4.- 2.5.	Geburtstag 3.5.- 5.5.	Geburtstag 6.5.- 9.5.	Geburtstag 10.- 12.5.	Geburtstag 13.- 15.5.	Geburtstag 16.- 18.5.	Geburtstag 19.- 21.5.
1.Dez.			02							
2.Dez.				02						
3.Dez.					02					
4.Dez.						02				
5.Dez.										
6.Dez.										27
7.Dez.				32	40	53				
8.Dez.									23	
9.Dez.										
10.Dez.	22						23		18	18
11.Dez.										
12.Dez.		22								
13.Dez.								18 23		
14.Dez.	14									
15.Dez.		14	22			47				
16.Dez.			22							
17.Dez.				22				02		
18.Dez.			14							
19.Dez.										
20.Dez.				14	22					
21.Dez.					14	22				02
22.Dez.					32		22			
23.Dez.						14 40	14	27		60
24.Dez.	05							22	02	
25.Dez.	05							14		
26.Dez.		05								
27.Dez.										
28.Dez.										
29.Dez.			05						14 22	
30.Dez.										
31.Dez.										

Alle Geheimnisse der Sterne

kennt nur die "Königin der Nacht". Wenn Sie Ihr Leben und Ihre Persönlichkeit jedoch in einem größeren Zusammenhang erkennen möchten oder auf der Suche nach neuen Zukunftsperspektiven sind, kann Ihnen Ihre persönliche ASTRODATA-Analyse von großem Nutzen sein. Der Heyne Astro-Leserdienst offeriert Ihnen verschiedene Auswertungen, wie Persönlichkeitsanalysen, Jahresvorschau, Partnerschaftshoroskop, Esoterische Lebensplan-Analyse u.v.a., die Ihnen die faszinierenden Möglichkeiten der modernen Astrologie erschließen. Eine Übersicht der derzeit erhältlichen Auswertungen finden Sie auf der nächsten Seite. Richten Sie Ihre Bestellung an

ASTROMEDIA GmbH - Heyne-Astro-Leserdienst
Postfach 1111 - D-7850 Lörrach - Telefonischer Bestellservice: Mo-Fr. 9-17 Uhr:
Telefon (07621) 52242 - Telefax: (07621) 52235

Astrologische Textanalysen

ANALYSEN DER PERSÖNLICHKEIT

Große Persönlichkeitsanalyse. Die ausführliche Analyse Ihres Geburtsthemas, mit Aussagen über Partnerbild, berufliche Eignung, Stärken, Entfaltungsmöglichkeiten. Ca. 20-25 Seiten. **(Bst.Nr. 07) 70 DM**

Standard-Horoskop-Analyse: Lebensziele, Denken, Fühlen, Durchsetzung. Kompakt und übersichtlich. Ca. 15 Seiten **(Bst.Nr. 08) 42 DM**

Esoterische Lebensplan-Analyse: Lebensthemen und -Aufgaben, Chancen und Probleme schwieriger Konstellationen. Die ideale Vertiefung Ihrer Persönlichkeitsanalyse. Ca. 15-20 Seiten. **(Bst.Nr 13) 70 DM**

Kinder-Analyse: Anlagen und Lebensziele Ihres Kindes aus astrologischer Sicht. Mit erzieherischen Hinweisen. Ca. 12-16 Seiten. **(Bst.Nr. 10) 52 DM**

Horoskopzeichnung zu einer dieser Analysen: Aufpreis **12 DM**

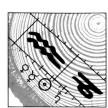

ANALYSEN DER ZEITQUALITÄT

Persönliche Jahresvorschau: In chronologischer Reihenfolge zeigt diese Analyse auf, welche Themen, aber auch Probleme und Veränderungsmöglichkeiten in den kommenden zwölf Monaten von besonderer Bedeutung für Sie sind. Ca. 20-25 Seiten. **(Bst. Nr. 06) 65 DM**

Sechs-Monats-Analyse: Wie die Jahresvorschau deckt auch diese Auswertung künftige Tendenzen und Entwicklungen auf; dies jedoch in besonders detaillierter Form. Leitthemen, berufliche Durchsetzung, Kommunikation und Partnerschaft werden Monat für Monat ausgiebig analysiert. Umfang: ca. 50-60 Seiten **(Bst. Nr. 20) 75 DM**.

Gesundheit und Fitness-Analyse für sechs Monate. Diese Auswertung ist ein astrologischer Begleiter und Ratgeber für alle Fragen, die sich auf Ihr gesundheitliches Wohl und die Gestaltung Ihrer Freizeit, Urlaubsreisen usw. beziehen. Umfang ca. 25-35 Seiten **(Bst.Nr. 33) 42 DM**

Die Zehn-Jahres-Aanalyse Ob Zukunft oder Vergangenheit - wenn Sie wichtige Entwicklungen innerhalb eines größeren Zeitraums besser verstehen und nutzen möchten, bietet Ihnen diese Analyse wertvolle Anregungen und Informationen. Umfang ca. 25-35 Seiten. (Bst. Nr. 22) 65 DM

Bio-Rhythmus für zwölf Monate. Auf einen Blick zeigt Ihnen diese Ausarbeitung das aktuelle Verhältnis der drei Zyklen Geist-Körper-Seele zueinander. Mehrfarbig, Format A3 mit Erläuterung. **(Bst.Nr. 23) 20 DM**

PARTNERSCHAFTSANALYSE

Damit eine Beziehung eine langfristige Gemeinschaft wird, braucht es Liebe, Verständnis und gegenseitige Akzeptanz. Diese Analyse beschreib das Thema Ihrer Beziehung, deckt verborgene Konfliktbereiche und Entwicklungsmöglichkeiten auf. Umfang ca. 20-30 Seiten. **(Bst.Nr. 16) 60 DM**.

Horoskopzeichnung zur Partnerschaftsanalyse: Aufpreis **12 DM**

ASTRO*CARTO*GRAPHY

Ihre persönliche Astro-Weltkarte zeigt Ihnen, an welchem Ort der Erde bestimmte Themen Ihres Horoskopes besonders wirksam sind. Die Karte wird mit einem ausführlichen Erklärungsbuch geliefert. Mehrfarbig, Format A3 **(Bst.Nr. 25) 37 DM**.

ASTROMEDIA GmbH - Heyne-Astro-Leserdienst - Postfach 1111 - D-7850 Lörrach - Telefonische Bestellservice: Mo-Fr. 9-17 Uhr: Telefon (07621) 52242 - Telefax: (07621) 52235

Bitte
frei-
machen

ANTWORT

ASTROMEDIA GmbH
HEYNE Astro-Leserdienst
Postfach 1111

D-7850 Lörrach

Absender:

Name

Strasse

PLZ / Ort

Bitte senden Sie Ihre Informationen
noch zusätzlich an:

Name

Strasse

PLZ/Ort

ASTROMEDIA – Heyne-Astro-Leserdienst – Bestellkarte

- ○ Persönliche Jahresvorschau — Nr. 06 — 65,- DM
- ○ 6-Monats-Analyse — Nr. 20 — 75,- DM
- ○ 10-Jahres-Analyse — Nr. 22 — 65,- DM
- ○ Gesundheits + Fitneß-Analyse — Nr. 33 — 42,- DM
- ○ Biorhythmus (12 Monate) — Nr. 23 — 20,- DM
- ○ ACG – Persönliche Astro-Weltkarte
  + Erklärungsbuch — Nr. 25 — 37,- DM

- ○ Große Persönlichkeits-Analyse — Nr. 07 — 70,- DM
- ○ Standard-Horoskop-Analyse — Nr. 08 — 42,- DM
- ○ Kinderhoroskop — Nr. 10 — 52,- DM
- ○ Partnerschafts-Analyse — Nr. 16 — 60,- DM
- ○ Esoterische Lebensplan-Analyse — Nr. 13 — 70,- DM
- ○ Senden Sie mir kostenlos weitere Informationen zu.

1. Analyse bzw. 1. Person bei Partnerschaftsanalyse   Bst.-Nr. ▢▢▢

Name/Vorname ▢▢▢   ○ männl. ○ Dazu Horoskop-
                     ○ weibl.   Zeichnung (12,- DM)

Geb.-Datum ▢▢▢ Geb.-Zeit ▢▢▢

Geb.-Ort/Land (Orte unter 5000 Einw. nächste Stadt) ▢▢▢

Startdatum ▢▢▢   Partnerschaft: Gemeinsamer Ort ▢▢▢

2. Analyse bzw. 2. Person bei Partnerschaftsanalyse   Bst.-Nr. ▢▢▢

Name/Vorname ▢▢▢   ○ männl. ○ Dazu Horoskop-
                     ○ weibl.   Zeichnung (12,- DM)

Geb.-Datum ▢▢▢ Geb.-Zeit ▢▢▢

Geb.-Ort/Land (Orte unter 5000 Einw. nächste Stadt) ▢▢▢

Startdatum ▢▢▢   Partnerschaft: Gemeinsamer Ort ▢▢▢

Zahlungsweise: ○ Scheck/Bargeld: _____ liegt bei
○ Nachnahme ○ Rechnung (vorbeh. nur Inland) ○ Zahlung mit Kreditkarte ○ Visa ○ Eurocard ○ American Express

Karten-Nr.: ▢▢▢

Gültig bis: _____   Unterschrift _____

Alle Preise zzgl. 5,- DM Porto/Versandspesen · Preisänderungen vorbehalten. Stand: Januar 1992 · Versand per Post bzw. ab 70,- DM Bestellwert per Paketpost.

Rechnungs- und Versandanschrift:

Name/Vorname ▢▢▢

Straße ▢▢▢

Land ▢▢▢ PLZ ▢▢▢ Ort ▢▢▢

Tel. tagsüber _____

Datum _____   Unterschrift _____